ロバート・フィルマーの政治思想

The Political Thought of
Sir Robert Filmer

Takuya FURUTA

ロバート・フィルマーの政治思想

ロックが否定した王権神授説

古田拓也

岩波書店

はじめに――ロバート・フィルマーという「敗者」

政治思想史に「敗者」がいるとすれば、ロバート・フィルマーほどその名にふさわしい人物はいないように思われる。(1) フィルマーは、一五八八年、スペインの無敵艦隊がイングランドに襲来した年に生まれ、一六五三年、オリヴァー・クロムウェルが「護国卿」になった年に世を去った。同じ頃に生まれた政治思想家に、『リヴァイアサン』を書いたトマス・ホッブズがいる。ホッブズが生きているうちから称賛や悪評の対象となってきたことに比べると、フィルマーは当時さほど名の通った存在ではなかった。もっとも有名な『パトリアーカ』は生前には出版されておらず、フィルマーはイングランドの内乱期に公刊された『アナーキー』や『アリストテレス論考』といったタイトルの著作も、すぐに忘れられてしまったようである。しかし今では違う。彼は、「絶対主義者」「王権神授説のイデオローグ」「家父長主義者」「専制君主の支持者」といった、時代遅れの要素をすべて詰め込んだ思想家として、多くの人の知るところとなっている。

そうなった要因のひとつは、フィルマーの死後『パトリアーカ』をはじめとする彼の諸著作が出版され、それがすぐさま徹底して批判されたことである。中でも有名なのが、ジョン・ロックの『統治二論』である。世界中で翻訳され、政治学の古典の位置づけを得ている同書の後篇は、いかにロバート・フィルマーの主張がばかげているかの要約からはじまっている。つまり現在でも、政治学を学ぼうとすれば、フィルマーの政治思想のばかばかしさを何度も目にするわけである。以来、フィルマーの名はロックの書物を通じて広がり、その思想はロックの攻撃を通じて理解されるようになった。

しかし二〇世紀にはいると、ほかのさまざまな分野と同じように、フィルマーを読み直そうという研究史的な流れが生じてきた。なかでもピーター・ラズレットという歴史家は、フィルマーとロック研究の分野で、非常に大きな貢献をした。だがラズレットは、今日のフィルマー研究のさきがけとなっただけではない。実は、彼は日本とも「深い」つながりを有していた。彼は第二次世界大戦中、日本海軍の情報分析に携わっていたのである。終戦後、フィルマーに関するいくつかの論文や編著を公刊したとき、彼は日本とフィルマー思想との「類似性」を思い起こしたようだ。「彼の歴史についての議論は、日本人が天皇の神聖さを正当化するのに利用した議論とまったく同系統の構造をもっている」と、彼は自身が編集した『フィルマー著作集』の序文に記している。(2)

こうして、思わぬところで、フィルマーと日本が結びつくことになったのである。生きている間、ケントのサークルの外ではほとんど無名であったフィルマーは、ロックによって敗者となった。「三流思想家フィルマーはロックのおかげで、政治思想史に不朽の名を残すことになった」のである。(3) このフィルマーとロックの関係は、すでに日本の戦前にもよく知られていた。だが、戦争の敗北には単なる物質的要因以上のものがあると考える戦後の研究者たちは、この二人の関係に自分たちの社会と近代社会の対立を読み取った。フィルマーとはかつての「われわれ」の象徴であり、ロックの勝利に加わることは、過去の「われわれ」を乗り越えることを意味したのである。

本書で試みようとするのは、こうして一本につながったフィルマーから日本への道を、これまでとは違った形で辿り直してみることである。まずはフィルマーが生きている間に何をしたのかを正確に跡付けること、そしてロックがフィルマーの主張の何を受け入れ、何を退けたのかを明らかにすること、最後にフィルマーとロックと日本のつながりは、一般に思われている以上に、複雑な、そして思想史的に意義深いものであったと示すこと、こういったことを本書ではおこないたい。先に私は、フィルマーは「敗者となった」、と過去形で書いた。だが思想史において、こうした過去形の評価は実にあてにならない。そもそも正しいのかどうか、さらに正しかったとしても、今でもその評価は通用するのか、こうした一見自明な評価を問い直すこと、これが思想史という観点からの研究の重要性である。本書における私の狙いは、フィルマーの思想史的研究を通じて、フィルマーはいかなる意味で敗者なのかを問い直し、そして、彼を敗者とし続けるためには、われわれの側でいかなる努力が必要なのかを論じることである。

凡　例

- 一次文献、二次文献を問わず、日本語訳書が存在する場合は積極的に利用した。引用にあたっては可能な限り訳文に手を加えないよう心掛けたが、訳語の統一などの事情で変更を加えた箇所もある。原著のページはその場合にのみ付け加えた。
- 欧文からの引用にあたって、元がイタリック表記の場合は基本的に傍点を付したが、一次資料の場合、特に強調の意味ではないと判断されるイタリックは無視した。日本語の一次資料の場合は、傍点だけではなく、○や◎など、様々な記号が用いられているが、これも引用の際は傍点に統一した。ただし無視した場合もある。
- 欧文からの引用にあたって、原語があった方が便利だと判断される箇所では、（　）にくくって原語を挿入した。校訂版から引用する場合を除いて、綴りは現代語化していない。日本語の一次資料から引用する際には、カタカナは平仮名に改め、濁点を付したところもある。著者の判断で句読点を追加した場所もある。また特別な場合を除いて、「ヰ」は「ィ」に直した。すなわち（タイトルに使われた場合を除いて）「フヰルマー」ではなく「フィルマー」である。
- 日本の慣習に従って、二次資料の出版地は省略した。一次資料の場合、出版地の記載がなければすべてLondonであり、それ以外の場合のみ明示した。
- 一七世紀における年号日付はユリウス暦のままであるが、一年の初めは三月二五日ではなく一月一日とする。よって、いわゆる名誉革命でウィリアムとメアリーが即位したのは一六八八年二月ではなく、一六八九年二月となる。ただし誤解を招く可能性があるときは両方を併記した。

• フィルマーの作品の参照箇所は、本文中でその箇所を明示する。本書で利用しているのは、Johann P. Sommerville 編集の Robert Filmer, *Patriarcha and Other Writings*, Cambridge: CUP, 1991 である。Peter Laslett が編集した、Robert Filmer, *Patriarcha and Other Political Works of Sir Robert Filmer*, Oxford: Blackwell, 1949 も参照したが、引用はすべて Sommerville 版から行う。その際、どの作品を引用しているかをわかり易くするために、以下のように表記する。

The Anarchy of a Limited or Mixed Monarchy, 1648 は、『アナーキー』として言及し、(AN: 135)のような形で参照箇所を示す。この場合は、Sommerville 版の p. 135 である。以下同様。

Observations concerning the Originall of Government, 1652 は、『統治起源論』(OG:)。

Observations upon Aristotles Politiques Touching Forms of Government, 1652 は、『アリストテレス論考』(AP:)。

Directions for Obedience to Government in Dangerous or Doubtful Times, 1652 は、『服従指針』(DO:)。

Patriarcha, The Naturall Power of Kinges Defended against the Unnatural Liberty of the People, 1680 は、『パトリアーカ』(PA:)。

なおフィルマーの諸著作は近年翻訳が出版された(ロバート・フィルマー、伊藤宏之・渡部秀和訳『フィルマー著作集』京都大学学術出版会、二〇一六年)。訳文は大いに参考にしたが、文中で翻訳のページを参照するとあまりに煩雑になってしまうので、訳書での対応箇所の指示は割愛した。

同じくスペース節約のため、ジョン・ロックの『統治二論』と『人間知性論』は、それぞれ慣習にしたがって、前者は篇と節で(たとえば I-121)、後者は巻、章、節の番号で参照箇所を示す(たとえば I, xi, 2)。

使用したテクストは、ジョン・ロック、加藤節訳『統治二論』岩波書店、二〇〇七年(John Locke, *Two Treatises of Government*, Peter Laslett (ed.), CUP, 1988)およびジョン・ロック、大槻春彦訳『人間知性論』全四巻、岩波書店、一九七二－七七年(John Locke, *An Essay concerning Human Understanding*, Peter H. Nidditch (ed.), Clarendon Press, 1975)である。

その他、しばしば言及するものは次のように省略した。

KAO	Kent Archives Office, Maidstone, Kent, UK
ODNB	Oxford Dictionary of National Biography
CSP	*Calendar of State Papers, Venetian*
ST	*A Complete Collection of State Trials and Proceedings*
PP 1610	*Proceedings in Parliament, 1610*
HJ	*The Historical Journal*
RP	*The Review of Politics*
JBS	*Journal of British Studies*
丸山集	『丸山眞男集』

目　次

目　次

序論

「フィルマー主義」の歴史

「はじめに」で述べた通り、本書では、これまでとは異なった形でフィルマーから日本までの線をたどることになる。そこでも書いたが、フィルマーという名前自体は比較的よく知られているのではないかと思う。政治思想史の教科書はもちろんのこと、高校の教科書でも、一七世紀イングランドの反動的な思想家として触れられることもある。彼の名前を耳にした人が思い起こすのは次のような解説ではないだろうか。ロバート・フィルマーはフランスのボシュエと並ぶ王権神授説を唱えた思想家の代表であり、「アダムの長子の末裔」であるイギリス王を熱烈に擁護した。彼は『パトリアーカ』において非常にドグマティックな絶対主義を提唱し、生涯にわたってその非合理的な主張を繰り返した。だが正当にもその死後『パトリアーカ』はロックの批判を浴びた。フィルマーが前近代的な蒙昧主義の代表だとすれば、ロックは近代的な人権に基づいた世俗的政治思想の立役者である。もっともそういった近代思想はロックのオリジナルではなく、それ以前にホッブズが作り出したものである。ロックはホッブズの自然権論をそのまま受け継ぎながらも、ホッブズとは違った立憲主義を打ち出した。この二人の思想家の力で、イングランドでは前近代社会から近代社会への移行が果たされた。しかし日本のような場所ではそうではない。日本においてはフィルマー主義的メンタリティが二〇世紀半ば、もしくはその後まで、消えずに残っている。

これは私の想像する一般的なフィルマー像なので、実際に広がっているイメージとは一致しないかもしれない。とはいえ、これほど粗雑なまとめではないとしても、方向性を同じくする解釈は、研究者の間にもみられるものである。たとえば、二〇一六年に刊行された『フィルマー著作集』の「解説」をとりあげてみたい。訳者二人は

「本格的なフィルマー研究が必要と考える」理由を、次のように述べている。

フィルマーの思想世界は、欧米においては、その近代が失った前時代の社会像として歴史的考察の不可欠の対象なのであり、非欧米世界においては現在もなお日常的な世界として現存している社会像として過ぎ去っていないのである。いずれにしても、個人主義や民主主義を考える場合には、これは避けて通ることができない。私たち訳者は日本においても、この問題は他人事ではない、と考える。否、むしろ日本においてこそ、重視されなければならない。個人主義や民主主義思想の底の浅さは危機の再来のたびに露呈しているからである。戦後日本のいわば上滑りの超近代化は、いまや個人主義や民主主義の寄る辺なき漂流と疑似的家族主義をもたらしている。(…)戦後直後に「日本社会の家族的構成」や「家族国家観」が近代化の課題の中で問われたが、この課題は未解決のまま放置されてきたのである。(1)

言いかえれば、フィルマーとは前近代性の体現者であり、いまだ治癒されていない日本の病理の象徴である。「欧米世界」では彼は過去の存在だが、「非欧米世界」においては、フィルマー的なものはまだ死んでいない。この前近代社会と対比されるのが、ロックやホッブズの近代的思考である。この二人はどちらとも自然法という古いものではなく、自然権という概念を出発点にした。「決定的な差は、フィルマーには「自然権」＝「人権」概念が欠如していることであり、ホッブズやロックはそれを「洞察」したということであった」。この人権概念を通じて、前近代は乗りこえられたのであり、これからも「その前提を意識しない議論は歴史を前に進めることには決してならないであろう(2)」。

先に述べた、「これまでとは異なった形」のストーリーを語るとは、こうしたイメージや思想史解釈とは違ったものを語りたい、ということである。私は、フィルマー主義の克服とは、一般にそう思われているより、はるかに複雑だと考えている。あえて図式的にまとめれば、フィルマー主義が克服される過程（あるいは希望）の歴史ではなく、克服されなかったフィルマー主義の歴史が、本書のテーマであると言ってよいかもしれない。もう少し具体的に述べると、本書で私が試みたのは、フィルマー、ロック、日本という三つの単位に着目し、「フィルマー主義」の被害の連鎖反応を描き出すことである。奇妙に聞こえるだろうが、フィルマーは「フィルマー主義」に囚われた。特定の状況の下で特定の結論を引き出すために用いられた「アダムの権利」という概念が、状況が変化とともに意図せざる帰結をもち、フィルマーはこれに直面せねばならなかった。すなわちフィルマーという人間が、自身の生み出した「フィルマー主義」に立ち向かわねばならなかったのである。彼の死後、ロックは「フィルマー主義」とそれに対するフィルマー自身の反応に囚われた。そして日本もまた、ロックの勝利を知りつつも、見方によっては「フィルマー主義」に囚われたと言える。それは本文で明らかにする通りである。著名な政治学者であるハロルド・ラスキは、ロックが「これほどまでに弱い論敵に対して、彼の知的資源を浪費」したことを嘆いている(3)。ロックはフィルマーなど無視して自身の政治哲学を洗練させるべきであった。

だがこうした負債の歴史は、同時に、より建設的な面ももっている。フィルマーは「アダムの権利」から鋭い着想を引き出したのだが、それだけではなく、その意図せざる帰結を馴致しようとする努力の中で、絶対主義それ自体の困難をはからずも顕在化してしまった。ここに、単なるドグマティストではない、苦闘する一人の思想家としてのフィルマーが現れる。ロックも『統治二論』前半でフィルマーに付き合って時間を浪費する必要などなかったかもしれない。だが、私が理解する限り、フィルマーに真剣に向き合ったからこそ『統治二論』後半が生み出されたのである。日本においても、戦後「フィルマー主義」と呼ばれたものが存在している。しかしここでは、単にフィルマーだけではなく、ロックという思想家、そしてフィルマーがロックに敗北したという歴史もすべて合わせて、ひとつの「フィルマー」というシンボルが構成され、そういうものとして受容されていた。戦前・戦後を問わず、この「フィルマー」に対抗することで、思想家たちは自己の位置を定め、自身の理念を語ることができたのである。

フィルマーとフィルマー主義（第一章・第二章）

このように、本書は、これまでとは違った形でフィルマーから日本につながるストーリーを読み直すことで、一方で消え去らないフィルマー主義の歴史を辿り、他方でそれを介して生み出された言語行為を描き出す。それによってより重層的な「フィルマー」の歴史を提示するのが本書の目的である。この目的に応じて、本書は四章構成になっている。フィルマー研究は、それほど数多いというわけではないが、やはり各章に関連する先行研究は存在している(4)。そこで、本論に入る前に、研究状況をサーヴェイしつつ、各章の内容を簡単に紹介しておきたい。第一章において、私はフィルマーの最初の政治的著作『パトリアーカ』の背景とその内容、および「アダムの権利」の特質を明らかにする。第二章では、フィルマーがこの概念を利用し同時代の政治思想を批判する様子とともに、この概念自体がフィルマーにとって苦難の原因となっていく状況を描く。それによって、フィルマーは後世の人間に嘲笑されるために生きたのではなく、不安定な世界のなかで、選択を繰り返しながら思想家として生きたのだ、と示すことができるだろう。

第一章・第二章にかかわる研究で、とくに私が問題としたいのは、フィルマーの「一貫性」についての、これまでの先行研究が下してきた評価である。これまでフィルマーの政治思想の「一貫性」は、ほとんど自明の前提とされてきた(5)。たとえばラズレットは、フィルマーの「出版された諸論考は、『パトリアーカ』の議論の、拡大、適用、修正」であると説明している(6)。彼のフィルマー論はその後の研究の基礎となり、多くの批判もなされてきたが、この一貫性の理解は広く受け入れられている(7)。後に述べるように、この解釈が完全に誤っているわけではない。しかしながら、フィルマーが言葉を通じて何をなしたのかを明らかにするために、最も大きな障害となるのは、実はこうした前提なのである。いつも同じことを言っているという先入観は、なぜいまここでそれを言ったかという問いを忘れさせる。したがって、フィルマーの思想的「選択」をうまく把握するためには、こうした前提はいったん留保せねばならない。

その観点からすると、最近チェーザレ・クッティカがフィルマーの一貫性が前提とされてしまっている状況に異議申し立てをしているのは、良い方向への変化である。フィルマーの一貫性を自明視する先行研究を批判しつつ、クッティカは、それぞれの著書のコンテクストとその論敵に着目すべきだと指摘する。(8) クッティカによれば、最初の政治的著作である『パトリアーカ』において、フィルマーは「愛国的な王」というイメージを用いて、当時の共和主義的思想と対決していた。しかしながら『パトリアーカ』で提示されたこのイメージは、内乱後に出された作品からは消えてしまっている。(9) フィルマーの政治思想を理解するためには、こうした彼の論法や論敵の変化を適切に取り扱わねばならないとされるのである。

しかし彼の手法にもやはり難点が含まれている。たしかに論敵の違いを強調するのは正しいが、これだけでは、標的を変えて同じ主張を繰り返しているだけではないかという疑問に答えられない。フィルマーの議論は(すべての著作で同じではないとしても)同じモチーフを繰り返しているだけだという伝統的な解釈と、クッティカの分析は、実際には完全に両立するのである。さらに、本書にとってはより重要な点だが、クッティカは著作ごとの相違を強調する一方で、その相違が一人の人間によって作り出されたのだという事実にさほど注意を向けようとしない。そのときどきのフィルマーの発言の違いを論敵の違いに還元してしまったために、そうした相違点の存在が、フィルマー自身の過去の発言とどういったつながりを有しているのかが問われぬままになっているのである。

こうしてクッティカは問題を解決したというよりは、むしろ実践を通じて、正確には何が問われねばならないのかを教えてくれた。彼が理解させてくれるのは、フィルマーの思想の「一貫性」を前提としないというアプローチが、そのつどの論敵の違いを挙げることだけに帰着するのであれば、これまでの研究に対する十分な批判とはならないということである。フィルマーが何を言ったのかという次元において、さまざまな著作にまたがる共通性を否定するのは、実のところ難しい。たとえば、フィルマーの政治思想を、「アダムの権利」という原理によって政治権力を正当化したものだとまとめたならば、この定式は彼のどの時期の著作にも適用可能である。実際に私も、この「アダムの権利」をフィルマーの中心原理として扱っている。もしこの次元で作品の相違点に着目しようとすれば、それはたしかにクッティカのように論敵の違いとする以外に解決方法はない。

誤解のないように述べておくが、私は非一貫性を指摘して結論としたいわけではない。どれほど矛盾があろうとも、どこかに一貫性があるはずだという前提を置いてテクストを読むことが「一貫性の神話」であるとすれば、非一貫性を見つけ出せばそれだけで何かの答えになると信じるのも別の神話である。私が言いたいのは、「一貫性」をカッコに入れて、しかも有益な議論をするためには、問い方を変えねばならないということである。古典的な表現であるが、「われわれは、つまり、何を言っているかだけではなく、それを言う中で何をして
いるのかをも把握する必要があるのである」[10]。すなわち、「言っていること」の一貫性・非一貫性を確認した上で、一貫した事柄が違う時期に言われたのはなぜか、また一貫しない事柄が同じ人間によって言われたのはなぜかもまた、問わねばならない。この問いをフィルマーのテクストに向けて発することで明らかになるのは、彼の著作にはそれぞれ解釈可能性の幅とでも言うべきものが存在し、その幅が著作ごとに有意に異なっていること、そしてフィルマーがそれを意識的にコントロールしようとしていたことである。こういった形で彼のテクストに向き合うことによってのみ、フィルマーというもはや存在しない人間に、多少なりとも血を通わせることができる。

フィルマーとロック（第三章）

血の通ったフィルマーという人間は一六五三年に世を去った。しかし彼の思想は何度か息を吹き返した。その一回目のきっかけは、一六八〇年前後の「排斥法危機」のまっただなかで、彼のいくつかの著作が再刊され、さらに『パトリアーカ』がはじめて出版されたことであった。排斥法案とは一六七九年から数度にわたって庶民院

で審議されたもので、当時次期王位継承者とされていたヨーク公を継承順位から「排斥」することを狙いとしていた。[11] おそらくはこの頃に執筆された、史上最も有名なフィルマーの論駁書が、ジョン・ロックの『統治二論』である。本書の第三章において、私はこのフィルマーとロックの思想的「論戦」を取り上げる。ロックは「社会契約論」の唱道者の一人として今日でもよく知られている。だがそれと比べると、彼に批判されたフィルマーが、先だって契約説に徹底した攻撃を加えていたことはあまり知られていないかもしれない。しかし実は、フィルマーは、契約は政治を理解するための不適切なモデルであり、政治的義務の説明としては役に立たず、さらに悪いことに、行き着く先はアナーキーだと熱っぽく指弾していたのである。ロックはこれを受けて、契約的な政治理解が可能であり、かつ望ましいものであると示さねばならなかった。結果として彼の政治理論は、フィルマーの鋭鋒をうまくかわして構築されたものとなっている。[12]

フィルマーとロックという形で問題設定をした場合、フィルマーについて触れたほとんどすべての研究を先行研究と呼ぶことができる。というのも、政治思想史におけるフィルマーの姿は、ほとんどの場合ロックの『統治二論』の——前篇の、というよりは、実際には後篇の最初の数行の——ネガであったからである。それゆえにフィルマーを研究対象として選ぶということは、ほとんどの場合、ロックとは違った形で彼を評価し直すことを伴っていた。J・N・フィッギス、J・W・アレン、ピーター・ラズレットはその代表例であり、[13] その後も著名な研究者たちが、それぞれの視点からフィルマーとロックの関係を問い直している。[14]

そうした先行研究と比較すると、最新のクッティカの研究は、フィルマーをコンテクストに置き直すという点では大いに進歩しているものの、まさにそのためにロックとの関連を犠牲にしたという印象がぬぐえない。結果として、ロックとフィルマーの思想的関係を通じて既存のストーリーを書き改めるという点では、むしろこれまでの諸研究に比べて退歩している。彼の業績は、政治思想史と政治理論との緊張関係を露わにしたと言えるかもしれない。クッティカは、ロックからフィルマーを切り離すことで、ロックの批判に還元されない、歴史的な個性としてのフィルマーを描き、そのオリジナリティを明らかにしようと試みている。だが逆説的なことに、コンテクストを深く掘り下げたために、彼の研究はフィルマーの非独自性を印象付ける結果となっている。先に述べた家父長主義は、クッティカ本人が別の論文で書いているように、フィルマーに先んじてフランスに多く見つかるのである。(15) だがもしオリジナリティがあまりないことが明らかになってしまったのなら、より大局的な観点から、なぜフィルマーを取り上げる必要があったのだろうか。フィルマーという人間を知ることはできたとしても、そこから何を学べばよいのだろうか。大きな見通しが提示されていないがために、クッティカは「なぜフィルマーを研究するのか」という問いに答えられなくなってしまっているのである。(16)

私は、こういった研究状況を踏まえて、フィルマーとロックというかつての問題設定はいまだに有効ではないかと考えている。フィルマーにどういったオリジナリティがあるのかという問い、そしてフィルマーにどういった政治思想的意義があるのかという問いに、フィルマーだけでもって答える必要はない。フィルマーの言っていたことがたとえオリジナリティを欠いていたのだとしても、フィルマーとロックという関係は他にはないオリジナリティであり、この一回限りの出来事の描写によってこそ、フィルマーの政治思想的意義を評価することができる。私が第三章で試みようとしているのはそうしたことである。フィルマーが提示した契約説批判に答えるときロックが何を前提としていたのかを知り、そしてその前提の「われわれ」との共有可能性を考察してみるとき明らかになるのは、実は、ロックの仕事はまだ終わっていないということである。より正確に言えば、ロックにとっては終わった仕事だが、「われわれ」がそれを自分のものとするためには、ロック本人のそれとは別の努力が必要とされるのである。

フィルマーと「われわれ」(第四章)

だが「われわれ」とはひどく多義的な言葉である。ではここで言う「われわれ」とは誰か。この問いを手掛かりとして、第四章では、日本におけるフィルマー受容史を取り上げる。これまでフィルマーのモノグラフを公にしたジェームズ・デイリーとクッティカは、どちらも著書の後半部を、一七世紀後半におけるフィルマー受容史に充てている。他の多くの部分でそうであるように、ここでもデイリーとクッティカの解釈は驚くほど一致しない。(17) だがフィルマーの影響力の査定について激しく対立する二人も、その受容史を事実上ロックで終えている点は共通している。たしかにロックが転機であることは否定しがたい事実であり、どこかで区切りをつけねばならないとするならば、ロック以前と以後に分けるのがもっともわかりやすい。しかもそうすることによって、フィルマーが敗者となった時点はどこかを確定しうるというメリットもある。しかしながら、ロックがたとえフィルマーの死後の生を終わらせたのだとしても、本当の生と死後の生が合わせて二度しかないとは限らない。フィルマーはたしかにもう一度、今度は日本において、政治的議論のスクリーンに登場する機会を与えられたのである。

日本におけるフィルマー「受容」の歴史を描くという関心からすると、ただちに重要になってくるのが、宮本盛太郎と中山道子の先駆的研究である。この二人が示したのは、日本においても、イングランドの場合と同じく、同時期の政治的論争を背後に背負った「フィルマー」の姿を見ることができる、ということである。宮本は穂積八束の「フィルマー主義」に対する戸水寛人の批判と、それに応じてなされた複数人のやりとりを、論説「穂積八束とロバート・フィルマー」においてまとめている。(18) 宮本本人も断っているように、これはあくまで論争の要約であるが、しかし、それまでほとんど忘れられていた論争を発掘した功績は大きい。宮本が本書の呼び方でいえば、「第一のフィルマー論争」を紹介したとすれば、中山は主として美濃部達吉や上杉慎吉が主役となる「第二のフィルマー論争」の特質を明るみに出した。彼女はフェミニズム的手法を用いて、日本において、イングランドやアメリカのように、家父長主義が理論的な論争の後に消え去ったのではなく、そうした論争を経ずいつの間にか消え去ってしまったことを明らかにした。この比較をするために、それぞれの国で「フィルマー」がどのように否定されてきたかを彼女は論じ、日本においては美濃部と上杉の対立が取り上げられたのである[19]。

宮本と中山の研究を手掛かりとしつつ、本書の第四章において、私はこの二人がそれぞれ取り上げた論争を、フィルマーの受容史として描く。だがもし「受容」史という言葉が、特定の著者の言説がどれほど受け継がれているのか、逆にそこからどれほど離れたのかといった事柄に着目するという意味での受動的な歴史として理解されるなら、ここで描きたいのはそういったものではないと述べておかねばならない。むしろ私が着目しているのは、後世の人間が過去の著者の思想や言説等をどのように自分のものにし、利用したのか、あるいはその受容した側の時代・文化に受け入れ可能なものとするため、どういった変更を加えたのかといった、能動的な側面である[20]。日本におけるフィルマーの運命は、この能動的な受容史のひとつの極限の事例を示している。というのも、実際にはおそらくほとんど誰もフィルマーなど読んでいなかったにもかかわらず、日本において、「フィルマー」という名前とその評価だけは独り歩きし、そのレッテルを論敵に貼り付けることで、政治的議論を優位に運べる状況が存在していたからである。

しかしもちろん、「フィルマー」がレッテル貼りとして使われる状況自体は、フィルマーが作り出したものではない。それは、フィルマー、ロック、そして「フィルマーはロックに敗北した」という命題によって可能となった。こうしたいくつもの与件と、日本の国体という価値、さらにはその状況を操作せんとする思想家の行為が絡み合い、戦前のフィルマーとロック理解、そして戦後におけるその転換が生じた。日本語圏において、フィルマーとロックの関係を再考しようとするとき、「われわれ」はたしかにこうした論争の末尾に連なることとなる。本書の最後では、そうした「われわれ」は、フィルマーとロックから何を学べるのか、そしてロックの仕事を引き継ぐとはなにを意味するのかを簡単に論じたい——すなわち、ロックを勝者とし続けるために、フィルマーを敗者とし続けるために、今日において何が必要なのか、をである。

第I部

ロバート・フィルマーとその時代

関連年表

1640年 4月	短期議会開催
11月	長期議会開催
1641年10月	アイルランドで蜂起
1641年11月	議会が王への「大抗議文」を採択
1642年 3月	ケントでの請願
6月	王の『十九箇条への回答』公表
8月	内乱勃発
1648年 2月	『フリーホルダー』出版
4月	『アナーキー』出版　第二次内乱開始
5-6月	ケントで叛乱
8月	『必要性』出版
1649年 1月	王の処刑
1652年 2月	『統治起源論』出版
5月	『アリストテレス論考』および『服従指針』出版
1653年 5月	フィルマー逝去

第一章　内乱以前――「アダムの権利の基礎」

1　内乱以前の政治と思想――『パトリアーカ』の背景

フィルマーの前半生

ロバート・フィルマーは、エドワード・フィルマー（Edward Filmer）とエリザベス・アーゴール（Elizabeth Argall）の間に一五八八年、長男として生まれた。(1) 彼が生まれたイーストサットンは、「フィルマー家の所在地がここでなかったとしたら、ほとんど知られることも人が訪れることもなかったであろう」と言われるほど小さな教区である。(2) Filmer という名はオックスフォードの地名 Finmere に由来し、ロバートの先祖は、一四世紀初頭にケントに移ってきたものと推測されている。(3) その頃の同地の文書には、Simon de Fynemore や Edward Filmour の名前が現れる。(4) このわずかな例からも分かる通り、Filmer の綴りは収拾がつかないほど多様であり、同一人物が別の綴りで書かれることもしばしばあった。逆に言えば、多少の綴りの違いがあっても元は同じ可能性も少なくないということである。最も有名な例として、日本に「黒船」を派遣したアメリカ大統領ミラード・フィルモア（Millard Fillmore）も、さかのぼればこの最広義のフィルマー家にたどり着くと考えられている。(5) 彼本人は「曽祖父ジョン・フィルモアより先は全く知らない」が、「この苗字がイングランドでは Phillemore、ひょっとすると Filmer と綴られていたとしても、おかしなことではない」と述べている。(6)

ケントのフィルマー家がジェントリとして紋章を許されるようになったのは、本書の主人公ロバートの曾祖父ジェームズの時代からである。一九世紀半の家系図では、このジェームズをもってフィルマー家の開始としている。(7) その子ロバートはエリザベス時代の人民間訴訟裁判所の首席記録官(Prothonotary)を務めた。(8) さらにその長男エドワード、つまり本書主人公ロバートの父は、熱心な治安判事であると同時に古事学者であった。彼は一六一四年には州長官(High Sheriff)にも任命されている。(9) イーストサットンのマナーハウスは、エドワードがアーゴール家から購入したものである。(10) 以後フィルマー家は、最後の当主が第一次世界大戦で戦死するまで、ここに居を定めた。そこから目と鼻の先にあるセントピーター・アンド・セントポール教会には、ロバートのものも含めて一族の多くの墓があるだけでなく、ステンドグラスには同家の紋章がはめ込まれており、フィルマー家の家族教会といった趣を呈している。

母方のアーゴール家もまた幾人もの名士を輩出した。母エリザベスの祖父トマスは、ヘンリー八世からエリザベス一世に至る四人の君主の下で活躍した有能な官吏であり、聖職禄にかかわる事柄のエキスパートであった。(11) 同時に目を引くのが、この一家が直接間接にアメリカと有した関係である。エリザベスの弟サミュエル・アーゴール(つまりロバート・フィルマーの叔父)はヴァージニアへの航路開拓や植民地開拓に貢献した人物であり、一時は当地の総督の地位を占めた。あるとき彼は先住民に囚われている人質を解放させるため、その部族の娘マトアカを誘拐し、人質交換をするという悪名高い計画を立てた。マトアカは後にポカホンタスという名で世界中に知られることになる。またエリザベスとサミュエルの母、つまりロバートの祖母メアリーは、夫と死別後、メードストンの治安判事と再婚した。この治安判事はローレンス・ワシントンといい、その弟の子孫を下ると、アメリカの初代大統領にたどり着く。(12) ロバートの弟ヘンリーが、ヴァージニアに移住後ワシントン家と親しく付き合ったのは、こうした家系的な理由もあったと考えてよいだろう。(13)

ロバート・フィルマーは幼少期から青年期にかけて、イーストサットンの隣サットンヴァランスの学校を経てカンタベリーのグラマー・スクールで学んだのではないかと言われているが、確固たる根拠はない。わずかに足跡が辿れるようになるのは、ジェームズ一世がイングランド王位を継承した次の年である一六〇四年、ケンブリッジ大学のトリニティ・カレッジに入学したとき以降である。[14]全盲の神学者アンブローズ・フィッシャーの『イングランド教会の祈禱書の擁護』は、「畏友サー・ロバート・フィルマー」に献呈されているが、はじめにフィッシャーと出会ったのはこの頃かもしれない。[15]しかし大学では学位をとることなく、翌年にはリンカーン法学院に入学している。フィルマーはかなりまじめに法学を学んだものと思われるが、[16]必ずしも職業的な法律家を目指していたわけではない。法学院とは、法学教育を施す場であると同じく、「あらゆる作法についての一種の学園」であり、演劇やダンス、さらには武道の教育もなされていた。地方からやってきた青年たちにとって、ここはジェントルマンにふさわしい立ち居振る舞いを身につけ、将来の所領経営に必要な法学的な知識を蓄え、そして未来のエリートたちと交友関係を結ぶ場だったのである。[17]

法学院で学び終えた後もフィルマーはロンドンのウェストミンスター寺院のそばで暮らし、[18]当時の知識人たちと交流を深めていた。その中にはたとえば『ブリタニア』の著者として特に有名な古事学者ウィリアム・カムデンや、確実なことは言えないが、おそらくヘンリー・スペルマンやジョン・セルデンも含まれる。[19]ジョン・オーブリーの『名士小伝』には一度だけフィルマーが登場するが、そこでは、このカムデンと「ケントのロバート・フィルマー卿(Sir Robert Filmore)」は「大変親しく付き合っていた」と書かれている。[20]こうした交流の経験は『パトリアーカ』第三部や『フリーホルダー』でのイングランド法制史を書く上で大きな助けとなったはずである。フィルマーが生涯の伴侶としてアン・ハトン(Anne Heton)との生活を始めたのもこのロンドンであった。彼女はイーリーの主教マーティン・ハトンの娘である。ハトン主教の説教のうまさと懐の深さは有名で、ジェームズ一世に称賛されただけでなく、イーリーにおいては、一世紀を経てなお、「敬意とともに思い出され、語られている」存在であった。[21]二人は一六一八年の八月にセント・レオナルド教会で結婚した。[22]このときフィルマーは三〇歳であった。その翌年、ジェームズ一世から騎士号を拝受し、彼はなじみのサー・ロバート・フィルマーとなった。

政治的背景

フィルマーに騎士号を与えたとき、しかし、ジェームズは別のことで頭がいっぱいであったに違いない。大陸ではそのとき、ベーメンでのプロテスタントの叛乱をきっかけとして、後に三十年戦争と呼ばれる戦いがはじまったばかりであった[23]。ジェームズにとって悩ましい問題だったのは、ベーメンの諸侯がカトリック王を廃位した後に、ジェームズの娘婿のフリードリヒを同地の王に選出してしまったことである。フリードリヒは逡巡したが、ジェームズからの協力が得られると信じて、これを受諾した。だがジェームズはフリードリヒの登位を快く思わなかった。彼はその後も軍事的協力を拒み、外交交渉による戦争の早期終結を図った。フリードリヒの期待とは反しているが、平和実現という目的について、ジェームズはたしかに真剣に取り組んだ。開戦後はローマ教皇に「いと聖なる父よ」と呼びかける手紙を書くこともいとわず、一六二一年にはブリュッセルでの講和会議を提唱してもいる。その中で最も重要な案件であったのが、数年後に王となったチャールズとスペイン王女の結婚計画であった。ファルツの帰属問題とセットになったこの婚姻政策は、しかし、成功まであと一歩の地点まで進み、その一歩を踏み出せぬまま破綻した。結婚の日取りまで決まっていた。ジェームズの平和追求政策は、こうして終わりを迎えた。

三十年戦争におけるジェームズの政策は、それ以前からの平和主義の延長であった。彼はもともと徹底した平和主義者であった[24]。おおよそフェリペ四世やルイ一三世といった君主たちが戦場での名誉を追求していた時代に、これは王としては珍しい気質であったと言ってよいだろう。駐イングランドのヴェネツィア大使は、その即位直後「王は生まれつき穏やかな性格の持ち主」であり、「国王が和平の真の裁定者であるという意見を広めたがっている」と本国に報告している。(25) もちろんジェームズの気質といった要因だけではなく、金銭面での問題もあった。大国スペインを敵にまわして戦い抜くためには、イングランドの財政的基盤はあまりに脆弱であり、それを立て直す希望であった「大契約」も失敗に終わっていた。(26) 金がない限り戦争はできぬというキケロの格言は実に重く受け止められていた。(27) ジェームズは誰よりそれを承知していたがために、戦争による解決に二の足を踏んでいたのである。

とはいえ、ジェームズの平和主義が国内で快く受け入れられていたわけではまったくない。『民の声』の著者であり、共和主義的議論で改革を唱道したトマス・スコットは、むしろ手厳しくジェームズの平和政策を攻撃していた。平和とは私的利益の追求であって、徳のあらわれであるどころか、腐敗の象徴なのである。(28) 戦争がすなわち徳であり、平和はすなわち腐敗であるという図式には、すぐさま性的なイメージが重ねられた。すなわち、あの「男」らしく戦ったエリザベス女王の後を継いだ、この「女」らしく臆病なジェームズという具合である。この共和主義的な二項対立は、宗教問題によってさらに先鋭化した。カンタベリー大主教ジョージ・アボットやペンブルック伯はカトリックの圧力に対するプロテスタントの大義を掲げ、その陣営の盟主となるべく、イングランドの参戦を説いたのである。(29) すぐ上に挙げたスコットも、スペインとの同盟はカトリックの陰謀への加担であるとみなしていた。(30) 議会も含めて、積極的に参戦すべしという声がイングランドを覆っていたのである。

一般民衆や議会の声を背景に存在感を高めていったのが、ほどなくして国王となるチャールズとその協力者バッキンガム公であった。かねてより開戦を唱えてきた彼らにとって、チャールズの国王即位は、議会とともに国が一丸となって対スペイン戦争を遂行する絶好の機会になるはずであった。しかしいざ戦争が具体化すると、王と議会の絆はすぐさまほころびを見せはじめた。議会が戦費として可決した補助金は、王の側から見ればまったく不足したものであって、王はさらなる補助金を要求した。しかし議会としては、いったん補助金を可決したのだから、次は王が議会の苦情を聞く番であるとみなしていた。戦費協力を渋る議会を目にしたチャールズは、

「強制公債」と呼ばれる、議会を通さない方法で戦費を賄おうとした。予想されるとおり議会はこれに不信感を覚え、チャールズやその助言者たる寵臣バッキンガムに対する反発を強めていった。

一六二七年のラ・ロシェルでの敗戦は、この不信感を決定的な怒りに変えた。これはいかにも許しがたい敗北であった。その理由のひとつはもちろん、このフランスのレー島への遠征が、一六二五年のカディス遠征の失敗に続く二度目の大敗北であったためである。だがそれと同様に許しがたかったのは、それまでファルツ回復のためにスペインと戦争をしていたはずが、王が突如フランスの領土に軍を向けたことである。バッキンガムとチャールズにも言い分はあった。スペインとの戦争を優位に進めるためにフランスと結んだ条約を、フランスはほとんど真剣に履行しようとせず、しかもその条約の代償としてイングランドが貸し与えた戦艦はユグノーの鎮圧に使われたのである。議会もその事情は承知していたが、ラ・ロシェルへの遠征は明らかに危険な試みであった。これによってイングランドは、フランスとスペインというヨーロッパ二大強国を同時に敵に回すことになったからである。議会は、バッキンガムが無謀な戦争政策によってイングランドを破滅へ導いていると考えた。いまや彼はその存在自体が「苦情中の苦情」と呼ばれ、議員の非難を一身に集めるようになっていた。

議会の攻勢を前にしてチャールズが下した判断は、イングランドの臣民はあまりに反抗的であり、しつけ直す必要がある、ということである(31)。アボットはジェームズの治世がはじまった頃、皇帝マクシミリアンのものとして次のような言葉を著書に載せていた。「ドイツ皇帝は王たちの王(Rex Regum)である、つまりその諸侯はそれほど偉大だということである。スペイン王は人間たちの王(Rex Hominum)である、なぜなら、かの人民は君主に対して節度をもって服従しているからだ。イングランドの王は悪魔たちの王(Rex Diabolorum)である、なぜなら、かの臣民は王から王冠や威厳を何度も奪い取っているからだ。だがフランスの王はロバたちの王(Rex Asinorum)である。なぜならかの人民は非常な税金や賦課金の重荷を背負わされているからである(32)」。そのおよそ二〇年後、チャールズの治世が始まった年にはピーター・ヘイリンが、さらにその数年後にはフィルマーもまた、この言葉をほぼそのまま引用した。だがそれぞれ力点は異なっている。アボットがフランスの事情を説明するのにこれを用い、ヘイリンがドイツ諸侯が「自由かつ絶対」であることを示すのにこれを引用したのに対して[33]、フィルマーは、イングランドが国外でこうむっている不名誉としてこれを使ったのである。チャールズもこれには同意したに違いない。彼はいまやこの「悪魔たち」を黙らせる政策に着手したのである[34]。

まずはなんといっても議会を黙らせねばならない。これが、一六二九年の議会解散後の、有名なチャールズの親政のはじまりである。議会はバッキンガムへの不満から、金を出させるなら口も出させろという姿勢を崩さなかった。だがチャールズもまた、外交政策は王の大権に属する事項であり、議会は金を出すべきだが口をはさむべきではないとする態度を変えなかった。口も金も出させないというチャールズの議会解散は、その妥協策と言えるかもしれない。もちろん彼がもう二度と議会を開くまいと決意して解散したわけでも、その後のどこかでそう決意したドラマティックな瞬間が存在したわけでもないだろう[35]。彼の心中にあったのは、おそらく、無議会統治をやるという決意ではなく、議会を開かなくて済むような条件づくりをやろうという決意である。手始めに、彼は戦争を終わらせた。議会を開く理由は財政であり、財政悪化の最大の原因は戦争であったため、チャールズはフランスとスペインと講和を結び、三十年戦争からは撤退した[36]。国内においても、バッキンガムの暗殺後は、彼のような「寵臣」を置くのではなく、枢密院の活性化がはかられた[37]。結果としてチャールズが生み出したのは、少なくとも表面上は平穏な年月であった。

議会の次は教会である。チャールズは、言葉に溢れた説教中心の教会を改め、儀式を中心とした統一の美を有する教会へと変革しようと試みた。その推進役に登用されたのがウィリアム・ロードであった。前カンタベリー大主教のアボットとは異なり、「アルミニウス主義者」ロードは、説教ではなく、万人に恩寵を届けるための聖餐式を重視していた[38]。「聖餐台」は「この世における神の最も偉大な住まいである」とロードは説いた。「私は最も偉大な、と言った。つまり説教台よりも偉大だということである。なぜなら前者が、これが私の身体である

(Hoc est corpus meum)とされるのに対して、説教台はせいぜいこれが私の言葉である(Hoc est verbum meum)だからである。そして(疑いなく)、より多くの敬意が主の言葉より身体に払われるべきである」[39]。ロードの教会政策は、大いなる敵意を招くと同時に、たしかに教会に沈黙をもたらした。あるピューリタンは、三〇年代の終わりの状況を振り返って、次のように書いている。「教皇信奉教が眼前に迫り、もはや福音の光は消え去ってしまうかに思えた。多くの聖職者は沈黙を余儀なくされ、過去三、四年の間に非常に多くの聖職者たちがニュー・イングランドへと去った」[40]。プロテスタントは「聖書のみ」だとしても、「言葉のみ」の宗教ではなかった[41]。だが逆説的に、ロードの政策は、言葉以外を排した宗教こそ真のプロテスタントであり、それ以外の「不純物」の混じったものは「カトリック」だという視点を揺るぎなきものとしたのである。

議会と教会のあと、最後に残っているのが「公衆」である。二〇年代半ばまでは、チャールズは積極的に世論を利用し、そして世論に働きかけることによって、自身の政策を進めてきた[42]。対スペイン開戦はまさにそうした事例である。しかしその後ほどなくして彼は自分の意志を「公衆」に伝えるのをためらうようになった。かつてジェームズがそうしていたように、チャールズもまた秘密裡に物事を進めるのを徐々に好むようになっていったのである。同時に彼はラテン語秘書官G・R・ヴェッカーリーンに命じて、出版規制に本腰を入れて取り組みはじめた[43]。一六二七年二月、ドルチェスター子爵が手紙で書いていることによれば、王の意志は次のようなものである。「今後、私の秘書であるヴェッカーリーンが閲《けみ》し、許可を出したものでない限り、韻文・散文を問わず、国事に触れる内容を含む出来事やその他の報道を載せた文書は、これを印刷、出版してよいと思い込んではならない。ヴェッカーリーンがもっともな言い分と認めたものについては、私に伝えるように言ってある」[44]。三〇年代に入ると、政治的な出版物に対するチャールズの警戒心はさらに深まったようだ。そういったテーマは「人民の目に触れたり論説で取り上げたりするには適さない」と彼は語っている[45]。

そうした王の意志の犠牲になったのが、まさに本書の主人公たるロバート・フィルマーである。王がこの判断を表明したわずか一週間後、ヴェッカーリーンは覚書に次のように書き込んでいる。

サー・ロバート・フィルマーが私のところにひとつの論考を持ち込んで、その出版許可を求めてきた。この論考は、統治を論じたものであり、王位(Royaltie)とその至高の権威などを称賛している。私はうやうやしく、目下このような主題が公にされるべきか、それとも黙しておくべきかについて、陛下の賢明なるご判断を仰いだ。　追記——許可されず。[46]

フィルマーはこの不許可の事実を他人には話さなかったようである。後にヘイリンは、フィルマーが『パトリアーカ』を出版しなかったのは「この優れた小論を出版し、国民を喜ばせるのは彼の生きている間にはふさわしくない」と感じたからだと書いているが、[47] 実際にふさわしくないと考えたのは、フィルマーではなくチャールズ一世だったのである。

このフィルマーにとっての不幸を記した覚書は、実は比較的近年になってから発見されたものである。この発見によってフィルマー研究に二つの知見がもたらされた。ひとつめは、これによっていつ『パトリアーカ』が書かれたのかがわかったことである(それまでは最大四〇年ほどの予想の開きがあった)。[48] そして執筆時期の確定によって、同時にどういった文脈で『パトリアーカ』が読まれることを期待されていたのかもまた明らかになった。『パトリアーカ』は「一六二〇年代後半の、法、課税、議会特権についての政治的闘争にしっかりと根を下ろしている」のである。[49] これに思想史的表現を与えるとすれば——昔ながらの誤解を招きやすい言葉だが——「絶対主義」の伸張のなかで、『パトリアーカ』は読まれるべきだということになる。

したがって、フィルマーの最初の選択は、「絶対主義者」になることである。しかしこの覚書は同時に、チャールズの立場に有利になりそうなフィルマーの『パトリアーカ』が、チャールズ本人によって拒絶されたという、奇妙と言えば奇妙な事実も証言している。チャールズが同書を熟読吟味して判断したという証拠は存在しないため、不許可の事実からあまりに多くを引き出すことには慎重にならねばならないが、アントニー・ミルトンなど近年の研究者は、その理由を『パトリアーカ』が絶対主義をあまりにあけすけに語っている点に求めている。[51]親政期の政府は、フィルマーの『パトリアーカ』のような「率直に表明された「絶対主義的」な思想傾向と結びつけられることに、非常に神経質であった」のである。[52]政府がたとえ実践において「絶対主義的」であったのだとしても、そういった意見が政府と結びつけられることは、害が多いというわけである。ではなぜそうだったのか。次節においては、この問題を考察し、『パトリアーカ』に思想史的位置づけを与えるための一助としたい。

2　ふたつの「絶対権力」

裁判官としての王

本節では、前期ステュアート時代の思想状況をごく簡単にスケッチし、[53]それをフィルマーの「絶対主義」と対比する。それによって、彼のように一六三〇年頃に絶対主義的見解を表明しようと試みることは、多少の覚悟を必要とする事柄であったことを示すと同時に、ミルトンの言うとおり、なぜ王の側からも『パトリアーカ』が好意的に受け止められなかったのかもまた明らかになるであろう。それを踏まえて、次節では、なぜフィルマーがその絶対主義を擁護可能だと考えたかという根拠の問題を探究することになるが、本節はその前提作業ということもできるだろう。

絶対主義を論じるにあたって、しばしば参照されるのが、一六〇六年の「ベイツ裁判」における、トマス・フレミングの判決である。係争点は、輸入品への賦課金徴収は、王が議会の外で決定してよい事項なのか否かであった。フレミングの判決は次のようなものである。

王の権力には二種類あり、それは通常権力と絶対権力であって、それぞれの法と目的を有する。通常のそれは、特定個人の利益のため、市民的正義の執行のため、すなわち「私のもの」を決めるためにある。この権力は通常の法廷において、衡平と正義によって執行されるものであり、ローマ法学者はこれを私法(jus privatum)と呼びわれわれはコモンローと呼ぶ。これらの法は議会なしでは変更することができない。そして法の形式や方式は変更され、あるいは一時的に停止されうるとしても、その本質を変更することはできない。王の絶対権力は、私的なユース、すなわち特定個人の便益のために執行されたり転用されたりするものではなく、人民の一般的利益のため、すなわち「人民の安寧(salus populi)」にのみ用いられる。人民が身体であるとすれば、王が頭である。そしてこの権力は、コモンローにのみ方針を与える諸規則に規制され〔ることはなく〕[54]、非常に適切にも施政や統治(Policy or Government)と名付けられている。時の経過によってこの身体の構成が変化するのに合わせて、この絶対的な法も、王の知恵に従って、共通善のために変化する。[55]

この区別をもとに、輸入品への賦課金は、王の絶対権力で処理されるべき事項だとフレミングは決したのである。この判決が興味深いのは、「絶対権力」の承認は、王が何でもしてよいという主張とイコールではないことを端的に示しているからである。ここでの通常権力と絶対権力という区別によって論じられているのは、どういった問題が議会の中の国王によって処理され、どういった問題が議会の外の国王によって処理されるべきかという、仕事の割り振りに関する線引きである。問題となっているのは、主権者たる王が法から全面的に解放されているのか否かという、後の「立法者としての王」ではなく、どういった領域において、王は法から「解放されている(ab solutus)」と定められているのかである。言い換えれば、王が絶対的であるかどうかではなく、どういった領域でなされる王の権力が絶対的なのかどうか、である。

したがって、もし「絶対権力」という訳語が誤解を招くのであれば、現代的に「法によって定まった君主個人の管轄事項」と読み替えてもよい。管轄事項であって白紙委任でない以上、「絶対権力」についてもっともよく問われたのは、いったいどんな仕事が君主の「絶対権力」に属する事柄なのか、もしくは何が君主の大権なのかというものである。その答えは人によって異なるが、共通しているのは、この権力が具体的な数え上げ方式によって論じられたことである。土井美徳のコモンローについての卓抜な研究書が挙げているリストを引用すると、一般的に「宣戦・講和、官吏任免、貨幣鋳造、軍事、外交、通商、宗教、王位継承、議会の召集・解散など」がこの大権に含まれるとみなされていた(56)。たとえば、一六世の大法官トマス・スミスは、非常にその数を限定しつつ開戦講和や官吏の任免権を君主の「絶対権力」すなわち、君主の排他的業務に数え入れている(57)。

無論、何を「絶対権力」に数え入れるかは大きな政治的論点となった。それはフレミングの判決が、一六一〇年議会で問題視され、非難の対象となったことからもわかる。あるいはここで次のような疑問が生じるかもしれない。「法から解放されている」領域こそが「絶対権力」が行使される場であるとしたら、いかにして絶対権力を非難しうるのだろうか。この問いに対しては、理論上はそうであっても、実践上はそうではなかったと答えることができる(58)。たしかに絶対権力ならば議会は口を出せないが、しかし、特定の王のふるまいが絶対権力に属する事柄なのかどうかは論じられるし、実際に論じられたのである。ベイツ裁判に不満な議員は、まさにそうした手法をとった。ウィリアム・ヘイクウィルは、この賦課金は、議会の同意なしに変更しえないものなのか、それとも「このケースについて、コモンローは、多かれ少なかれそれを彼の思うとおりに決定し、彼の臣民にそれを支払うよう強制する絶対権力を王に与えたのか」と問うている。ヘイクウィルの答えは前者であった。この権限は王の「絶対権力」には属していない事柄であるから、王は議会の同意なくして手を付けてはならないのである(59)。

具体的問題への対応に違いがあったとはいえ、ここでは誰も王の「絶対権力」そのものは否定していない。これは完全なる裁判官としての――つまり上訴先が存在しない裁判所の首席裁判官としての――君主に必要不可欠な要素と考えられていたように思われる。イングランドにおいては、こうした「絶対権力」観がコモンローの重視と結びつき、主権者としての王が法を作りだしたという言説を排除した。いわゆる「古来の国制」論と呼ばれる法制史解釈である。この核となっているのは、コモンローは誰かがどこかの時点で作ったものではないという見方であった。「イングランドのコモンローは、この王国共通の慣習以外のなにものでもない。法の力を有した慣習は、常に書かれざる法だと言われてきた。なぜなら、それは王の命令や議会によって作られたものでも創造されたものでもないからである。もしそういうものであったなら、書くことが可能な法に還元されることになるであろう」[60]。これは必ずしもコモンローが不変であったという意味ではない。だがその変化は、王の命令ではなく、歴史の中で徐々に洗練される過程だとみなされた。法には具体的に名指せる作成者がいるという主権論的な法理解は、書かれざる慣習法にとって致命的であった。なぜなら、過去の王が法の製作者であるという法制史解釈は、現在の王が法を改変しうるという政治的立場、すなわち以下で述べるような主権的絶対権力観と直結していたからである[61]。

立法者としての王

ジャン・ボダンの『国家論』における、法を与える権力としての主権という論法は、こうした背景に照らしてみると画期的である。彼は個別的「大権」を数えるのを完全にやめてしまったわけではないが、それらはすべて「立法権」の派生物にすぎない[62]。ボダンの主権論の登場はさまざまな表現で説明されてきたが、古典的ながらも最もわかりやすいと思われるのは、これを「裁判官としての王」から「立法者としての王」という像への変化として理解することである[63]。統治するという君主の行為が裁判に類したものとみなされるならば、「法」は何らかの形ですでに与えられているものということになるだろう。ボダン的な主権論はこれとは全面的に異なっている。「主権あるいは絶対権力の要点は、臣民に、その同意なくして、法を与える権力である」という彼の定義[64]、そしてそれが統治者の第一の権限であるという彼の国家観からは、(65)ボダンがこれを個々の国家がそれぞれ歴史的に積み上げてきたものの集成とみなすこと、そして個々の判断の際に生じる付随的な立法権とみなすことを拒否するという強い姿勢が見て取れる。法は主権者たる王の命令であり、王が法の作者なのである。

この「立法者としての王」は、多くの庶民院議員にとって排除の対象となった。エドワード・コークは、次のように述べた。「わたしは大権が法の一部であると知っている。だが主権的権力とは議会的な単語ではない。思うに、それはマグナ・カルタや、われわれの制定法のすべてを弱体化させてしまう。というのも、これらはすべて、主権的権力の加護などなくとも、絶対的だからである」(66)。異なった「絶対権力」観の対立がもっとも分かりやすく表れたのは、一六一〇年のカウエル事件である。この事件の当事者となったジョン・カウエルは、一五九四年からケンブリッジ大学ローマ法欽定講座の教授の座にある、博識なローマ法学者であった(67)。「事件」の原因となったのは、彼が一六〇七年に出版した『解釈者』と題された作品である(68)。これは今で言う法律用語辞典であり、後に何度も再販されていることからすると、かなり使い勝手のよいものだったのではないかと想像される(69)。しかしまさにこの『解釈者』のいくつかの項目の説明が、あまりに議会を軽視した「危険かつ不快」なものであるとして、一部の庶民院議員の逆鱗に触れた――「われわれはこの問題を論議しようとは思わない。そうすることで、彼は返答によって身を守る機会を得てしまうからである。われわれは、そんなことより、彼が罰せられるのが見たいのだ」(70)。

驚くほどの憤激を引き起こした『解釈者』の中で、本書の視座から注目すべき点は、カウエルが同書の中で、二種類の異なった「絶対権力」理論を提示していることである。ひとつめは、必ずしも王を法の上に置くわけではない「絶対権力」観である。たとえばカウエルは、「大法官(Chancellor)」の項目において、次のように書いている。「大法官は二つの権力を有する。ひとつは絶対的なもの、もうひとつは通常のものである。これによって意味されているのは次のことである。他の通常の裁判官と同じように、彼の通常権力では決まった手続きの形式を守らねばならないが、しかし絶対権力において、彼は書かれた法に制限されず、当該問題の状況に応じて、良心と衡平さのみによって制限される」(71)。これを先述のフレミングの判決と比べてみれば、両者の類似性は隠しようもない。他にもカウエルは、「戒厳令(Martiall Law)」の説明にあたって戦時の「絶対権力」を肯定している(72)。この説明の典拠とされているのはトマス・スミスであり、こちらもまた、濫用さえされなければ、誰も否定しえぬものであったのは先に見たとおりである。

しかしながら、カウエルはそれにとどまらず、いくつかの項目において、これとは別の「絶対権力」観にもとづいた用語解説をおこなっている。庶民院において大いなる憤激を招き、譴責の対象となったのは、そういった解説がなされている「国王大権」、「補助金」、「議会」、などの項目であった(73)。すなわち、カウエルは、本性上法を超える権力としての「絶対権力」を君主に帰しているのである。「私はイングランドの王が絶対的な王であるという点に、論争の余地はないと考えている。そして政治の理に通じたすべての者は、法を作る権力を、至高かつ絶対権力のしるしのうちに数え入れている」(74)。カウエルは、このインプリケーションを妥協なく提示する。法を作る権力が「絶対権力」であるとすれば、君主を制定法によって縛ることは「絶対君主制の本性と構造に一致しない」(75)。しかもこの権力は、王が議会と共有するものではまったくない。「絶対権力を有する君主は、自分だけで法を作成しうる」のであって、議会の同意によってそうするのは、国王の側の「慈悲」あるいはせいぜい「慣習」にすぎない(76)。したがって、「二つのうちどちらかだけが真である。すなわち、王が議会つまり王国の制定法を超越しているか、それとも、彼は絶対的な王ではないか、である」(77)。ここで描かれている君主像は、先のような裁判官としての王ではなく、ボダン的な立法者としての王である。

彼がこの二つのアプローチを両方とも『解釈者』に含めていたこと、そして、これに対する庶民院の反応から、いくつか分かることがある。第一に、カウエルが意識的にコモンロー的な王権論の境界線を踏み越えているということである。もしカウエルが、立法者としての王が有する「絶対権力」だけを俎上に載せていたのだとすれば、カウエルを政争に巻き込まれた哀れな学究者とみなすことも可能かもしれないが[78]、学究的には解消されるべき二つの言説を両方採用しているという事実は、そうした解釈をいささか難しくする。第二に、より重要なこととして、庶民院がどれほどカウエルを強く処罰したいと望んでいたのだとしても、その原因は、「大法官」や「戒厳令」の解説としてなされた「絶対権力」論ではなかったということである。異論が寄せられた項目のリストにこの二つは含まれておらず、実際に問題視された形跡はない。つまり、そこでの意味での「絶対権力」であれば、カウエルの攻撃材料を探すという文脈においてすら、異議の声が上がるものではなかったのである。彼らが疑義を唱えたのは、「絶対権力」それ自体ではなく、特定の使い方をされる「絶対権力」という用語であったことは、ここからも理解できるように思われる。

ジェームズの解決

カウエルの「立法者としての王」とその批判者の「裁判官としての王」をいかにして妥協させるのか。その妥協ラインを示したのが、かつて絶対主義の権化のように扱われていたジェームズ一世である。ジェームズにはカウエル問題を早々に解決してしまいたい理由があった。カウエルの『解釈者』は先述のごとく庶民院議員の怒号に迎えられたわけだが、その怒りの結果として、もともと予定されていた財政問題の解決に代わって、カウエル問題が議題の中心になってしまったのである。だがこの状況を、自身の不利にならないよう解決するのは至難の業である。ジェームズは(後世の歴史家がしばしばそう考えているように)自身がカウエルと同じ意見の持ち主なのではないかという疑念を抱かれていることを知っていた[79]。議事を進めるためにも、この疑念は払っておかねばならない。だがそれを完全に否定してしまえば、次は庶民院が、いかなる「絶対権力」であれば承認できるのかを論じ始めるであろう。そうなれば、国制原理の外で「絶対権力」を行使する余地もなくなるに違いない。

ジェームズは「文明化」という概念を利用してこの難問を非常に巧みに処理した。彼はまず、自分はカウエルの主張に不賛成だとはっきりと述べる。たしかに原初の君主制について言えば、王が絶対権力を有していたのは事実である。しかしながら、「われわれの時代においては、はじめの原初的な王国を統治する王たちの地位と、文明的王国（ciuill Kingdomes）を統治する確定した王や君主たちの地位とを区別すべきである」(80)。ここでジェームズは、彼が好む王と神とのアナロジーを用いて解説を加える。それによれば、神ですら、旧約聖書の時代には神託によって語りかけ、奇跡によって力を行使したが、教会の設立後は、自身の闡明《せんめい》された意志によってのみ統治するよう自己を限定した。同じように、原初的な王は自身の意志を法として通用させるが、文明化された君主国において、王は人民の法案の提出をまって、それを自身の意志として法とし、それによって統治するのである(81)。原初的王国と文明的王国では、君主の許される振る舞いが異なっている。安定した王国では、法によって王が民となした約束は守らねばならない。「安定した王国において、法に従って統治をすることをやめたとたんに、彼は王ではなくなり、暴君へと堕す」。もちろん君主と暴君を分けたからといって、ジェームズが臣民の服従義務を軽減しようとしたわけではない。だが「しかし王がそうした制限をまもらなければ、神が王を処罰されぬままにはしておかない」のもまた事実である(82)。

カウエルの所論を「文明的王国」にふさわしくないとして退けたジェームズは、それと同時に、イングランドの政治的議論において「神学」を有意味に利用するためのガイドラインをも設定した。ジェームズによれば、「神学」は「王の権力を、その抽象において（in *Abstracto*）」語るものである。言い換えれば、臣民としての義務一般を語るのが神学の役目である。だがそれだけでは不十分であるとして、ジェームズは次のように語っている。

もし私［がそうしたことを論じる者］であったなら、神学者として、一般的に臣民がその王にどんな義務を負っているのかを語った後は、一人のイングランド人として話を終えるであろう。つまり、一般的にすべての臣民がその王を手助けするよう縛られていると人々に示した後には、われわれが確固たる王制の国家に生きていることや、この国家はその基本法や制度によって統治されていることを教え、そしてこれにしたがって、いまや(そのために議会に集められているのだから)自分たちが戴いている王をどのように援助するかを考察すべきである、ということを示すであろう。[83]

ジェームズは、神学という抽象的な議論を、イングランドという具体的な王国に直接適用しないよう促している。「神学における王の一般的権力と、この王冠あるいは王国という確固として確立された国家」における権力は、同一ではないのである。[84]

このジェームズの演説から理解できるのは、本性上法を超えているという意味での「絶対権力」が政治的議論の中で許されるのは、「文明的王国」以外について(イングランド以外について)言われる場合か、神学的一般論として言われる場合だけだということである。こうした整理の仕方によって、ジェームズは、自身の立場を、庶民院が受け入れやすい形で説明することができた。[85] ジェームズをこのように「立憲的」に描くことに対しては、彼は本当は絶対主義者なのであって、庶民院との妥協のために譲歩をしただけだという反論がありうるだろう。[86] たしかに彼はこうした妥協ラインを示すことによって、議会に基礎をもたない絶対権力の存在は確保し、しかもそれに口をはさむことはカウエルと同じ過ちを犯すことであると庶民院を脅迫することができた。そしてまた、本心では絶対主義者だったのかもしれない。だが、ここで注目しているのはそこではない。ジェームズは交渉をすすめるために、王と庶民院の双方が受け入れ可能な妥協ラインを設定する必要を感じていたのであり、その妥協ラインがいま述べたような場所で引かれたという事実、そしてさらにその後もこの妥協ラインが極端な神学者を排除するために機能したという事実こそが重要なのである。

この妥協ラインが実際に機能していることを示す事例が、チャールズ治世下でなされた説教とそれへの対応である。一六二七年に複数人の神学者が、王の神聖さと臣民の義務を強調する説教をしているが、その中で庶民院に取り上げられたのは、神学を直接的に具体的政治問題に適用しようとしたものだけであった[87]。その一人が、ロジャー・メインウェアリングである。彼はまず王の権力を大いに称揚する。彼に言わせれば、「王の権力と王の御一身」は、神に直結しているがゆえに、天使より上位にある[88]。王以外でこれを聞いて喜ぶ人間はあまりいそうにないが、それでも、彼がこの観点から具体的政治問題に首を突っ込まなければ、さほどの騒動にはならなかっただろう。だが彼は実際にはそうしてしまった。メインウェアリングは、議会を称賛しつつも、その仕事は「貢納すべき援助金や補助金に抗議することではなく」、いったん王に支払うよう命じられた補助金を、臣民にどう負担させるか考えることだと断じている。王からの補助金の要請は神的な命令であって、これに反対することは神に抵抗することである[89]。

カウエルのときと同じく、多くの議員がこれに激怒した。神的な権利という一般論によって、王の権力を一挙に法の上まで引き上げようとする彼の試みは、かなり危険なものとみなされたのである。その時、批判の根拠として用いられたのが、まさにジェームズ一世の演説であった。メインウェアリング糾弾の口火を切ったフランシス・ラウスは、この聖職者はジェームズが忌み嫌った暴君を持ち込んでいるのだと警鐘を鳴らした[90]。ラウスは、メインウェアリングの説教が「臣民からその所有物を奪い取ってしまう」点を問題視し[91]、「その神学によって、王国とコモンウェルスを破壊する寸前まで進んだ」として彼を非難する[92]。それに続いたジョン・ピムもまた、ジェームズの同じ演説を引用し、自身の攻撃の典拠としていた[93]。彼の主張は、王の「恣意的判断」によって「絶対権力」の行使が可能とするものなのである[94]。

ジェームズの基準は、この後も参照され続ける。立憲主義か絶対主義かという区分では後者に属するフィルマーの友人ヘイリンですら、王の権力を「抽象において」語る場合と、「具体において」語る場合とを分け、前者において、王は「法より上に」あるが、後者において、「正しい君主は、自身が遵守すると約束した法を決して破らない」と、明らかにジェームズの演説をパラフレーズしている[95]。ヘイリンがこう語ったのと同じころ、船舶税裁判に際して王に有利な判決を下した判事たちも、神学ではなくイングランド固有の法に基づいて語る必要性を説いていた[96]。内乱期を迎えると、「この論争の適切な判定者は、この国の法であり、神学(Divinity)ではない」という声が響くようになる。なぜなら「神学が与えるのはただ合法的権威への一般的な服従の規則であり、その権威がどこにあるのかというのは、その適切な主題としては、われわれに教えてくれないからであり、またこのイングランドあるいは別の政府において、その権威がどれほど抑えられ限定されるかも教えてくれないからである」[97]。神学によって一挙に法的関係が覆ってしまうという危機感は、メインウェアリングの弾劾が終われば消えるというものでもなかった。むしろ、その危険に対するもっとも透徹した認識は、長期議会においてなされた次の演説に窺われるように思われる。

教会の聖職者がそうであるように、もし王が神授権(*Divine Right*)を有しているとするならば、あるいは、一家の父の権力がそうであるように、王もまた原初的自然法によって立てられたものだとするならば、次のような結論が引き出されるだろう。つまり、王はその統治の方法を、神の言葉にある命令や自然法によってのみ指導されることになり、結果として、もし旧約聖書と新約聖書のテクストや自然法のなかに、王は議会の同意なく法を作ってはならないと書かれていないとすれば、王は議会なく法を作ってよいということになり、さらにもし聖書にも自然法にも、王が議会の同意なく人民に税やなんらかの賦課金を課すことが禁止されていないとするならば、王はそれを議会の外でなしてよいということになってしまう[98]。

ここでは論じきれなかった部分も含めて「絶対性」をめぐる議論をまとめると、次のようになるだろう。イングランドの君主制度や君主国それ自体が主題となっている文脈で、この国が「絶対的君主制」や「絶対的王国」と呼ばれることに特に反対は存在しなかった。「絶対権力」という語が使用される場合でも、これが神学的領域でなされたときは、政治的な意味とはかかわりがないので、特に問題とはならなかった。[99] 政治的な王の絶対権力の場合であっても、コモンローによって与えられる「大権」としての意味であれば、すなわちイングランドにおける最高裁判官としての君主が有すべき権力という意味に関しては、だれであっても王は絶対権力を有すると言うことができた。これを超えると問題が複雑になる。ローマ法学者や神学者たちが、コモンローによって与えられるのではない、本性上法を超えた「絶対権力」が登場すると、これはコモンローヤーたちに危機感を与えた。しかし実はそう感じたのはコモンローヤーだけではなく、伝統的に「絶対主義者」とされたジェームズ一世もまたそうであった。ジェームズは、そこで、自分の権力をなるべく削減することなく、議員との交渉の余地を残すため、「ガイドライン」を設定した。それによれば、王は本性上「絶対権力」を有するが、それは原初的な王国においてのみ直接行使されるものであって、イングランドのような「文明的王国」では、王の権力はコモンローによって規定されている。逆に言えば、原初的な王が有していたとされる「絶対権力」を、コモンローのフィルターを通さず、そのままイングランドの政治論争に持ち込むことを禁じるということである。神学者の議論もここに限定されねばならない。神学者に許されているのは、権力の一般論だけであって、それを超えて、「絶対権力」によって政治に口をはさむことは許されていないのである。

フィルマーの絶対権力論

こうした思想的状況を背景としてフィルマーの『パトリアーカ』を読むと、はっきりと、彼がキング・ジェームズ・ヴァージョンの「立憲主義」を逸脱する「絶対権力」論を展開していたことがわかる。フィルマーは、カウエルがそうだったように、「裁判官としての王」が有する絶対権力の議論にもよく通じていた。フィルマーは、コモンローは一般的には非常に優れた法であると積極的に承認している。しかし、それだけでは不十分だと彼は付言する。コモンローであれ何であれ、法である以上は一般的なものであって、予想もされなかった出来事に対応しきれない。その場合、王を含めて、裁判官は法ではなく自身の理性に従って判決を下さねばならない(PA：46)。他にも、緊急時の判断を下すにあたって、コモンローの通常の手続きではあまりに時間がかかってしまうという欠点もある(PA：48)。そのため「ほとんどの事件は、コモンローの通常の手続きに任されるべきであり、かつ実際にそうされているが」、しかし毎日のように生じる先例のない事柄や即時の判断が必要な問題は、「君主の絶対的かつ定義できない権威の助けに任されるべきである」。ここでフィルマーが触れている通常の手続きと絶対的な権威とは、先述の、通常権力と絶対権力に対応するものである。マグナ・カルタによって課された制限もまた、「通常の裁判権(ordinary jurisdiction)」にかかわるものであって、先例のない事件を扱う「絶対的権威(absolute authority)」を限定するものではない(PA：48)。

フィルマーは、この最高裁判官としての王を、立法者としての王の権力へと誘導する。彼は、先例がない場合には王の「絶対的権威」に訴える必要があると指摘するが、さらにそれに加えて、たとえ先例があったとしても同種の権威は不可欠だと示唆している。その場合でも、どの先例や法が適用されるべきか、また特定の先例をどのように解釈するのか、といった点で曖昧さが残るからである。通常これは裁判官たちによって決せられるが、しばしば互いに意見が食い違い、時にはまったく逆の結論に至る。そこで最高の裁判官としての王が登場し、これに決定を下す。「法とは通常このようなものであるから、法の製作者にその適用と解釈が委ねられるべきであるというのは非常に理にかなっている」(PA：47)。ここで裁判官としての王と立法者としての王の関係が明らかになる。王が法を解釈することができるのは、王が法を作ったからなのである。

法というものは、それを命じたり作ったりする最高権力がなければ存在しえない。あらゆる貴族制において貴族は法の上にあり、あらゆる民主制においては人民がそうである。同じ理由によって、君主制では王が必然的に法の上になければならない。法の下にある者のなかに、主権的権威は存在しえない。王をまさに王とするのは、法を与える権力である。この権力を欠いているならば、せいぜい王様もどきといったところだろう(PA：44)。

このボダン的主権論は、先にも述べたように、「古来の国制」論と真っ向から衝突する。無論リンカーン法学院で学んだフィルマーが、そうした思考様式を知らぬはずはない。だがボダンの良き読者として、彼は単なる慣習が長期の使用によって慣習「法」となるという推論には納得できなかった。あらゆる慣習にはそれが慣習ではなかった時代があり、これを法とするには王の命令か同意が必要である。さもなくば、そのような慣習は法ではない(PA：45)。このような意味で、慣習法たるコモンローであっても、王によって作られたのだと解釈される。

法が王の制作物である以上、それは王の道具であって、法そのものになにか神秘的な力が備わっているわけではない。「法が王国を支配するというのは、大工のルールが家を作るのであって、大工が作るのではないというようなものである。法とは支配者のしきたりあるいは道具にすぎないからである」(PA：39)。法は王に作られたものである以上、王の行為を本質的に制限するものでもない。臣民にとって法は「強制的(coactive)」であるが、王にとって法は「指導的(directive)」である。フィルマーは例として古代ローマのアウグストゥスを挙げる。アウグストゥスは「自身と法に対して、自身の嘉《よみ》するところを為し、自身が望まないことを為さない絶対権力」を保持していた。つまり――ここでフィルマーはウルピアヌスを引く――「君主は法に縛られない(Princeps legibus solutus est)」。

『パトリアーカ』で提示されたのは、この非妥協的な「絶対主義」である。これを「絶対権力」の用法のコンセンサスとの違いに鑑みれば、同書が出版許可を得られなかったのは、むしろ当然だということになるだろう。『パトリアーカ』に注目した歴史家がみな一致しているのは、フィルマーが、カウエルやメインウェアリングと方向性を共有する「絶対主義者」だということである。(100) ジョン・ロックが適切にも述べていたように、フィルマーは「絶対権力の偉大な擁護者であり、絶対権力を崇拝する人々の偶像」、すなわちメインウェアリングの教義の完成者なのである(I-2)。もしそうだとすれば、メインウェアリングの騒動後に『パトリアーカ』に許可を出すのは、王の側では、たしかに愚かな行為であろう。だがフィルマーとて、「絶対主義」が好意的に受け入れられないことは知っていたに違いない。だとすればフィルマーは、その不利な状況下においても、『パトリアーカ』によって反絶対主義の潮流を変えることができると信じて許可を申し出たはずである。ではいかなる根拠によって絶対主義が正しいと信じられたのだろうか、フィルマーの自信を支えるものが何かあったのだろうか。

3 「アダムの権利」――『パトリアーカ』の政治思想

解釈枠組――「愛国」か「自然的自由」か

チェーザレ・クッティカは、フィルマーの自信には根拠があったと力説している。たしかにフィルマーは絶対主義という面ではメインウェアリングと同じである。だがフィルマーが採用した、それを正当化するロジックが、他の絶対主義者たちとフィルマーとでは決定的に異なっていたのである。メインウェアリングの説教はせいぜいプロパガンダか時事的な論考でしかなく、表層的な聖書解釈によって絶対君主を支えたにすぎない。フィルマーはそうでない。彼は合理的な(あるいは世俗的な)家父長論によって絶対主義を打ち立てたのであって、それは神学的な正当化論とは次元の違うものと考えられねばならない。この違いこそ――クッティカはこれを優劣としてとらえている――が、一七世紀後半の政治的論争のなかで、フィルマーが足跡を残すことのできた理由である。(101)

クッティカによれば、『パトリアーカ』は一貫して君主を「祖国の父(*pater patriae*)」として描き出すことによって、「主権者のイメージの再形成」を図った作品である。それが論敵としていたのは、当時の「愛国者」たちであった。フィルマーのまたいとこにあたるカンタベリーのトマス・スコットがその代表である。(102)「愛国者」たちは、疑似共和主義的な「祖国」というイメージを活用し、王への対抗の根拠としていた。王に対する忠誠は重要である。しかし、王が「祖国」の理念にもとる行為をなした場合は、王の意志に服従せず「祖国」を守るのが真の「愛国者」としての義務なのだ。スコット本人に至っては、法による君主の制限にとどまらず、暴君に対する不服従さえも認めていた。なぜなら、イングランドの古来の自由を守ることは、「プロテスタント愛国者」の義務だからである。[103] そうした「愛国」言説に、いらだちを隠せなかった者が何人もいたという事実が、それが流通していた証明となるであろう。アイザック・バーグレイヴは「君主に従うことは、国を裏切ることだ」という主張に苦々しく言及しており、[104] 別の者も「臣民の自由や国家の安寧のためだという口実で、王の嘉するところに反抗する者に、それによって自分はよき愛国者なのだと考えるのをやめさせよう」と書いている。[105]

『パトリアーカ』は「愛国者」に反対して、愛国と不服従の結びつきを断ち切るための書物であった。これがクッティカの主張である。『パトリアーカ』には次のような一節がある。「臣民を王党派と愛国者に割ってしまう近年作り出された区別はとても不自然である。君主と人民の繋がりは極めて深く、両者の安寧は互恵的なものだからである」(PA: 5)。クッティカはこの文章を非常に重要視している。フィルマーにとって、君主とは父であり王であったアダムの権利を受け継ぐ「祖国の父」なのであって、祖国と君主を切り離すことはできない。国の父たる君主のもとでこそ、臣民の安寧と繁栄が確固たるものとなる。ゆえに祖国のために何かなそうとすれば、それは第一に君主への服従でなければならない。祖国に奉仕するとは、君主に反抗することではなく、君主に奉仕することなのだ。かくしてフィルマーは、相手の「祖国」への訴えを君主への忠誠と接合することで絶対主義的な君主を巧みに擁護することができた。『パトリアーカ』は、こうした意味での「政治的家父長主義」の著作なのである。[106]

こうしたクッティカの解釈は、先に引用したフィルマーの文章を解釈する上では大いに説得力がある。ただし問題は、『パトリアーカ』を全体としてみたとき、この文章がどれほど重要なのかである。クッティカにしたがうなら、『パトリアーカ』は二つのレベルでの議論にかかわっている。ひとつめは、とくに統治の起源に関する高度に洗練された政治理論的論争であり（後期トマス主義者たちが主導していた）、もうひとつが、それよりも洗練度は劣るが影響力の大きかった「愛国」に関するものである[107]。彼の研究史上のオリジナリティは、それまで統治の起源との関連で読まれてきた『パトリアーカ』を、それだけではなく、国内の「愛国者」とのかかわりでも読みうると示したことにある。私はこれには納得している。納得していないのは、彼がこの二つを対等のカテゴリーとして扱っていることである。先のフィルマーの一節を、その前後と合わせて読むとわかるのは、フィルマーは自然法論者と愛国者の二つのグループを別々に論じているのではなく、自然法論者の一部として愛国者を攻撃しているということである。「愛国者」批判はたしかに存在している。それを解明した点にクッティカの研究の意義がある。しかしこれは統治の起源の問題のサブカテゴリーとみなすべきである。

　ゆえに私は『パトリアーカ』を、より伝統的な枠組で解釈すべきだと考えている。すなわち、統治の起源論争のなかで「自然的自由」を否定し、「自由」とはあくまで王の与えた特権であって、自然的に存在するものではないと示すための著作として解釈するということである。フィルマーは『パトリアーカ』において、「イングランドの人民が、天の下のどの国民にも劣らぬ諸特権を享受することを許され、そして実際にそうすること」を望むと述べている。だがこれは確固たる君主制の下でこそ果たされる希望である。そうした君主制の下で「諸特権」を享受すること、「それこそが、この王国のマグナ・カルタである」（PA: 4）。逆に、『パトリアーカ』で彼が主論敵としているフランシスコ・スアレスやロベルト・ベラルミーノの説く[108]、生まれながらの自由の強弁は、君主制の下でなら享受できるはずの「自由を破壊するための自由」にすぎない（PA: 4）。そのような自由は、王権を「人民の恣意的選択に服させること」にしかならない（PA: 35）。ゆえにフィルマーは、生来の自由という危険な自由を否定し、君主に与えられた特権としての自由、つまり彼の思うイングランドの「マグナ・カルタ」を守ろうとしているのである。

自然的自由観念の否定こそが『パトリアーカ』の主目的であったことは、その冒頭において早くも明らかになる。フィルマーは、次のようにして、言葉を尽くして自然的自由を否定している。

スコラ神学が栄え始めてから、神学者やその他の分野の学識者たちは以下のことを共通見解として主張している。「人は誰かに与えられることなく自然にすべての束縛からの自由、好ましい統治形態を好きに選べる自由を与えられ生まれてくるのであり、いかなる個人であれ、他者への権力ははじめ人間の権利によって、群衆の判断に従って与えられる」。この教義はまずスコラ学派において孵《かえ》され、これに続く教皇信奉者たちによって正しい神学として育てられ、改革派教会の神学者たちもまたこれを受け入れた。これは群衆のうち最も卑しい者にも自由の分け前を気前よく与え、この卑しい人々は自由の中にこそ人間の至福はあるのだと言わんばかりに誉めそやすため、民衆はいたるところでこれを最も人情に適ったものとして優しく抱きとめる。自由の希求がアダムの堕落の原因だったということは思い出しもしない。この俗悪な意見が近頃大好評を博しているが、しかしどれほど好評を得ようとも、この教義は古代教会の教父や博士の中には見つけられない。またこれは聖書の教えや歴史にも、古代のすべての君主がずっと実践してきたことにも、そして自然法の諸原理にさえ反するものである。これが神学上の誤りか、政治上の危険か、どちらの度合いが大きいのか、なかなか決めがたいものがある(PA: 2)。

ここでフィルマーは、自由の追求こそが平和の楽園からの追放の原因であったことを思い出させようとしている。しかもこの「俗悪な意見」は単に神学上の問題ではない。彼が問題にしているのは、これが神学上のものであるのと同等に、あるいはそれ以上に政治的な危険をはらんでいるという点である。彼もたしかに当時のイングランド人らしく「教皇信奉者(papist)」への嫌悪感を隠さないが、こと政治思想論においては、生まれながらの平等を教義としてもっている限り、カトリックとプロテスタントの区分は副次的なものにとどまる。彼にとって政治思想上の最重要の区別は、生来の自由を信じるか、それとも信じないかであった。

父＝王の権力

自然的自由を否定するために、フィルマーは、かの悪名高いアダムの父権論を持ち出した。もっともアダムを王として描く試みはフィルマーのオリジナルというわけではない[109]。当時「神の似姿」の意味、人と獣の違い、男女の関係、さらには長生きの秘訣（アダムはベジタリアンだった）、といったような考察の手掛かりとして『創世記』におけるアダムが積極的に用いられており、王としてのアダム像もまたその一部であった[110]。アダムは「この世界すべての王であり父」であり、「すべての事物への支配権（dominion）と、あらゆる獣に名を与えるために天使に匹敵するほどの知恵と、そして善悪の知恵の樹だけを除いて、楽園の樹の果実を食する自由な特権（free libertie）を与えられていた[111]」。王政復古翌年に刊行された作品においても、アダムは「王であり、唯一の君主であり、この世界のすべての主」であり、「すべての動物は／彼の手招きでやってきて、彼の呼び声に従った」と描写されている[112]。

ここで取り上げた作品の中では、アダムは人間というよりは動物たちの王であるが、政治思想的著作に目を移すと、人間たちの最初の王アダムをしばしば目にすることになる。それをもっとも雄弁に語った文書のひとつが、一六〇六年の、その時は結局出版されなかった『教会会議書（Convocation Book）』である。神は「アダムの生あるうちはアダムに、そのあと洪水に至るまでは、彼の後継者たる族長（patriarchs）や主たる父親たちに、彼らの子供や子孫を支配し統治する権威・権力・支配権を授けた」と、同書はほとんど劈頭で宣言している。この権力は「父の権力（potestas patria）」と呼ばれているが、その特質をよく考えて見れば、これを「王の権力（potestas regia）」とすることも適切である[113]。先述のメインウェアリングも王としてのアダムに触れることを忘れていない。

「アダムは、教皇にも人民にも先立って、自身の中に支配権を有していた」のであって、教皇も人民も、王の権限の源泉ではない[114]。時代を少し下った一六四〇年代にも、フィルマーと並んで著名な絶対主義者とされるジョン・マクスウェルが同様の見解を表明している[115]。

　フィルマーは、こうした王としてのアダムという構想を発展させ、その政治的意味を徹底して追求した思想家である[116]。アダムがもっていたと言われるのが、先に論じた「絶対権力」すなわち「主権」と呼ばれるような権力である。しかし単にボダンの主権論をそのまま受け継いだわけではない。フィルマーのアダムの権利は、この主権に時間的要素を付け加えたものだと考えることができる。ボダンは比較法学的研究を通じて、国家の名に値する政治共同体であれば、そこに立法権としての「主権」が存在せねばならないと考えた。しかし、国家に主権があるとするだけでは、フィルマーの狙いとする自然的自由の否定という目的は達せられない（もちろんボダンはそんな狙いをもっていなかった）。主権という用語を使って表現するのであれば、人類の歴史がはじまった瞬間からそこに「主権」が存在し、はじめから支配関係が存在していたのだというのがフィルマーの立論である。この「はじめから」を主権に付与するために、アダムが呼び出されることとなったのである。

　無論アダムは権利をもっていたと単に断定するだけでは論敵を説得しえない。フィルマーの同時代人ホッブズは、自己保存の欲求を自然権と読み替えるために、理性に反しないものは権利（jus）であるというトマス主義者たちの主張を利用したが、それと同じように、フィルマーは論敵の「父の権利」概念を利用することによって、アダムの政治権力の正当化を試みた。ヘーゲル以後、家族とは愛の共同体になったが、フィルマーが生きていた頃、家族ははるかに「支配」の観点から理解される共同体であった。家族とは「私的統治（the private government）」であって[117]、父親とは、家の中では「主教であり、王である」[118]。そしてこの権力はかなり「専制的」なものであった。内乱期議会派の論客の一人は、論敵が君主と家長というアナロジーを利用していたことに対して、なぜそうすべきではないのかを教え諭している。

アナロジーはよい論証とは言えない。それはただ類似性がある限りにおいて説明となるにすぎない。王がある面において、その王国の父、家長、夫と呼ばれるからといって(…)、それによって、王は父親にふさわしい配慮をもって統治すべきなのだから、父のような恣意性によって統治してもよい、すなわち父が子の同意を得ずにそうしているように、王は彼の統治の法や規則にたいする人民の同意なく統治してもよいという結論を出すべきだろうか。あるいは、王が家長としての知恵をもって統治すべきなのだからといって、それによって、家長がそうしているように、その構成員の同意はおろか、いかなる助言もなく統治してよいということになるだろうか。あるいは夫としての愛をもって統治すべきなのだからといって、それによって夫が妻にしているように、臣民が有しているあらゆるものを勝手に処理する絶対権力を有するということになるだろうか(119)。

ここには明らかに、家長の絶対的かつ恣意的な権力の存在を前提として、王党派ですらそのような権限を君主が有するとは認めまいという含意がある。逆に言えば、家長が有していた権力とは、それほど絶対的なものだと理解されていたということである。

強力な父の権力をテコにして、アダムの政治権力を正当化するというフィルマーのやり方は、たしかに巧妙な戦略と言えなくもない。というのも、フィルマーの直接の論敵たる後期トマス主義者たちも、上述のような家族観を共有し、かなり広範囲におよぶ父の権力を認めていたからである。そこには一般的に、子供たちに命令する権利、一家のルールを作る権利、また撤回する権利、子供たちを裁き懲罰を加える権利等が含まれていた。特にルイス・デ・モリナは政治共同体を持たない「野蛮な人々」の内ではそれに加えて、父親は不正を罰するにあたって生殺与奪の権利すらもつと考えた(120)。スアレスもアダムが父の権力(patria potestas)を有していたとみなしている。「アダムまたはアブラハムもしくはこれに類する他の家族においては、はじめはアダムを父親または家父長として彼に服従した」のだ[121]。しかし、スアレスのように「アダムや族長たちが、一家や家族の内部での生殺与奪や開戦講和の絶対権力をもつ」と認めてしまったならば、「彼らの子供たちが行使しうる自由など残されているだろうか」(PA：16)。

彼らが子供の自由を否定して、政治的な意味での自然的自由を承認しえたのは、もちろん、父の権利と政治的権利を分けていたからである[122]。あるイングランド生まれのカトリック司祭は次のような明晰な区分をおこなっている。

不完全な社会、例えば家族に関して言えば、自然法によって、一家の優れた男が上位にあるということを否定しようとは思わない。すなわち、端緒においてはどの家族であってもその家長がすべての権力を有していたことを否定しようとは思わない。しかし、家族の規模が拡大し、人々が都市や国家において交流するようになったとき、このとき誰か特定の人間がこの新たな共同体を治める権威を有してはおらず、ゆえに権力は共同体に存する。もしかすると、この権力は世界のはじめ、人類最初の親であるアダムにあったのではないかと想像する者もいるかもしれない。なるほど彼はその家族の長であり、ゆえに「家政的(*Oeconomica*)」権力を有してはいた。しかし彼は創造によって都市や国家を統治する権力を有しているわけではない[123]。

スアレスもまたこの二つの違いに敏感であった[124]。アダムがもっていたのは家政的権力であって政治権力ではなかった。なぜなら、政治共同体は、「アダムの創造や、彼の意志によって生まれたのではなく、そこに集まった人々の意志によって生まれたからである[125]」。こう論じることで、スアレスは父との関係では子の自由を否定しつつ、政治的には人民共同体は本性上誰かの支配下にあるわけではないと言えたのである[126]。

逆に言えば、政治共同体と家族の本質的な同質性を証明できさえすれば、人民の自然的自由を否定するというフィルマーの目的は達せられるわけである。そして実際、彼はそうした戦略を採用した。周知のとおりこの二つの共同体の性質を最も明快に区別したのはアリストテレスである。彼は目的論の観点から、二つの共同体とそれに属する権力を質的に違ったものだとみなしていた。当然のことながら政治権力はポリスに、家政権力は家に必要とされるものである。彼にとって、オイコスという共同体がただ生きるために存在するのに対して、ポリスはただ生きるためではなく、それ以上の目的、つまり善く生きることを目指す共同体である。オイコスはポリスの領域で十全たる活動をするために必要とされるのであり、ただ生きることを目指すのはポリス的動物たる人間にふさわしいことではない。無論フィルマーも政治と家政の区別の最重要の典拠がアリストテレスであることに気づいていた。アリストテレスは、プラトンをはじめとする「政治社会と家政社会は同じであり、種として異なるのではなく、ただ数の多寡の差に過ぎぬと述べる人は、偽りを語っていると非難」したのだとフィルマーは指摘している(PA: 17)。

近代において、そうしたアリストテレス的区分をもっとも徹底して攻撃したのはボダンであった[127]。フィルマーもそれを引き継ぎ、アリストテレスではなく、プラトンの側に立つ。フィルマーはまずアリストテレスの目的の設定が恣意的であると非難する(PA: 17)。だがより重要なのは、逆説的にも、フィルマーが目的論の観点から二種類の権力を一元化しえたという事実の方であろう。アリストテレスが前提としていた「政治」の意義は、フィルマーが『パトリアーカ』を書く頃には大いに変化していた。つまり、その目的が自己完成ではなく、平和や安全へと変わってしまっていたのである[128]――フーコーの定式化を少しばかり借りて言うと、いまや政治の目的は、ただ生きるのでも、よく生きるのでもなく、よりましに生きることに移りつつあったのだ[129]。政治権力の最終目的が安全(アリストテレスならばこれをただ生きることに分類したであろう)であるならば、「ポリス」と「オイコス」の違いは何もなくなる[130]。だとすれば、目的論の観点からみて、家庭内の父親の仕事と君主の仕事に違いはないはずである。君主は一国を平和にするために存在し、父親は一家を平和にするために存在する。

父と王の自然的義務を比べてみると、その範囲以外には何の違いもなく二つは同じものであることがわかる。ひとつの家族に対して父親がやっているように、王は多くの家族の父であるかのごとく、コモンウェルス全体に食料を分け、服を着させ、教育し、そして防衛する。君主の行う戦争、講和、裁判、また他のすべての主権的行為は、従属する下位の父親やその子供たちに権利や特権を分配し、そしてそれを維持することだけに向けられている。つまり、王の義務をまとめると、臣民に対する、万人の父親としての配慮ということになる(PA: 12)。

したがって、父と王の性質の違いをもとに、人民の自然的自由を語るのは、完全に誤っているのである。

父と王の同質性の証明によって、フィルマーは、最初の父にして王であるアダムだけが自由に生まれついており、それ以外の人間は彼の統治下に生まれ、それゆえ自由ではないという結論を導き出した。後から詳しく(その問題点とともに)述べるが、彼はこの「アダムの権利」によって、現代の君主も統治しているのだと主張している。この権利を有する君主に対する服従義務は、最終的には「汝の父と母を敬え」という戒律によって正当化される。もちろん、そうした正当化自体は珍しいことではない。第五戒に両親だけではなく君主への服従義務も読み込むのは、当時の常識に属する事柄であった[131]。ジョン・ボールのカテキスムは、父と母では何が意味されているのか、という問いに対して、「自然的な両親だけではなく、地位、年齢、才覚において上位の者」であると答えている。そして「敬え」の意味は、上位・同等・下位の者それぞれに対して、ふさわしい振る舞いがなされることとされる[132]。つまり単に「敬う」ことではなく、この戒律に人間関係の政治的規範すべてが含まれているのである。別の教理問答書でも、「汝の父などを敬え(Honour thy father, &c.)」の意味は、上位者に対しては「畏敬と服従」をもってし、下位者に対しては「父親的に配慮する」こととされている[133]。ここで実際の両親には触れられてもいないという事実は、この戒律が文字どおりのそれよりも、政治的な含意にはるかに重点を置いて理解されていたことを物語っている。

フィルマーもこれとまったく同様に、人間関係の義務全体をこの戒律に読み込んでいる。おそらく友人の家庭生活のためのアドバイスとして書かれた、「有徳な妻をたたえて」と呼ばれている草稿で、彼は次のように述べている。

第五戒においては三つの義務が命じられている。一、上位者と下位者の間、二、同等の者の間、三、自分自身に対して。第一のものには、私的なものと公的なものとがある。私的なものとは、妻の義務、両親と子供の義務、召使と主人の義務、などである。ここには懲罰の方針と、年長者への敬意が付随する。公的なものとは、王の職位(office)に対するものである。同等の者には、高慢さとは反対の、礼節が付随する。自分自身には、自身のよき評判が付随する[134]。

ここで述べられているように、「第五戒」では家族の中での義務だけではなく、「一国の父(pater patriae)」に対する義務も命じられているのである。『パトリアーカ』でも当然、これは前提とされている。「十戒の中に、王への服従を命じる法が、あたかもすべての権力の起源が父にあるかのように、「汝の父を敬え」という言葉で表現されているのを見出せる。王の権力という自然権はこれによってしっかりと裏書きされることになる」(PA : 11-12)。

こういった同時代人との共通性が意味しているのは、この点でフィルマーの独自性は何もないということである。彼にとって、第五戒は読者を説得するために不可欠のものであるが、概説書などでときどきなされているように、過剰な重みをこの戒律に乗せるべきではない。ロックが冷評したように、ここで母を除いているのは確かである。だがもしロックが「両親の権力」と呼ぶべきだとフィルマーをさとした後に、父親の権限について語りはじめたことが知るに値する事実だとすれば、『パトリアーカ』で「汝の父を敬え」が引用された直後に、両親への服従の自然性が述べられていると知っておくのも、おそらく価値あることだろう。フィルマーによれば、「もし両親への服従が自然法によって直接義務づけられている一方で、君主への服従が人間の制度によって間接的にそうなっているだけなのだとすれば」、人為の君主への服従を、自然の父への服従より優先させるのは、筋の通らない行為だということになってしまう。なぜならこれは人定法を自然法に優先させるに等しい冒瀆的行為だからである。だが実際には「子に対する父の権力が、君主の権力に道を譲っており、君主の権力の下にあるということを知っている」。それゆえ父も君主も、どちらの権力も同等に「自然」的でなければならない(PA：12)。フィルマーが第五戒によって示そうとしているのは、あくまでこの服従の「自然性」であり、母を除いているという事実は、巷間そう思われているほど決定的な意義を有しているわけではない。

家父長主義のジレンマ？

だが父も王もともに「自然的」支配権を有しているという事実が、別の問題を生じさせてしまうとR・W・K・ヒントンは指摘する。父と王は本性上同じ権利をもつはずなのに、なぜフィルマーは「子に対する父の権力が、君主の権力に道を譲っており、君主の権力の下にある」と語りえたのだろうか。ヒントンはこれを「あらゆる家父長主義が直面するジレンマ」と呼ぶ[135]。たしかにフィルマー以外の多くの理論家たちも父と王の一種の類似性を認めており、それを理想的国家のモデルとしていた。だが彼らがあくまでアナロジーとして述べるにとどめ、このジレンマを巧みに回避した一方で、王と父の本質的同一性の上に絶対主義を構築したフィルマーにはこのジレンマを回避するすべがない。「彼は王の力を削ぐことなく父の力を強めることはできず、さりとて父の力を無にすることなく王を主権者にすることもできない」[136]。

こうした疑問は、フィルマーの粗雑な点を適切に突いているが、しかし、おそらくヒントンが考えていたほど啓発的というわけでもない。ヒントン本人が示唆しているように、なるほどこれはフィルマーが考えてもいなかった論点であろう。フィルマーは、子供に対して君主が父より上位にあると疑いなく想定している。だがこの当然視しているという事実が、ヒントンが対照させた形で、父と王の権威を競合させようとはしていないことの証左でもある。そもそも主権者と自然的父のどちらが上位にあるかという疑問はフィルマーの脳裏をかすめすらしなかっただろうし、もし二つ比べるよう促したならば、父の力を無にする方をためらいなく選んだであろう。彼は父権そのものに改変を加えようとしているのではなく、もし一般的に自然的権利とみなされていた父権を承認するのならば、政治的権力も同様に自然的権利でなければ筋が通らないと言っているのである。

ヒントンが指摘したよりはるかに大きな困難は、しかし、アダムの権利が現代の君主にまで引き継がれているというフィルマーの歴史観から生じている。アダムは最初の父であると同時に王であり、アダムの権利によって子供たちを統治した以上、子供たちは自然的に自由ではない。仮にここまでは同意できたとしても、アダムの死後はどうなるのだろうか。アダムの権利は消失し、子供たちは自由になるのだろうか。これに否と答えられなければ、彼の努力はまさしく骨折り損に終わるだろう。よしんばアダムの子供たちは父権すなわち王権を有するアダムに服従義務があったのだとしても、それが彼の死とともに消滅してしまったのだとすれば、結局のところ自由人の時代のはじまりが先送りされたにすぎないからである。

したがって、自身の議論を水泡に帰せしめないためにも、フィルマーは、このアダムの権限はその死後も受け継がれて「世界の終りまでずっと続いてゆく」と主張せねばならなかった(PA: 11)。この始原と世界の終わりの間のどこかにイングランド王も存在し、アダムの権利は途切れることなくチャールズ一世までつながっているはずである。伝統的な解釈では、このつながりを保証するのが「血統」であるとされる。「フィルマーの著作が重要なものとなったのは、それが絶対権力と世襲権を組み合わせたからである」というのは、最大公約数的な解釈であろう[137]。この解釈はとくに日本語圏で広く受け入れられてきたように思われる[138]（その理由は第四章で取り扱う受容史と関連しているかもしれない）。近年の研究書でも、フィルマーは、ジェームズと違って、「既存の統治者が最初の国王の直系子孫であると主張する」思想家とみなされている[139]。だがここで湧き上がる疑問は、いかにしてそんなことをフィルマーが信じられたのか、であろう。

この疑問にもっとも洗練された説明を与えたのがW・H・グリーンリーフである。彼によれば、今日的感覚からすると奇妙であっても、君主の血統をアダムまでさかのぼりうるという観念は、フィルマーを含め当時はそれほど珍しいものではなかったのである[140]。それを可能にしたのが、聖書に記された歴史と、王朝の神話的起源論の接合である[141]。テューダー朝の創立者であるヘンリー七世は、王位の安定化のために、血の高貴さを証明する必要があった。そこで、当時の歴史家たちは、ヘンリーをかつてのウェールズ地方の王カドワラドルの末裔であるとした。このカドワラドルは、伝説の王アーサーの血を引くものとみなされていたために、アーサーとヘンリー七世を一本の線でつなぐことができた。話はここで終わらない。ブリテン人の起源はトロイヤのブルータスにさかのぼることができ、さらにこの伝説の人物が聖書に記されているノアの息子ハムの子孫であるとされたことから、イングランドの王はアーサーを超えて、聖書の時代に起源を求められることとなったのである[142]。ジェームズのイングランド王即位翌年に出版されたある本のタイトルは「神の恩寵により、偉大なるブリテン島その他の王となった高尚かつ強大たる君主ジェームズの血筋。ノアからの直系が、いくつかの継承によってブリテン島にはじめて地を占めたブルータスに至り、ブリテン人の最後の血を引いたカドワラドルに続き、その後複数の道で陛下に至る（…）」というものであった[143]。グリーンリーフは、こうした神話的歴史を考慮に入れれば、フィルマーがアダムからチャールズまでの血統を辿れるとみなしたのも、さほど奇矯なことではないとする。

しかしながら、この解釈には大きな不備がある。ひとつめとして、グリーンリーフ本人も譲歩しているように、フィルマーは決してアダムからチャールズに至る系譜を書こうとはしていない。[144] 彼がわずかに言及するのはアダムからノアの息子たちまでであって、それ以降についてはほとんど沈黙を貫いている。せいぜい「世界中の最も文明的である諸国民(the civillest nations)のほとんどは、自分たちの起源を、バベルの混乱の後世界中に広まったノアの息子や甥に求めようと骨折っている」と書いた程度である(PA：7)。さらにまたグリーンリーフは、フィルマーと交流のあった(あるいはそう思われる)古事学者たちも神話的なブリテン史叙述に手を染めていたことに注意を促し、フィルマーも当然それを知っていたはずだと声を強くしている。[145] だがフィルマーがこのような歴史物語を承知の上で自身の著作に書かなかったのだとすれば、その事実はむしろ、フィルマーはそのような物語を信じていなかったか、あるいは、それを利用する必要はまったくなかったかのどちらかの証明にしかなるまい。

さらに、もうひとつ、より原理的な問題がある。グリーンリーフは誤解しているように思えるのだが、フィルマーは決してチャールズ一世、あるいはイングランドの王だけがアダムの権利をもっているなどとは言わなかった。もしアダムの権利を受け継ぐのがイングランド王ただ一人であるとしたら、ロックが皮肉交じりに指摘したように、イングランド王がこの世のすべての支配者だということになろう(かつてギヨーム・ポステルは、フランス王について、これに近い主張をした)。[146] だがフィルマーが家父長論によって主張しているのは、いかなる支配であっても支配である以上は主権をもつ人間が存在し、その人間の権利はアダムの権利と同一のものでなければならないということである。神話的な歴史物語を信じていようと信じていまいと、イングランド王はイングランドにおいてアダムの後継者であり、フランス王はフランスにおいてアダムの後継者である。そのため、たとえアダムとイングランド王を繋ぐような物語が広く受け入れられていたとしても、それはフィルマーと直接関係あるものではない。

以上のことが意味しているのは、アダムの権利を、血統的連続性と関連づけるのは間違いだということである。野嶌一郎の述べたとおり、「彼にとって神聖にして不滅でなければならないのは、王家の血統ではなくて、アダムの父権そのものである」[147]。この点を踏まえれば、次のようなフィルマーの発言も、それほど驚くべきものではなくなる。

世界中のあらゆる王国あるいはコモンウェルスにおいて、君主が人民の至高の父であるのか、単にその真の後継者であるのか、あるいは簒奪によって王位についたのか、貴族や人民の選挙によって王位についたのか、それとは何か別の方法によって王位についたのか、またコモンウェルスを統治しているのが少数者なのか、それとも群衆なのか、といったこととは無関係に、一人の内に、または多数者の内に、あるいは全員の内に存在しているのは、唯一正しく自然な至高の父の権威なのである(PA：11)。

これまで歴史上には、簒奪や征服によって成立した君主制も、選挙にもとづく君主制も存在しただろう。君主制だけではなく、民主制もあっただろうし、貴族制もあっただろう。だがそうした違いをすべて超えて、政治体が存在しさえすれば、そこには必ず「至高の父の権威」が存在せねばならない。あらゆる政治共同体において、統治者がもっているのは、この至高の父たるアダムの権利なのである。フィルマーもここでたしかに君主制での「真の相続者」に言及しており、そこで指されているのが長子相続であったと考えてもおそらく誤りではない。さらに「真の」という形容詞から判断して、それが最も良い相続方法であると考えていたとみなしてもよいだろう。だがそれが良い方法であるというのと、それ以外の方法は不正であるというのはまったく別の事柄である。フィルマーにとって、政体すら問わないあらゆる「継承」方法が認められない限り、アダムの権利の連続性を保障できないがゆえに、よい方法ではなかったとしても、方法のひとつとして承認せざるをえないのである[148]。

この支配権の転移は、人間には知りえない神の意志にもとづいてなされている。王は神の摂理によって選ばれており、神からアダムの権利を受け取ったとされるのである。それによって不安定化するのは、言うまでもなく、特定の支配者の正当性である。『パトリアーカ』の中では、「継承者は誰か」という問いが「賢者の石のように隠されたまま放置されているのである」(I-109)。世襲によって平穏に次の君主へ移行するかもしれないし、騒乱によって予想もしなかった人間が王冠を戴くかもしれない。神が誰を選んだかということが人間の目に瞭然となるのは、誰かが王位についた後である。別の言い方をすれば、正当であるから君主になるのではなく、君主になったから正当なのであり、少なくとも理屈上は、今現在主権をもっている者を神に選ばれた者とみなさざるをえない。「権力を手に入れた方法は問題にならない。というのも、王であるかどうかは、王冠を取得する方法ではなく、最高権力によって統治をするという、そのやり方の問題だからである」(PA: 44)。最高権力をもっていれば、その王は同時に正当な王である。アダムの権利を支えているのは、血統ではなく、こうした摂理主義的な王権神授説である。

正当性の問題を王権神授説の無差別的援用をもって解決するような手法は、フィルマーが非常に好意的に言及するボダンやその「弟子」たちと比較することでその極端さがより際立つ。ボダンは、フランスにおいては、サリカ法こそが誰が継承者かを決定する第一の基本法であるとみなしている。この法の上に「主権者の大権は基礎を置き、そして支えられている」から、君主であっても基本法に手をつける権利をもたない[149]。たしかにボダンもまた一種の王権神授説を支持しているが、その王権神授説も、フィルマーのように、事後的に君主の地位を正当化する機能を果たすものではない。ボダンの王権神授説は、どちらかといえば、君主の「絶対性」の制限のために呼び出されるものである。つまり、君主は神の代理人であるからこそ、神の法には他の誰より忠実でなければならない、ということである[150]。

もちろん王権神授説の利用の仕方について、皆がボダンほど抑制的であったわけではない。彼とほぼ同時代もしくは次世代の多くの著作家は、対教皇のために王権神授説が有用だと気づき、結果としてボダンとは逆の形で広く用いられるようになった[151]。しかしながら、どれほど王の絶対性を強調しても、彼らはフィルマーのような裸の摂理主義を採用することはなかった[152]。絶対主義的パンフレティアの一人として挙げられるダヴィド・デュ・リーヴォは、神が君主を選んだと主張した。ただし、神はその君主を支配者の家系に生まれさせることでそうしたのである。一七世紀に入ってからもこのようなサリカ法と王権神授説の折衷が失われることはなかった。王個人の神授権を強調し、さらに王の能力的優越性を信じたシャルル・ロワゾーであっても、優れた血統に生まれたがゆえに王は他者を凌いでいるのだとして、男子血統主義のサリカ法と神授説の調和を図っている[153]。

大陸の「王権神授説」論者たちと比べてすら異彩を放つフィルマーの摂理主義的な正当化論は、容易に想像できるとおり、未来の論敵たちに見過ごされるはずもなかった。アルジャーノン・シドニーは、フィルマーが簒奪もまたアダムの権利の継承手段であると述べた点を捉えて、「王位を破壊することができる人々に、このような報酬までつけたならば、誰一人安全ではいられない」と糾弾した[154]。ジェームズ・ティレルは、レトリック上の派手さではシドニーに劣るが、彼よりはるかに几帳面にフィルマーの簒奪論を拾い上げ、冷静にその危険を浮き彫りにしてみせる[155]。だがもっとも破壊的な一撃を加えたのは、やはりジョン・ロックであった。彼は『統治二論』の読者に対して、フィルマーのおかしさを理解するためには、この支離滅裂な継承論さえ読めばよいと請け負っている(「緒言」)。ここは単に混乱しているだけではなく、自己破滅的な原理を提示している箇所でもある。フィルマーの摂理主義的王権神授説の論理的帰結は、「父親の権利(すなわち)統治への権利が、ケイドやクロムウェルといった人の手中にある」ことすら承認するものだからである(I-121)。

後世の反フィルマー主義者たちの痛烈な皮肉は理にかなっている。たしかにフィルマーの「危険」な摂理主義は、彼らの寛恕《かんじょ》を乞うにはあまりに明白な難点であった。だがそれでもなお彼がこれに頼った理由はいくつか考えられる。ひとつめは、フィルマーが『パトリアーカ』を書いているときの状況である。『パトリアーカ』は一六三〇年頃に執筆されたわけだが、この頃、誰一人として疑問を挟まなかったのは、チャールズ一世の君主としての正統性であった。つまり『パトリアーカ』が死後出版された排斥法危機のさなかに提示された、「次の王は誰であるべきか」や「議会はその決定に関与しうるのか」といった種類の問いは、『パトリアーカ』の論点ではない。(156) フィルマーは「われわれはノルマン征服から今に至るまでおよそ六〇〇年近く王の継承を享受している」と誇らしげに書いている(PA: 33)。六〇〇年とは、アダムからの継承を語るには頼りない年月であるが、人間の目からすれば安定性を信じられる年月である。そしてこの六〇〇年の歴史と、おそらくその後一〇〇年程度を足してみても、チャールズ一世ほどスムーズに王位を継承した人物は多くない。たとえ簒奪でも選挙でもよいと言ったとしても、王はチャールズ一世以外ありえないという前提が共有されている限り、この原理も、叛乱の誘導ではなく、単に歴史的事実の記述と受け取られると期待できただろう。フィルマーは、『パトリアーカ』を、こうした意味での安定を前提として書いていたのである。

ふたつめは、端的に、この原理が必要不可欠だからである。そもそもなぜ彼が「アダムの権利」はどんな方法によっても、どんな政体によっても継承されていると強弁せねばならなかったのかを思い出せばわかるとおり、人間の自然的自由を完全に否定するためには、こうするより他に手段は存在しなかった。これはフィルマーが摂理の考察からその政治思想を(一部であっても)導き出したのだという意味ではない。フィルマーはどう見ても摂理そのものの分析には何一つ興味を抱いていない。むしろ、フィルマーは自分の政治的目的とそのために有益な「アダムの権利」という概念を採用したがために、統治の正当性を、不可避的に最も単純な意味での「摂理」に求めざるをえなくなったのである。フィルマーの第一の目的である自然的自由の否定は、アダムの権利の連続にかかっており、アダムの権利の連続はこの摂理主義と密接に結びついている以上、この王権神授説を彼の理論から切り離すことはできないのである。

摂理主義的な王権神授説をフィルマーが採用した理由は、よって、第一に『パトリアーカ』が書かれた時期が一種の安定した君主制という確信を提供していたこと、第二に、この理論がフィルマーにとって必要不可欠であったことである。これが意味しているのは、どれほど政治状況が不安定化しようとも、フィルマーは摂理主義的な王権神授説を簡単に捨てるわけにはいかず、しかも、この王権神授説を維持する限り、状況の不安定化は、彼の主張の実践的意味に決定的な影響を与える、ということである。こうした理論の構造が、後にフィルマーを苦境へと追い込んだ。『パトリアーカ』においてフィルマーは自身のすべての政治的希望を「アダムの権利」へと投資した。これは決して敗色濃厚なギャンブルというわけではなかった。むしろ一六四八年の『アナーキー』がもっとも出来のよい著作といわれるように、内乱期にあって、彼はこれに勝利するかにみえた。だが言ってみれば彼はそこでレバレッジをかけたのである。それによって、状況がいよいよ混迷の度を深めていったあと、彼は苦渋の決断を要求されることとなるだろう。王が処刑されたあと、自身の投資の結果として、クロムウェルの絶対権力という莫大な負債の引き受けか、それとも政治理論の自己破産の承認かという悲劇的な選択肢に直面することになってしまったのである。

しかしどれほど悲劇的であったとしても、最終的に彼の面前に置かれることになる選択肢は、フィルマー自身がなした選択によって生まれたものである。だがそれは果たして選択の名に値するものだったのだろうか。フィルマーの「一貫性」を唱える研究者たちは否定するだろう。なぜなら、フィルマーの所説のほとんどは、すべて『パトリアーカ』に出そろっており、その後のフィルマーの政治思想は多かれ少なかれその繰り返しに過ぎないからである。それゆえ、次の政治的著作の執筆が選択であったとするからには、そのときフィルマーにどんな可能性があったのかを勘考せねばならない。

シドニーとブーン

そこで次に、『パトリアーカ』から『アナーキー』までに存在していた可能性の幅を、一七世紀後半の、アルジャーノン・シドニーとエドマンド・ブーンの対立する『パトリアーカ』解釈を手掛かりに考えてみたい。この二人の解釈を対照させることによって、『パトリアーカ』にはいかなる読解可能性がありうるのかが非常によく明らかになるためである。これまで何度か触れてきたことからも分かる通り、シドニーは筋金入りの反フィルマー主義者であった。彼は「ライ・ハウス陰謀事件」との関わりが疑われ、大逆罪が言い渡されたが、最後の演説の機会すら、フィルマー批判に充てている。シドニーによれば、フィルマーが『パトリアーカ』で公にしているのは、次のような信条である。

> 人は神と自然の法に由来する必然の下に（自由なく）生まれ、宣誓にもいかなる法にも縛られない絶対的な王の統治に服従せねばならぬ。この権力をもつ者は、神の創造によってその地位に就いたのか、あるいは選挙によって、相続によって、簒奪またはその他の手段によって就いたのかを問わず、その権利を有している。そして、彼の意志には誰であれ逆らってはならず、臣民の身体と財産はその意志の下に置かれねばならぬ。[157]

このシドニーの演説は、彼の処刑後出版された。するとたちまち評判となり、シドニーはコモンウェルスのための殉教者として称えられるようになった[158]。これに対して、シドニーが「世間様（Mr. *Multitude*）の聖人歴や殉教者歴」に登録されるのを防ごうと立ち上がったのが、エドマンド・ブーンである[159]。彼は『サー・ロバート・フィルマー擁護』を著し、その中でシドニーの演説を順々に吟味し、反撃を加えていった。

シドニーとブーンは、「政体の種類」についてフィルマーがどう考えていたのかを巡って真っ向から対立する。シドニーはまず力強く「自然的自由」の原理を擁護する。「神はそれぞれの国民に、それぞれの国民が最善だと思う統治体を作り上げる自由を残した[160]」。しかるにフィルマーはその逆こそが正しいと強弁している。フィルマーは絶対王制だけが神の意志にかなったものであり、それ以外の政体は神意に反するとみなしているが、これは一切の根拠を欠いた妄言である。ブーンはこの読み方に我慢がならなかった。フィルマーにとって、「君主制は最善のものとみなされるべきだが、だからといってその他の形態が不正だということにはならない」。なるほどフィルマーは君主制をどの政体よりも好んでいる。最も安全で便宜にかなったものだとも考えている。だが、シドニーがどれほど声を大にして罵倒しようとも、「貴族制や民主制を神の法や自然法に反しているとして批判した」箇所は、フィルマーのどこを読んでも見当たらない。シドニーがフィルマーに浴びせた非難は、フィルマーが君主制を好んでいるという事実から、理性ではなく感情によって引き出された誤解に過ぎないのである。(161)

さらに両者の争点は「権力の制限」の解釈にも及ぶ。シドニーにとって、フィルマーが擁護しているのは、いかなる法にも宣誓にも縛られない王である。だが法にも縛られない王とは王ではない。「王は法によって王なのであり、暴君とは法の破壊によって暴君なのだ」。(162)しかしブーンはこれにも説得力を感じなかった。たしかにフィルマーの君主は臣民からの処罰を受けることはないかもしれない。だが臣民にとって「処罰だけが唯一の動機であるとき、服従は弱く、不規則かつ不安定で、大抵の場合長続きしない」ということから推察できるとおり、処罰だけが法を守る動機となるわけではない。いかなる君主であれ、「自身の利益、神への恐れ、そして良心」によって縛られているのは自明であり、自然法や宣誓に背いても構わないというわけではない。(163)フィルマーの君主とて同じことである。フィルマーもまた、そういった君主の権力の制限を認めており、暴君を認めているわけではないのである。

このまったく異なった二つの肖像画は、しかも、『パトリアーカ』という同一の画材によって描かれている。ロックやティレルがフィルマーの権威を失墜させるための材料を様々な著作から見つけ出してきたのに対して、シドニーの視野に入っていたのは、『パトリアーカ』だけであった。彼の『統治論』のどこを見ても、それ以外のフィルマーの著作を読んだ形跡はないし、処刑台演説においてもそうである。実はこれはブーンにも言えることである。シドニーと同じように、彼もまた「死後に出版された断片」すなわち『パトリアーカ』だけを取り上げてフィルマーを擁護しているのである。(164) 加えて翌一六八五年にブーンは『パトリアーカ』の新版を編集し、次はジェームズ・ティレルへの応答として、そこに本文より長い序文をつけて刊行しているが、ここにおいても言及されたのは『パトリアーカ』だけであった。

すると、同じ著作について論じているにもかかわらず、シドニーとブーンはまったく違ったフィルマー像を提出するに至ったということになる。一方のフィルマーは不羈《ふき》の絶対君主制支持者であり、もう一方のフィルマーは立憲的な王党派の一員である。もしこの二人の解釈に何も根拠がないとすれば、とくに取り上げる意味はない。だがもし、多少なりとも根拠があったとするならば、この二人ほど適切に『パトリアーカ』の読まれうる可能性の幅を示すものはないだろう。そして、もしこの可能性の幅が『パトリアーカ』と一六四八年の『アナーキー』とで異なっているとすれば、それはたしかに、何が『パトリアーカ』に還元できないのか、逆に言えば何を『パトリアーカ』後のフィルマーの選択とみなすことができるのかを知る手掛かりになるに違いない。まず「政体の種類」を巡る二人の議論からはじめよう。

『パトリアーカ』の政体の種類の解釈としては、ブーンが有利であるようにみえる。これまで歴史上には民主制もあっただろうし、貴族制もあっただろう。だがそこにもまた君主制と同じく、「至高の父の権威」が存在していた。イングランドに限らずあらゆる政治共同体において、統治者がもっているのは、この至高の父たるアダムの権利である。ブーンはこのような記述を念頭におきつつ、フィルマーの視界には貴族制も民主制も入っていると弁護したのである。だがシドニーが単に誤解していたと片づけてしまうわけにもいかない。たしかにフィルマーはここで、民主制でも貴族制でも、そこには至高の父の権利が存在していると述べているのだが、それとは逆に、シドニーが批判するように、フィルマーが王制以外を排除しているように読める箇所も存在しているためである。フィルマーは「権力一般あるいは純粋な権力だけが神に帰されるものであり、特定の統治形態についての個別的権力は、人民の選択に任されているという、近年登場した通俗的な区別」は誤っており、統治形態の選択も人民の選択ではないと自説を披瀝している(PA: 7)。フィルマーはそれによって、統治形態を決する人民の自由の存在を否定しているのだが、これがアダムに対する神の命令という文脈で語られているため、シドニーがこの部分を、絶対君主制だけが神の意志とされていると読んだとしても不思議ではない。

この解釈上の対立から読み取るべきは、『パトリアーカ』に含まれている目的と原理との緊張関係である。フィルマーは、地域と時代を問わず妥当する原理として「アダムの権利」を提示している。これによって彼が人民の生まれながらの自由を否定しようと試みたのは、先に見たとおりである。だがこの「普遍的」原理が構築されたのは、歴史の中で君主制を保ってきたイングランドという特定の国での政治問題を解決するためでもある。フィルマーの望みは、君主の下で「イングランドの人民が、天の下のどの国民にも劣らぬ諸特権を享受することを許され、そして実際にそうすること」であった。この目的を果たすためには、シドニーがそう解釈したように、君主制だけを神に嘉された正当な政体とする(あるいはそう読めるように書く)のはたしかに戦略的には有効かもしれない。しかし、繰り返しになるが、イングランドの君主制は、これまであまた存在した統治者すべてが有していた「アダムの権利」によって基礎づけられている。この権利は神の「摂理」によって与えられているがゆえに、理論的には君主制だけを神が認めた制度だと言うことはできない。要するに、君主制の権威を神の権威によって高めようとする(シドニーが見て取った)企図は、アダムの権利によって、イングランドを含めて、歴史上存在してきた主権を説明するフィルマーの手法と潜在的な緊張関係にあるのである。

次に、「権力の制限」についての対立に移ろう。シドニーは、『パトリアーカ』が君主に法を破る権利を認めてしまっており、結果として暴君を是としていると非難した。他方でブーンは、『パトリアーカ』は単に臣民の暴力的抵抗を禁じただけであり、暴君を認めたわけではないと擁護した。こちらは一転してシドニーに分があるようにみえる。『パトリアーカ』は、たしかに混合政体に反対し(PA: 31-2)、ウルピアヌスの有名なテクスト(「王は法から解放されている」)を引用し(PA: 45)、さらに聖書のサムエル記に王権に有利な形の解釈を加え(PA: 66)、様々な角度から王の権力を補強しようとしている。アダムとその後継者たる族長たちがもっていた権力は「創造以来のあらゆる君主の絶対的支配権と同じく無辺無尽のものであった」(PA: 7)。また、『パトリアーカ』第三部においては、こうした権力をもつイングランド王と議会との関係の歴史的国制論を通じて、イングランド王の絶対性が詳述されている。これらの点に注目する限り、シドニーの批判的解釈はたしかに筋が通っている。

しかし、この「絶対権力」がいかなる制限とも両立しないのかという点に関してみれば、ブーンのように読むことも不可能ではない。つまり『パトリアーカ』を、次章で見るような内乱期の王党派と同じように、抵抗は許されないが権力制限は存在すると言っているように読む余地も存在しているのである。フィルマーによれば、「すべての王、暴君や征服者でさえ、すべての臣民の有する土地、財産、諸特権(liberties)、そして生命を保護するよう、この国の実定的な法によってというより、父としての自然法によって義務づけられている」のであって、「この自然法は、彼らをして、臣民の公共善に必要な事柄について、彼らの先祖や先王たちの行為を追認するように義務づける」のだ。一国の法もこの公共善にかなっている限り王を義務づけるとフィルマーは指摘した上で、先に触れたジェームズ一世の言葉を肯定的に引用し、法にしたがって統治するのを止めれば、王は暴君になると語っている(PA: 41-2)。こうした点に注目すれば、君主権力の「限定」を語る余地が存在していたのは、ブーンの見たとおり、たしかに事実である。ブーンはこの部分を足掛かりとして、王は奪い去ることのできない諸特権を臣民に与えているという見解をフィルマーにも読み取ろうとする。(165)

「政体の種類」と「権力の制限」に関する真っ向から対立する解釈からわかるのは、ほとんど可能な解釈の幅がなさそうな『パトリアーカ』であっても、実際には複数の読み方が可能だったということである。「政体の種類」についてはブーンの方が説得的であるが、シドニーのように読むことも不可能ではない。「権力の制限」については、シドニーの方が説得的だがブーンのように読むことも不可能ではない。無論どちらも可能性である。だがこの可能性が存在していたという事実が重要なのは、次章で見るように、フィルマーが『パトリアーカ』以後の作品で排除したのは、まさにこのように解釈される可能性だったからである。『アナーキー』は、この「権力の制限」に関わる点を、誤解の余地なく精緻化した作品である。だが、それだけではない。内乱を受けて、王権の絶対性を精緻化し、さらに強調せねばならなくなった結果として、「政体の種類」に関わる緊張関係が徐々に表に現れてくるのも、また『アナーキー』においてである。言い換えれば、『パトリアーカ』から『アナーキー』への「変化」は、ブーン的な読み方を排除し、シドニーに近づくというフィルマーの選択だったのであり、ブーンが『アナーキー』以降の著作を無視したのは、フィルマーの選択に応じた、ブーン自身の選択だったのである。(166)

第二章 「アダムの権利」の暴走——内乱以後のロバート・フィルマー

1 議会派の制限・混合政体論——抵抗の可能性

内乱のはじまり

一六二九年からはじまり、およそ一〇年強続いたチャールズ一世の親政(Personal Rule)、わけてもその前半期は、実に静かに過ぎていった(1)。もちろん何も起こらなかったわけではない。ピューリタンの弾圧や船舶税の裁判など、特筆すべき出来事はいくつもある。だがその静謐《せいひつ》さは前後の一〇年間と比べてみると際立っている。親政がはじまる一〇年前といえば、おおよそ三十年戦争がはじまった頃である。前章で触れたように、当時はジェームズが第一線で活躍しており、逆にチャールズはといえば、宮廷においてほとんど何の影響力も有していなかった。スペイン王女とチャールズの結婚政策の破綻、王位継承、カディスとラ・ロシェルへの遠征と失敗、強制公債の発行、議会からの権利請願、そして事実上の親政開始を告げるバッキンガムの暗殺、こうした有名な出来事は、すべてこの一〇年間に起きた出来事である。親政期の後については多くを語る必要もないだろう。短期議会と長期議会の開催、ストラフォードとロードの処刑、エッジヒル、マーストンムーア、ネーズビーでの戦い、そして最後にチャールズ自身の首が落とされた。これらもすべて、わずか一〇年間に起こったことである。

この動乱期にはさまれた時代の静謐さが、議会・教会・公衆への沈黙政策がうまくいった結果だったのか、それとも単に表面上のものにすぎなかったのかという点で歴史家の意見は分かれている。王政復古後は大法官として政界の中心で活動したクラレンドン伯エドワード・ハイドは、このチャールズ親政期を、暴政とは程遠い、歴史上最も幸福な時代であったと回顧している。宮廷も地方も富み、教会では宗教改革以来の学芸の進展が見られ、産業や貿易も発展した。エリザベスやジェームズの時代にもこれほどの繁栄は実現しなかった。三〇年代は「支配(imperium)と自由(libertas)が、可能な限り最大限調和し実現していた」時代なのである。歴史家ケヴィン・シャープは、沈黙から黙諾を引き出すことには慎重であらねばならないと戒めつつ、親政をすぐに暴政と結びつける解釈よりは、こうしたハイドのスケッチの方が実情に近いと考えているように思われる。だが他方で、ハイドもまた、この時期は「通常と異なる新たな方針が実施されていた期間」でもあり、船舶税や星室裁判所が嫌悪の対象となっていたことは認めざるをえなかった。その点を重視するならば、消し難い対立が無理やり押さえつけられていただけだ、ということになるだろう。L・J・リーヴはこちらの解釈をとっている。「一六二〇年代の騒々しさと比べると、親政期は、あまりに静かすぎた」。

沈黙の性質をどう解するにせよ、今日の歴史家のほとんどが納得しているのは、この沈黙を破る声は北方から響いてきたということである。すなわち、ウィリアム・ロードが、イングランドと同じ方針をスコットランドにも適用すると決め、それまでとは異質な共通祈禱書を強制しようと試みたとき、この沈黙は破られたのである。ロードがただでさえ「教皇信奉教」だと思われていたのに加えて――教皇本人も二度、彼に枢機卿の帽子を贈ろうとした――、スコットランドに持ち込まれた共通祈禱書が、イングランドのそれよりもさらに儀礼を重視するものだったことから、スコットランドの反発は非常なものであった。要するに、ついにカトリックの陰謀がスコットランドにやってきたと感じられたのである。反発はすぐに武力的な対立にまで高まり、この二国間で戦争が勃発した。二国間戦争の原因がロードの宗教政策にあることは、同時代人もよく認識していた。「スコットランドの祈禱書」は、「イングランドの礼拝規定書と異なっており、特に聖餐式での拝領の仕方、あるいは聖体拝領のやり方についての規定がそうであって、これを端緒としてイングランドとスコットランドという二つの王国の間で近年の諸騒乱が生じたのだ」[9]。

対スコットランド戦争を遂行するために一六四〇年春に短期議会が開催されたが、目的を達することなく、名前のとおりすぐ解散された。チャールズは議会からの戦費徴収をあきらめ、ストラフォード伯率いる軍を北上させたが、スコットランド側の動きの方が素早かった。同年夏にはスコットランド軍にニューカッスルを占領されてしまい、チャールズは結局スコットランドに対する賠償金を含め、不利な講和条約を結ばざるをえなかった[10]。この賠償金を支払うために、チャールズには議会を開く以外の選択肢は残されていなかった。容易に想像できることだが、この長期議会に集まった庶民院議員たちは皆、改革の必要を感じていた。ロードとストラフォードを圧政の責任者として弾劾(後に処刑)する一方で、政治改革のための重要な法案を次々採決していった。三年ごとの議会開催を義務づける「三年議会法」や、ハムデン事件でその合法性が争われていた船舶税の廃止がその代表である。そうした法案はすべて、ほとんど全会一致で成立し、チャールズもまたこれらの改革に同意した[11]。一連の改革はすべて王を頭とする議会のためであり、議会を除いた王、王を除いた議会など、この時点ではほとんど誰も想像していなかった。

だがいつまでも一枚岩であったなら内乱は起きていない。それまで順調に改革を進めてきた庶民院に亀裂がはしったのは、一六四一年秋の「大抗議文」の採決であった。この文書には、内容面ではそれまでの悪政の非難とともに国王大権に踏み込んだ議論が多く含まれており、さらに形式面では、採択後に印刷に回され民衆へと公表されることとなっていた。投票はほぼ真っ二つに割れ、賛成が反対をごくわずかに上回る程度であった。「もしも抗議文が採択されなければ、すぐに全財産を売り払い、二度とイングランドの土を踏むつもりはない」とクロムウェルは語っている[12]。この亀裂をどうしようもない分裂へと決定づけたのが、アイルランド叛乱をきっかけとしてすでに提起されていた軍事掌握権の問題であった。議会は自分たちに向けられるかもしれない軍を王に預ける気にはなれなかった。しかし王はそれ以上に議会に任せる気になれなかったし、当然、軍事に関する権限は王に属する事項であると考えていた。かくして議会は王抜きで成立させていた「民兵条例」に基づいて軍を集め、他方で王は新たな「軍事召集令状」を発し、臣民たちに自陣の下に馳せ参ぜよと命じた。こうして一六四二年夏、イングランドはついに内乱へと落ち込んでゆくことになるのである。

政治の動揺にあわせて、「公衆」もまた声をあげはじめた。それは出版物の激増にみてとれる。政治思想の分野でその先駆けとなったのは、スコットランドのアレクサンダー・ヘンダーソンに代表される、対イングランド戦争の大義を述べた「盟約派」のパンフレットであったが、その後は王と議会の対立を軸として激しい論争が交わされた。(13) イングランドの臣民はみな何らかの態度決定を(できる限りどちらも無視するというものも含めて)なさねばならず、そのときに、どちらの見解に説得力があるのかは、もちろん重要な要因であった。問題は、どちらにもそれなりに説得力があったことである。最終的には王党派となったフランシス・クォールズは次のように述べている。「両院が布告した抗議を耳にする、読む、納得する、そしてこちらに傾く。次に陛下から出された宣言を知る。それを読む、喝采する、やはりこれが正しいと支持する。議会が答える、私は議会の側につく、王が返答する、私は陛下の側に戻る」。(14) 内乱の勝者となるためにも、まずこの「パンフレット戦争」を勝ち抜かねばならなかった。

「十九箇条への回答」を巡る論争

数多くのパンフレットの中でもとりわけ重要だったのが、議会の提案に対する王の公式回答という形をとった「十九箇条への回答」である。すでにこれまで多くの歴史家が、さまざまな表現を用いてこの王・貴族院・庶民院の混合政体を是認した文章の画期性を形容してきた。(15) たとえばジョン・ポーコックはこれを、「イングランドは降臨する君主政体であるよりむしろ混合政体であると宣言した」文書であり、ここにおいてついに「イングランドの統治は、君主政の要素を表明し続けながら、古典的共和国として表現されている」と論じている。[16] もちろん論者によって最終的な強調点は異なる。だが共通しているのは、一見したところ伝統的な「議会における国王」の原則の繰り返しに過ぎない「回答」が、実はそれまでとはまったく異質な原理を表明しており、しかもそれが王党派にとっては致命的な失敗だったという認識である。[17]

「回答」は、イングランドを混合政体として描くことによって、それまで長期議会が取り組んできた改革を尊重しつつも、それ以上に進んだらアナーキーに突入すると脅すための文書である。[18]「回答」によれば、イングランドは、絶対君主制、貴族制、民主制という三つの種類の政体を混ぜ合わせ、それぞれの欠点を免れ、それぞれの利点を享受している政体である。[19] すなわち、暴君、党派争い、暴動や放縦のすべてから解放された、統一され、優れた助言に従って運営される、臣民の自由が保障された国家こそ、このイングランドなのである。「この王国において法は、王、貴族院、そして人民に選ばれた庶民院によって協同で(jointly)作られる」。王は協同で作られた法の執行を託されており、いくつもの大権を有する。だがそれによって王が暴君となることはない。というのも、法の作成権を分有しているからには、すでに「両院に法的に置かれている権力は、暴政の権力を防止し制約するのに十分以上のもの」だからである。よって王に対してさらなる譲歩を迫るのは、暴政の抑止ではなく、「基本法やこの王国の素晴らしい国制の完全なる転覆」となるであろう。もし議会が、「暴政の権力を防止し制約するのに十分以上のもの」、たとえば具体的には軍事掌握権などを要求しつづけるならば、それはジャック・ケイドやワット・タイラーといった過去の暴動の首謀者たちと変わることのない、イングランド法に対する敵対行為とみなされねばならぬ。こうして「回答」は議会に最後通牒を突きつけたのである。

一見すると効果的にみえる「回答」が王党派にとって破滅的な失敗作であったという理由は、ここで述べられた混合政体論が、議会派が王党派を攻略するための格好の拠点となってしまったからである。「回答」公表後ほどなくして現れた『政治的小教理問答』はその見事な実例である。[20] 同書はタイトルのとおり教理問答の形をとった著作であるが、その特徴は、答えの部分はすべて王の「回答」からの引用によって構成されている点にある。つまり、王の答えをうまく使って、議会主権を導き出そうとしているのである。リチャード・バクスターは『自伝』のなかで、「あたかも王が議会の大義を全面的に正当化したかのようであった」と回想している。[21] とりわけ破壊的な「問い」は次のようなものである。

問い22　しかしもし、王の寵臣や追随者がこの規制された君主制を恣意的な政府に、すなわち暴政へと変えてしまおうとする試みや危険が存在したならば、前述の言葉にしたがって、何かこれを治療する十分な権限が存在するだろうか？

答え　「両院に法的に置かれている権力は、暴政の権力を防止し制限するのに十分以上のものである[22]」。

この含意は敷衍するまでもないだろう。既述のとおり、王の「回答」のメッセージは、議会はもう十分な権力を有しているのだから、これ以上の議会の権限拡大は混合のバランスを破壊しアナーキーを導くがゆえに認められないというものであった。しかし『政治的小教理問答』は、同じ文言を利用して、さらなる抵抗権が両院に存在するという結論を王が承認したかのように提示しているのである。

長老派の聖職者であるチャールズ・ハールはこれにさらなる理論的精緻化をほどこした。彼によれば、「イングランドは単に、他を従属させる(*subordinative*)、絶対的な君主制ではなく、他と協働する(*coordinative*)、混合君主制である[23]」。もちろんどんな君主制でも、君主一人が統治するわけではないから、一種の混合はどこであれ実現されている。ゆえに特に混合君主制と呼ばれるのは、単に何らかの混合が存在することではなく、「権力の最高位」において、王・貴族院・庶民院の混合がなされ、混合体全体に人民からの信頼が託されている政体のことである。もし王が議会との協調をやめて独断に走ったとしたら「協働」する部分である議会が、統治の責務を「代行(supply)せねばならない」[24]。この場合、個人として命令を下す王は、議会の中に存在する政治的資格(political capacity)としての王に叛逆している。ゆえに、「王と戦うことで、王を守る(preserving the *King* by fighting against him)」必要がある[25]。

この過激な主張が論敵から攻撃されたとき、ハールはもちろん、「回答」をたてにして自身の正当性を弁護しえた。彼は、『政治的小教理問答』の著者と同じく、「両院に法的に置かれている権力は、暴政の権力を防止し制限するのに十分以上のものである」という「回答」の文言をくどいほど繰り返して引用する。ハールの説明によれば、「「権力は、暴政の権力を防止するのに十分以上」という文言は、新しい法を作る際の彼らの(=両院の)同意を指している。「暴政の権力を制限するのに」という文言は、王の単なる個人的命令に反してでも、彼らが法を執行する権力の必要性を指している」。だが王の個人的命令が、その追従者の実力を背景になされるのであれば、議会もこの権限を執行するために、武力行使が必要である。「必要とあらば武力をもって、こうした命令に抵抗することができないなら、いかにして「暴政の権力を制限するのに十分以上のものである法的権力」をもつことができるのだろうか[26]」。

だが議会に緊急時の判定権だけではなく、独自行動をとるための軍事掌握権まで認めたハールの主張には、議会に忌むべき「恣意的権力(arbitrary power)」を与えているという不満が寄せられた。こうした相手の疑義に対して、ハールは、まさにその通りであると歯切れよく言い放つ。「私としては次のように答えたい。統治とはまず意志の行為なのであり、ゆえに恣意的であることは否定できないし、避けられない[27]」。もしそうだとすれば、問うべきは、それがあるべきか否かではなく、一体それがどこにあるべきかであろう。彼によれば、この恣意的権力の置き場としては、議会以上によいところは考えられない。自然的な身体において、意志は知性の最後の命令として生じるものであるからには、政治的な身体においても、恣意性という意志の置き所は、王国の知性すなわち議会であってしかるべきである。ここにおいてこそ、「この恣意性が(…)害をなすのをもっともよく防げる」からである。

「恣意的」権力は不可避であり、どこにあるべきかが問題なのだという論法は、おそらくハールがヘンリー・パーカーから引き継いだものである。パーカーは一方で、後に見るように、恣意的命令による統治は、世界の「幼年期」に好まれたものであって、現在はそうではないと指摘している。だが他方で、今日においても、そうした恣意的権力が消え去ってしまったわけではないとも考えている。ここで彼は、ハールがそうしたように、問い方を変えようとしている。もし恣意的権力がどこかにあるのだとすれば、それが一番危険でないのはどこだろうか。これこそが真に有意な問いである。

あらゆる国家には、そのどこかに恣意的権力が存在する。これは真実であり、必然的にそうなのであり、しかもだからといって何か不都合が生じるわけでもない。誰もが自分自身に対して絶対権力を有しているが、しかし誰も自分自身を憎むことはありえないから、この権力は危険ではなく、制約される必要もない。これと同じ理由で、どの国家もそれ自身に対して恣意的権力を有するが、この権力は危険ではない。もし国家がこの権力を一人か少人数に信託したとすれば、たしかにそれには危険が伴う。だが議会とは一人でも少人数でもなく、まさに国家そのものなのである。(28)

パーカーは自著に寄せられた批判に対しても、同じ根拠に立ち戻って応答している。結局「恣意的権力」は、国家存亡の危機の際にはどうしても必要なのであって、貴族院と庶民院に置かれている限り、無害で自然かつ便宜にかなっているのである。(29)

2　王党派の制限・混合政体論——非抵抗の主張

非―絶対主義的な王党派

「回答」に端を発する混合君主制論は、イングランドの政治論争の土壌に急速に浸み込んでいった。「回答」からわずか二年後の一六四四年には、イングランドの統治形態は、「今日世界中の誰もが混合君主制であると知っている」と書かれるほど、混合君主制論は広範囲に受け入れられていたのである[30]。だが王党派の多くはこの議論の浸透と政治状況の急激な悪化が歩調を合わせていることに気づき、「混合君主制という誤りが、多くの善意の者を王への反抗へと導いたのだと心から確信」するようになっていた[31]。それゆえに、議会派に対抗するためにも、彼らの第一の仕事は、まずは断固としてこれを退けることである。ダドリー・ディッグスは、議会派が、「混合」という口実を用いて、王と議会の「従属関係を否定し、聞いたこともないような協働関係」を導入し、議会を王と対等の地位まで引き上げようとしていると非難する[32]。しかし実は本来、「支配権の混合などというものは存在しえない。つまり混合君主制、混合貴族制、混合民主制など存在しない。なぜなら、もし複数の最高権力があったなら、もはやひとつの国家ではないからである[33]」。

しかしながら、「混合君主制」の否定は「絶対主義」の肯定とイコールではない。むしろ彼らは、議会派以上に熱心に絶対的権力を否定した[34]。ヘンリー・ファーンは『良心の解決』の冒頭において、雄弁に絶対権力を批判している。

私は、この論争において王を弁護しようとしているこの王国の聖職者たちやその他すべての人々に向けられている非難について論じたいと思う。彼らは王の絶対権力を擁護し、そして王を恣意的な支配者へと祭り上げようとしているのだ、と非難されている。われわれは臣民の側での抵抗に反対するのと同じく、王の側でこのようなことをするのにも反対する。というのも、神の法、のみならずこの国で成立している法によって違法だとされているようなことを君主が命じたならば、それに従わなくてもよいだろうし、従うべきでもない。われわれはこの国の法の中に、彼の意志や良き助言に対する同意をもつからである。そして法に反して王に従うというのは、王自身に反対して王に従うこと、つまり彼の熟慮された意志に対して彼の突然の意志に従うことである。(35)

ジョン・スペルマンも「絶対主義」を拒絶する。彼もまた『君主と人民の義務に関する一考察』の冒頭部で、誤った政治的見解の一方に人民主権論を、もう一方に「臣民の人身および財産は、絶対的に君主の意志や命令に左右される」という意見を配置している。(36) なぜ誤っているかといえば、「絶対権力は、縛られることも制限されることもない場合(…)繁栄ではなく、それ自身の崩壊へとつながる」からである。(37)

彼らが「絶対」権力に反対する根拠は、大雑把にまとめると、これが「原初的」だからだという点に求められる。すなわち、前章で見たジェームズ一世と同じように、彼らもまた、今日のイングランドは「文明的王国」であって、絶対権力が直接行使される「原初的王国」ではないと考えたのである。彼らにとって、原初的な「絶対的君主制」とは、国外ではトルコを中心とした東洋の専制君主国であり、(38) 国内ではノルマン征服直後に見出される体制である。(39) このうち前者は議会派と共通する認識であったため、(40) 重要な論点となったのは、王党派がしばしば訴えていた征服理論である。(41) ジョン・ブラモールは、あらゆる君主制を国民の同意に基礎づけるパーカーに反論して、「この王国への陛下の原初的な権原(title)は、選挙ではなく(…)征服である」ことを読者に思い起こさせる。これが意味しているのは、イングランドの国王は、人民の同意を介さず、神から直接統治権を得たということである。「剣によって主権を手にした者、すなわち正しい戦争における征服によって主権を手にした者は――

その先祖がそうだったのであれ、その本人がそうなのであれ――、それを神から直接得た」のである[42]。こうした権利を得た統治者は、その臣民に対して絶対権力を有するとブラモールは指摘する。「正当な征服者、すなわち同意なしに王位についた者の主権は絶対的であり、神の法、自然法、万民法以外には縛られない」[43]。

だがブラモール（そして他の王党派も）が征服に言及したのは、専制的な「ノルマンの軛《くびき》」を正当化するためではない。彼らは征服理論によって、統治権の根拠を、人民の直接的「同意」に置くことを回避しつつ、それと同時に、過去の「絶対権力」が、時の経過とともに不可逆的に制限されてきたという一種の歴史政治論を構築している[44]。たしかにウィリアム征服王の権利は「絶対的」であったのだが、「彼が古い法や慣習を追認したり、その憲章によって、臣民の集合体またはその一部に対して、新たな諸特権や特典を賦与した後、それに応じて彼は自分の権利を減じたのであり、良心においてこれを取り消すことはできない」。これは征服者の一方的行為であって、相互の合意による権利制限ではない。だが王は良心の義務としてそれを守らねばならないし、この意味においてイングランドの法や慣習といったものは、国王の権力を制限する[45]。

この発展過程の中核を担っているのが議会である[46]。王党派は王と議会に明確な上下関係が存在すると主張したが、いったんそれが受け入れられたならば、彼らも議会は王を制限する場として必要不可欠だと認めるのにやぶさかではなかった。たとえばスペルマンは、一方で議会に対する王の優越をはっきりと宣言しつつ[47]、同時に議会が今日では統治に不可欠の機関であることも積極的に承認している。王はもともと「絶対的」であったが、しかし、安定した統治を維持するために、その後の君主たちは「自分たちの権力の絶対性を縮減した」。その絶対性を補うのが議会である。議会はもともとは王の諮問機関に過ぎなかったとはいえ、いまでは、その同意なくしては法の作成ができない重要な機関へと成長したのである[48]。

王・貴族院・庶民院が対等な要素として「混合」され「協働」するというモデルを否定し、しかし同時に絶対君主制をも退けるという彼らの議論は、福田有広の表現を借りれば[49]、イングランドをポリュビオス的な混合政体から、フォーテスキュー的なそれへと引き戻す試みであり、本書の言葉で表せば、ジェームズの設定したガイドラインの再提示である。すなわち彼らは、「協働関係」を内包する混合政体ではなく、暴君を抑制するための制限政体としてのイングランド国制像を回復させようとしているのである。そうするために、彼らは扱いの難しい「十九箇条への回答」の文言を、伝統的な国制観によって解釈し直そうと試みた。「私は先に混合君主制とは矛盾であるということを示した。そしてまた、この名称によって意味されるのは、ただ限定され制限された君主制、つまり、最高権力をもつが、絶対的権力はもたないような君主制だけである、ということも示した」とディッグスは述べている。(50) 同じく最高権力の混合を否定したグリフィス・ウィリアムズも、もし混合君主制という用語が、「至高の権力が制限され規制されたものであって、純然かつ絶対的なものではない」という意味ならば、全く異議はないと明言している。(51)

だが国王権力に制限が存在するからといって、国王権力への抵抗が許されるというわけでは決してない。ブラモールは、征服によって王が統治権を得ているとき、すなわち神の直接的承認によって統治権を得ているとき、人民が武力を用いて抵抗したならば、それはいかなる場合であっても叛逆だと断言する。(52) 法は「この上なく神聖で、王たち自身ですら縛るものであるが」、しかし「これは決して、彼らの過失によって、人民が〔抵抗の〕権限を与えられた者となるということではない」。(53)「絶対権力」を忌み嫌うファーンでさえ、抵抗に関してならば「絶対性」を認めてかまわないとしている。「もし権力の絶対性という言葉によって(…)臣民の武力行使によって抵抗されたり強要されたりしない権力を指しているのであれば、そうした権力はわれわれが求めるものである」。(54)

ホッブズ的な「自然権」の議論を基礎とするディッグスであっても、抵抗権の否定という点に違いはない。人々は自然権を国家に預ける代わりに安全を得るのだから、抵抗の自由など存在しないことは自明であると彼は言う。(55) とはいえディッグスのそうした議論の運び方には、一見すると、「抵抗権」を語る余地が残されていそうに見える。よく知られているように、ホッブズ本人もまた、自然状態を脱したあとも、自己保存権を完全に放棄することはできないと語っているからである。事実ディッグスも、「自己保存は自然である、つまり、誰であっても自分を守ることは自然によって禁じられていない」と譲歩している。しかしながら(実に非ホッブズ的だが)彼に言わせれば、「自然が禁じていないとしても、福音が禁じている」[56]。自己保存という欲望は一種の試練である。その欲望が自然で抗しがたいものであるからこそ、良心にしたがって、それを来世のために放棄するという選択がキリスト教徒としての偉大さの証なのである。「抵抗によって生命(疑わしい善であり、決して永続しない)を得るものは、神がその命令に従う引き換えとして約束してくださった、かの幸福なる生を失うことになる」。逆に、「命を失ったものは、大いなる獲得者である。彼は正義の殉教者であり、栄光の聖人の高みに引き上げられるだろう」[57]。

ここでディッグスが「救済」に立ち入っていることからもわかるとおり、不正な君主への服従如何は神との関連でも考察されねばならない。ここでいわゆる「受動的服従」の理論が登場する。臣民は、神の言葉に反する事柄を君主に命令されたならば、力で抵抗してはならないが、その命令を実行することも禁じられている。「はっきりと神が明言していることに反する命令を、われわれは実行してはならない。しかしこうしたときであってさえ、われわれは単に悪しき命令を拒否するだけにとどめねばならず、実際に他の手段で抵抗してはならない」[58]。神の意志に反する命令の実行は拒否せねばならないが、しかし、「服従」という義務を果たすためには、命令拒否の代償としての罰は甘受せねばならない。それによって君主から与えられる罰がたとえ死罪であったとしても例外ではない。「死より悪いことをなすよりは、死んだほうが良い」[59]。

制限と抵抗

以上の議会派と王党派の議論をまとめると次のようになるだろう。議会派は、「十九箇条への回答」の混合政体を足掛かりに、かつての上下関係を前提とした「降臨する君主制」モデルを否定した。これに対して、王党派は、まさにそのモデルを回復しようと試みた。主権の混合は不可能であるから、イングランドが混合君主制だとしたら、それは制限君主制を意味している。この限定をつければ、王党派も「混合君主制」に賛同する。国外ではトルコが現在そうであるような、国内では過去のノルマン征服直後の状況がそうであったような「絶対君主制」は、いまのイングランドとは無縁である。君主は議会を受け入れ、自身を制限する法を受け入れている。しかし抵抗は禁じられている。君主が合法的な命令を下したら積極的服従の義務が、違法な命令を下したら消極的服従の義務がある。

君主は制限されているが、その制限を破っても抵抗してはならないという王党派の国制観は、しかし、結局彼らも「絶対主義者」ではないかという疑念を招いてきた。[60] ディッグスは、抵抗権と制限君主制論は本来無関係であるのに、近年はそれを混同する俗説が広まっていると憂慮を表明し、その上で恣意的統治と制限統治のいくつかの相違点を挙げているが、[61] そうした相違点にどんな意味があるというのだろうか。「ファーンやディグズの『制限』は国王の内的・道徳的抑制に期待しており」、それを強制する手段を制度的に保障していない。ゆえに、「法や先例から論証をはじめたファーンやディグズも、ここにいたって、フィルマーの家父長制的国王主権論とほぼ同一の論理・結論に到達する」[62]。

だがグレン・バージェスが巧みに論じているように、われわれが抵抗を制限のリトマス試験紙と考えるようになったとすれば、それは一六四〇年代の議会派のレトリックを受け入れた結果である。内乱以前の一般的政治観からすると、王の権力が恣意的に使われないよう制限されているからこそ抵抗が起こらないのであり、暴君だからこそ抵抗が起きるのである。[63] 概念上のペアになっているのは「絶対と抵抗」と「制限と非抵抗」であり、抵抗と制限はむしろ相反すると理解されていた。内乱期の王党派の多くは、こうした思考様式をそのまま保持していた。[64] たとえば、「リヴァイアサン」のような暴政を認めるからこそ、アナーキーになるのだとホッブズに詰め寄ったハイドやブラモールはその典型である。[65] 逆に言えば、議会派としては、この構造を変える必要があった。

そこで、いまわれわれがよく知る形で、制限を強制できなければ、それは絶対主義である、という別の説得方法を発明したのである。

だが王党派と言える人々の中にも、ある意味でこの思考方法をそのまま受け入れ、制限君主制という構想を苦々しく見守る者も存在していた。ひとりはトマス・ホッブズである。(66) 彼の『ビヒモス』からは、いわゆる立憲王党派への怒りがまざまざと伝わってくる。内乱期の王党派の過ちとは、「当時は国《ネイション》全体に広く存在した考え方で、イングランドの政体は絶対的ではなく混合君主制だと彼らが考えたことだ」とホッブズは憎々しげに自身の代弁者に語らせている。こうした者たちは、「絶対君主制に反感を持っていたが、同様に、絶対民主制や貴族制にも反感を持っていた。そうした統治を皆、彼らは専制と評価して、混合統治《ミックスアーキー》の方を好み、それを混合君主制の名で賞賛するのが常だった。だが、それは実のところ、純然たる無政府《アナーキー》以外の何ものでもなかった」のだ。(67) ホッブズだけではない。ロバート・フィルマーもまた、間違いなく、この怒りを共有していた一人であった。

3　反議会派、反王党派、反『パトリアーカ』――『アナーキー』の政治思想

内乱期のフィルマー

一六一九年に騎士号を授与されてからおよそ一〇年間、フィルマーと妻のアンは、以前と同じ場所で生活していたようだ。ロンドンで生まれた彼らの子供たちは、みなセント・マーガレット教会で洗礼を受けている。この時期にも彼が正確に何をしていたかはよくわからないが、しかし、以前と同じく、多くの著名人と交流をもっていたのはたしかである。それはロンドンにおいてだけではなく、コルチェスターにあるアーゴール家所有のマナーハウスでもそうだった。おそらく彼はそこで詩人のジョン・ダンやベン・ジョンソンと出会っていたのではないかと想像される。ジョンソンに関しては、少なくとも彼がフィルマーの弟エドワードと友人であったのは確実

である。「我が優れた友、師エドワード・フィルマーに、その出版の折に」と題されたジョンソンの詩が残っている。[68] ジョンソンとフィルマーとの直接のつながりは判然としないが、当時を代表する詩人ジョージ・ハーバートは、フィルマーの「親愛なる友」であった。[69]

ロバート・フィルマーの父エドワードが不帰の客となったのは一六二九年の一一月であるから、すでにロバートは『パトリアーカ』に着手していたかもしれない。フィルマーは父の逝去にともなってケントのマナーハウスも相続することになった。もっともロンドンの家が他人の手に渡ったわけではなく、フィルマーのロンドンでの活動がなくなったわけでもない。とりわけ重要なのが、これまで何度か触れてきたピーター・ヘイリンとの出会いであろう。ヘイリンは一六三一年に主教座聖堂参事会員としてウェストミンスター・アビーに着任した。彼がこの職に任命されたのは、当時そこで主教座聖堂参事会長の座にあった、王と折り合いの悪いジョン・ウィリアムズの影響力を削ぐためであり、ヘイリンはここで一種のスパイのような活動に従事した。[70] フィルマーが寺院のすぐそばに住んでいたこともあって、二人はすぐに友人になったようである。『パトリアーカ』の出版時に「序文」の代わりとして載録されたのは、このヘイリンがフィルマーの死後、その息子に宛てた手紙の一部であった。

しかしながら、マナーハウスの相続によって、活動の重心がそれまでよりはイーストサットンに移ったのも事実である。ロンドンを離れたからといって、彼の知的好奇心が満たされなくなる心配はなかった。というのも、ここでも文人たちの交流が盛んであり、政治や哲学、宗教や自然科学など広い範囲にわたる意見交換がなされ、原稿が回し読みされていたからである。[71] 古事学者でかつ強硬な反カトリックのパンフレットを執筆していたエドワード・デアリング、エジプト学者のジョン・マーシャム、二〇年代初頭に利子論を出版していたトマス・カルペッパー、そして法制史家ロジャー・トウィズデンといった人々がケントを中心に活動していた。結局出版されなかった『パトリアーカ』は、いくつかの部分に大幅な加筆を加えて、このケントの人文共和国で回覧されていたと考えられている。無論どんなテーマにせよ、皆がフィルマーと同じような見解を抱いていたわけではもちろんない。ヘイリンのような聖餐論はカトリックと同じだと考えていたデアリングとフィルマーの教会観は一致しそうもなく、[72]法定利率を一〇%から六%に下げるべきだと考えていたカルペッパーと、[73]それは「正しい理性と一般的道義」に任されるべきだとするフィルマーとの間でも完全な意見の調和は実現しそうにない。[74]そして最も重要なことに、ボダン的な意味であれば「イングランドの王が主権者であったことなど一度もない」と書いたトウィズデンとフィルマーの政治原理についての意見は決して一致しなかっただろう。[75]

フィルマーは単に文人としてではなく、ジェントリの家長として、それにふさわしい公的義務も果たさねばならなかった。一六三〇年代の中頃から、彼はケントの治安判事と民兵隊の統括者の任を引き受けている。この時点で彼は五〇歳近くであるから、ここで名前を挙げた友人たちの間では、公的活動にかかわりはじめたのはかなり遅い方である。イーストサットンでの三〇年代は、フィルマーにとって、比較的静かな時期であった。ここでも船舶税の合法性についての議論はなされていたが、トウィズデンが一六三七年に書いているように、「いま想像すらできない重大な必要性が生じないかぎり、誰一人として議会開催を予想できない」状況だったのである。[76]だがそうした重大な必要がほどなくして生じ、議会の招集が決定されると、フィルマーの周辺も騒々しくなり始めた。一六四〇年の春に招集された短期議会において、トウィズデンはケントの州代表の一人として庶民院議員に赴くことになった。華々しく活躍したというわけではなかったが、王への補助金を認める代わりに船舶税の廃止を提案したようである。だが王はこの提案の数日後には突然議会を解散してしまう。ケントでは再び選挙がおこなわれ、次の長期議会ではトウィズデンに代わってデアリングともう一人が議会へと赴いた。[77]デアリングはトウィズデンよりもはるかに積極的に議事に参加した。イングランドで「教皇信奉者」が徐々に勢力を増していっていると警鐘を鳴らす演説をおこない、宗教問題を中心に精力的に改革に携わったのである。

しかし「大抗議文」にまで話が及ぶと、彼も(そしてトウィズデンも)議会についていけなくなる。彼らは「大抗議文」を機にひかれたラインで区分けすれば、「王党派」に属することになったのである。庶民院を離れた彼らは、その外で政治的な活動に従事しはじめた。一六四二年の三月末、メードストンの巡回裁判において、デアリングとトウィズデンがほぼ確実に関与している請願書が提出された。それは教会制度を転覆してしまうことへの懸念を表明し、議会における王への叛逆的な意見の取り締まりを求めるものであった。この請願は政治史上決定的に重要な転機であった。サミュエル・ローソン・ガーディナーは、「もし内乱が不可避となった瞬間をひとつだけ選び出すとすれば、それはケントの請願者たちを犯罪者として処するという三月二八日の投票のときであった」と書いている(78)。

誰よりも「絶対主義的」であったフィルマーは、誰よりも現実の行動に慎重であった。トウィズデンはこの請願のために逮捕されてしまい、一時は帰郷すら許されなかった。ケントで二度目の請願がなされたとき、請願者のうちの一人は、フィルマーの息子エドワードであった。エセックスにいるフィルマーの親戚筋の一部もまた王のために武器を取ろうとしていた。王がノッティンガムで軍旗を掲げたときデアリングはその傍らに控えていた。マーシャムですら王のためにオックスフォードへ旅立っていった。フィルマーは動かなかった。彼はトウィズデンの高額な保釈金の一部を肩代わりした他は、中立を貫くと決めていたようにみえる。彼のマナーハウスは議会軍の略奪に遭い、ケントとロンドンの両方の家は高額な課税の対象とされたが、それでも、武器を隠していると いうおそらく根拠のない密告さえなければ、彼はそのままイーストサットンで暮らすことができたであろう。四三年から少なくとも四五年まで、彼はリーズ城に監禁されている。密告があったにせよ、議会が監禁という措置をとった理由は正確にはわかっていない。わかっているのは、フィルマーの妻アンが彼の解放と所領の維持のために目覚ましい活躍をしたことと、彼がその時間を神学や政治問題の思索に充てたに違いないということだけである。

リーズ城に幽閉された理由として、「このころ王党派を支持」した結果であると言われることがある(79)。これは一般的な態度や議会派の受け取り方の説明としては正しいかもしれない。しかし、もしこれが彼が何か王のために具体的行動をとったという意味に受け取られるなら、これまで見てきた通り誤った説明である。かつこれはフィルマーの子孫が伝えようとした物語でもない。それは、おそらく家族史を簡単にまとめてほしいというアーサー・コリンズの依頼にこたえて、フィルマーの子孫が彼に送った手紙から明らかになる（エドワード・フィルマーが書いたものと思われる）。その手紙では、残っている資料に忠実に、投獄された理由は何も記されず、ただ「一六四四年にリーズ城に囚われ、長期にわたって結石に大変苦しんだ」と書いているのみである。(80) この手紙は、トマス・ウォトンがコリンズの協力を得て書いた『イングランドの準男爵』に、間違いも含めてほとんどそのまま用いられた。だがその際には、「彼は同地のリーズ城に、チャールズ一世への忠誠のために囚われた」と新しい話が付け加えられている。(81) これが第二版になると、この後に、「いくつかの学識ある、王を擁護した論考の著者である」とさらにもう一言付け加えられている。(82) しかし、元の手紙は「彼は以下の著作の学識ある著者である」と述べているだけで、「王を擁護した」とは書いていない。ここでウォトンが不正を犯していると言いたいわけではない。ただ、ここから明らかな通り、フィルマーの子孫が、ロバートの王に対する忠誠を意外なほど強調する気がなかった点は述べておく価値があろうし、また王を支持した結果として投獄されたという記述にも、ある程度の注意は必要だとは言えるだろう。

彼がリーズ城に囚われている間に、当初不利であった議会軍が国王軍を圧倒しはじめた。国王軍と議会軍は、一六四二年の一〇月終わり、エッジヒルで最初の本格的衝突をみせた。結果は引き分けといったところで、これ以降散発的な戦争が各地で繰り広げられることになる。とはいえ、全体として不利な情勢にあったのは議会軍であった。この状況を打破するため、各州の地方主義の緩和や州委員会による徴税強化など、さまざまな状況打開策が模索された。「厳粛な同盟と契約」と呼ばれるスコットランドとの軍事同盟締結もそのひとつである。この同盟によって議会軍は国王軍を北と南から挟撃する形となり、戦況は一変した。クロムウェル指揮の下、四四年七月、議会軍はマーストンムーアで国王軍に大勝し、イングランド北部を押さえることに成功した。だが、その後も統一的な軍事行動をとれなかったことや、議会側内部での抗戦派と和平派の対立が原因となって、国王軍を決定的に追い詰めるまでには至らなかった。和平派マンチェスター伯が、国王は九九回負けても国王だが、我々は一度負ければ皆処刑されてしまうと言ったのに対して、クロムウェルが、ならば一体なぜ戦いをはじめたのか、と詰め寄ったのはこのときである。国王軍の最終的な敗北が明らかとなったのは、そのおよそ半年後、四五年六月のネーズビーの戦いにおいてであった。フィルマーは、この勝利の後に解放されたものと考えられている。その後国王軍は四七年七月に降伏し、第一次内乱は終結した。

著作家としての再出発

リーズ城から解放された後、フィルマーにはせいぜい八年に満たぬ時間しか残されていなかった。しかし彼の著作のほとんどは、この長いともいえない期間に出版された。彼がはじめて公にしたのは、『聖霊冒瀆について』(一六四六/一六四七)と題された神学の論考である。[83] この論考は、小論ながら、著者の幅広い語学能力と、神学に関するかなりの学識を示すものとなっている。[84] フィルマーにとって名誉であると言ってよいだろうが、無記名で上梓された『聖霊冒瀆について』は、ケントの一文士ではなく、本職の神学者の手によるものと受け取られた。彼の名誉にとって不幸だったのは、それゆえこの著作はフィルマーではなく、名の通った神学者ジョン・ヘイルズが書いたものとみなされてしまったことである。ヘイルズ著作集が刊行された際も、後にそれが再刊された際も、『聖霊冒瀆』はヘイルズの作品のひとつとしてそこに収録されている。だがラズレットが(ヘイリンの証言をもとに)[85] これをフィルマーのものと同定した後には、その判断に特に異議が唱えられることはなく、手稿の筆跡からも彼の作品であると裏付けられている。[86]

フィルマーが主題として取り上げた「聖霊冒瀆」とは、聖書の中で、決して許されない罪として言及されたものである。例えばマタイの福音書には「人は、その犯すすべての罪も神を汚す言葉も、ゆるされる。しかし聖霊を汚す言葉は、ゆるされることはない」（マタイ12：31）と書かれている。こうした重要な罪である以上、その構成要件は、本来その他の罪よりも厳密に定められてしかるべきである。にもかかわらず現状はその逆である、とフィルマーは不満を漏らす。カトリック側の代表者としてはベラルミーノが、プロテスタント側の代表者としてはカルヴァンが、この罪について大雑把に過ぎる定義を下していると批判される。フィルマーによれば聖霊冒瀆の罪とは、キリストのなした奇跡に対する誹謗中傷である。「それを奇跡であると心服しておきながら、すなわちこんなことは神の力なしでは不可能だとわかっていながら、悪意をもって、これは悪魔の力によってなされたものだと主張する人々」がこの罪に該当する。(87) だが、もしそうだとすれば、先立って奇跡を目撃していない限り、この罪を犯すことはできない。「聖霊冒瀆の罪は、我らが救い主と同じ時を生きた者でない限り犯しえない罪」なのである。(88) よって現代の人間をこの罪のゆえに非難するのは、聖書の定義から外れる不当な行為ということになる。

一六四七年の終わりから、フィルマーのいたケントでは、第二次内乱へとつながるような新たな策動がはじまっていた。(89) 国王が幽閉されていたワイト島から同地を通ってロンドンへ帰還するという噂が広がり、「神と、国王と、ケントのために」という掛け声が各地で響いた。そうした中、一六四八年四月に、国王と組んだスコットランド軍が北部から攻め入り、新たな内乱がはじまった。ケントでは、議会が恣意的な課税をしているという批判文が署名のために回覧され、各地で事実上の叛乱決起集会が開かれた。フィルマーも、「この州（country）の重大事において、メードストンに〔おける集会へ〕、貴殿にご参加いただきたく、また知恵を拝借したく思います」という、地元の名士の連名で書かれた手紙を受け取っている。(90) もっとも、第一次内乱のときと同じく、フィルマーはこうした実際の行動に非常に消極的で、健康問題を理由に断ったようである。同じ日付で、彼は、ほぼ同じメンバーから、年齢は承知しており、単に参加してほしいのであって、実際に何かしてほしいわけではないというもう一通の手紙を受け取っている。ここには、「私たちは、貴殿の御出席が公共善に大いに寄与すると信じております。この州の東西を問わずすべてのジェントルマンがこの善のために奔走しています。これまでそうしたものを望まれてきた貴殿が、今になって身を引かれることのないよう望んでおります」と、皮肉とも取れる一節が記されている(91)。

実際の行動からは距離をとっていたとはいえ、四七年末からのケントでの動きに応じて、フィルマーが何もしなかったわけではない。彼は四八年に三つの政治的な論説を発表している。ひとつめは、『フリーホルダー』と題された、イングランド法制史についての書物である(執筆は一六四四年までに終えていたと思われる(92))。フィルマーはこの著作において、歴史的事例を追いつつ、イングランドの庶民院は決して自立した存在ではなく、もともとは王の命令によって招集された単なる諮問機関に過ぎないと歴史的に証明しようと試みている(93)。同年の後半にはもうひとつ、『必要性』と題された本が出版されている。もっともこの本をフィルマーの著作と呼ぶのはいくらかはばかられる。というのもこれは基本的にはボダン『国家論』英訳からの、「絶対主義」に都合のよい部分の抜粋集だからである。この二つの著作に挟まれて出版されたのが、本章で取り上げる『アナーキー』である(これも執筆は一六四四年ころまでに終わっていたと思われる(94))。フィルマーは、すでに書かれていた著作を発表することによって、間接的に王党派を支援しようとしたのだと思われる。

『パトリアーカ』から『アナーキー』へ

以下では、『アナーキー』を取り上げ、『パトリアーカ』からの「変化」と「一貫性」を論じたい。見通しを先に述べておくと、フィルマーはこの著作において、ブーンではなく、シドニーの解釈が説得力をもつような形で、自身の思想を「変化」させた(変化に鍵カッコがつけてある理由は、私はあくまで解釈可能性の幅を論じているからである)。このことは、「権力の制限」についても、「政体の種類」についても言えることである。一方でこれは、彼の議論が分かりやすくなったということである。解釈の幅が狭まり、もはやブーン的な解釈は不可能である。だが他方で、この狭まりは、現実政治との関連で、非常に危険な賭けをつづけたということでもある。本節では、こうしたフィルマーの理論と、その現実的インプリケーションを、彼の前後の著作とのつながりの中で把握することを目的としている。

一六四八年に出版された『アナーキー』は、人民の自然的自由をはっきりと否定し、その対応物であるアダムの統治権を力強く擁護した著作である。フィルマーは、個別的な論点に踏み込む前に、まずは総論としてこの点を明確にしている。アダムは世界のはじめから王であった。臣民がいなければ王は王たりえないが、しかし「現実態としてではなく、可能態として、アダムはその創造のときから王であり、無垢の状態においても、彼はその子供たちの統治者」であった(AN: 144-145)。それゆえにアダムの子孫たちに自然的自由は残されていない。このアダムの権限は、「摂理」によって後世へと受け継がれていく。フィルマー曰く、

すべての臣民が王に服従することは、至高の父性に対して負っている義務を果たすことに他ならない。簒奪者の行為によって、あるいは簒奪者を押し上げたものの行為によって、王冠の真の継承者は廃位されることも多くある。神は極悪な人間を代理として利用し、王を取り除き、新たな王をたてるのである。こうした場合には、父権に対する臣民の服従は、神の摂理と歩調を合わせ、それに依拠せねばならない。王国を得る権利を与え、あるいは取り去り、したがって臣民を別の父権に服従させるのは、ただ神のみなのである(AN: 144)。

前章において、『パトリアーカ』では、統治者としてのアダム、その子供の不自由、そして摂理にもとづくアダムの権利の移転といった議論がなされているのを確認した。この引用からも看取しうるとおり、そういった見解は、『パトリアーカ』以後に失われたわけではなく、『アナーキー』にも引き継がれているのである。

こうした共通性を基礎として、フィルマーが批判の相手として選び出したのが、「制限・混合君主制論」であった。「ここ最近、大衆の中で最も卑しい人々の間ですら、イングランドの王国の統治は、制限かつ混合君主制だと答えられない者はほとんどいない」と彼は嘆いている(AN: 133)。問題は、もちろん、「最も卑しい人々の間ですら」そうなのであって、いわんや学識ある人々の間でをや、という状況であったことである。トゥイズデンは、「今日すべてのヨーロッパのキリスト教国の君主たちは、多かれ少なかれ、制限され混合されている」と当然のように記している。[95] 同書の第八章では、「いかなる意味でイングランド王は絶対君主ではないか」が論題として掲げられ、そこでの記述にしたがうなら、当時「あらゆる著作家たちが、イングランドの王たちはフランスの王たちほどには絶対的ではなく、制限あるいは混合君主制以外のなにものでもない」と考えていたのである。[96]

もちろん、混合政体論批判は、『アナーキー』ではじめて登場したわけではない。『パトリアーカ』においてフィルマーは、そのころ人口に膾炙していた(と彼がみなす)フォーテスキュー的な混合政体観に対する警戒心をあらわにしていた(PA: 32)。『パトリアーカ』が内乱に先立つ著作であることと、その後の内乱の経過を考えれば、混合政体論への言及はたしかに慧眼であった。だが慧眼を認めたとしても、内乱を予知する千里眼まで彼に帰す必要はない。というのも、フィルマーが深く傾倒したボダンは、『国家論』において、混合政体論の否定をそのひとつのテーマとしていたからである。[97] ボダンは、伝統的な政体分類に従って、世界に存在しうるのは君主制・貴族制・民主制の三つだけであり、それ以外は存在しないと主張していた。もし主権が分断されているならば、「それは適切には国家と呼ばれるべきものではなく、国家の腐敗と呼ばれるべき」だからである。[98] フィルマーが、『パトリアーカ』において、混合政体論にも一言触れておくべきだと感じたのは、おそらく『国家論』のこうした批判が念頭にあったためと思われる。しかし、もしそうだとすれば、『アナーキー』もまた、装いだけ新たにしてボダン的な批判を繰り返しただけではないのだろうか。

こうした見方には一定の正しさがあるが、しかしそれでもなお、混合政体批判が『パトリアーカ』に存在していたというだけでは、『アナーキー』との差異を埋めるには不十分である。というのも、『アナーキー』においてフィルマーは、混合政体批判を前面にもってくることによって、以前よりはるかに帰結主義的に語るようになっているからである。『パトリアーカ』においては、王はアダムの権利を有するがゆえに、「絶対権力」を行使する権利をもつという点が強調されていた。別の言い方をすれば、王が絶対権力を行使したからといって、それによって王が「暴君」となるわけではないということである。これは議会と王の対立を考えれば理解できる問題設定である。そこでの理論的基調は、そうした権利論であって、「絶対権力」がなくなったならどうなるかという帰結主義的思考ではなかった。彼が問題としていたのは、「アナーキー」の危険というよりは、それまで伝統的に享受されてきたであろうイングランド人の諸特権、彼の言うところの「この王国のマグナ・カルタ」が掘り崩される危険であった(PA: 4)。この諸特権の基礎となる、内乱期と比べた相対的「安定性」は、フィルマーが『パトリアーカ』で真剣に向き合ったテーマではないように思われる。

だが『アナーキー』ではそれが一変し、この「安定性」を前提とすることができなくなった。このタイトルにも掲げられている「アナーキー」という言葉も、実は『パトリアーカ』では一度も使われたことがないものであった。この新たな言葉の導入は、彼の問題設定の相違の指標として理解することが可能である。すなわち彼の狙いが、混合政体論に伴う「アナーキー」への対処であり、彼の擁護しようとしているものがいまや「秩序」それ自体になったことを示している。同時にそれは、自然的自由批判が、この自由はアナーキーをもたらすという観点からなされるようになったことも意味する。同書におけるフィルマーの結論はすでに、ここまで『アナーキー』と略記してきた作品の正式なタイトル――『制限王制または混合王制のアナーキー、あるいは人民の自然的・本来的自由と、王のもつ力の権利、そしてこの王国とその他の王国の君主制の諸基礎についての簡潔な検証。これまで決して論じられなかったが、今日最も必要な問い』――から明らかである。タイトルが雄弁に物語っているように、ここでの彼のメッセージは、王権が制限もしくは他のものと混合されうるという幻想が内乱というアナーキーを引き起こす原因である、より正確に言えば、制限王制や混合王制はアナーキーである、ということである。しかもこれは理論的な未来予想ではない。制限王制はアナーキーだというフィルマーの断定は、理論的にそうであるということと同時に、現実にそうなったという時代診断でもある。だからこそ、「今日最も必要な問い」なのである。

フィリップ・ハントン

当時のパンフレット論争のなかで、フィルマーが選び出した相手は、『君主制論』の著者フィリップ・ハントンであった。フィルマー本人の説明によれば、その理由は、ハントンこそ「制限・混合君主制の性質と種類を徹底して取り扱っており、かつ（私の知る限り）それを説明するという仕事に取り組んだ初めての、そして唯一の人物」だからである（AN: 133-134）。これはマーガレット・ジャッドソンのような、今日の研究者の評価とも大体一致する。[99] ハントンは、王党派－議会派という図式では、パーカーやハールと同じく議会支持者の側に分類しうる。だがその議論は、ファーンのような王党派とも、そしてハールのような議会派とも距離を取りつつ、両方の中間であることを特徴としている。ハントンは、イングランドを混合君主制の国として描き出し、そこには抵抗の有無を決する最終的な判定者が存在しないことをあえて積極的に認め、逆説的ではあるが、それによって、双方の（とはいえ王により多くの）歩み寄りを促している。もちろんこれはハントンの巧みに練られた政治的戦略である。議会派と王党派の双方を極端であると退け、自身の「混合君主制論」をその中間に位置づけることで、あたかも不偏不党の立場から議会支持が引き出されているように感じられるからである。

具体的にイングランド国制の論述に進む前に、ハントンは君主制を分析するために、絶対君主制と制限君主制の区別の明確化をはかる。絶対君主制とは、君主が神以外のいかなる制限もなく、自身の意志だけを最終決定としうる体制である。ハントンによれば、ときにこの体制は暴君による支配として排除されることもあるが、絶対君主制は、それ自体としてみれば特に不正なものではない。たとえば古代の東洋の君主政体や、ペルシアやトルコがその実例である。[100] だがこのカテゴリーに含まれるのは、自身の恣意的意志をそのまま法とするような、分かりやすい「絶対君主制」だけではない。たとえ君主が法による統治を臣民に約していたとしても、その約束を履行させるような外在的保証が存在しない場合、それは「絶対君主制」と呼ばれる。[101] ハントンにとって、この外在的保証こそが、「絶対」と「制限」を分ける鍵である。「制限君主とは、その意志の自由な決意からではなく、外部からその力が束縛されねばならない」。[102] 自由に撤廃しえないような法が存在する場合のみ、その君主は制限されていると言えるのである。

これに続けて、彼は「単純」か「混合」か、という区別へと筆を進める。単純政体とは主権が全面的に一人の人間かひとつの集合体に託されている政体である。アリストテレスに忠実に、ハントンはそのありうる形態として、君主制、貴族制、民主制を挙げている。「最高権威が、この三つのうちひとつに存するならば、どれであれ、統治体は単純なそれとなる」。だがこの三種類の単純政体にはそれぞれ欠点が存在し、その欠点を補うために政体の「混合」がなされるようになった（そう説明する際のハントンの論述の進め方は、言葉遣いまで含めて、ほとんど「十九箇条への回答」の引き写しである）。混合政体は、その三要素のうちどれが同輩中の第一者の地位を占めるかによって、混合貴族制になったり混合民主制になったりもするが、ハントンが現実の問題としているのは、「混合君主制」である。混合君主制とはつまり、一国の最高権力が君主を中心とした混合体に置かれている政体ということである。この政体において、重大事項は、三要素の協働によって決せられねばならない。これは君主の側からみれば、自身の意志を恣意的に行使できない外的な障害があるということも意味する。したがって、「あらゆる混合君主制は制限君主制である」。[103]

『君主制論』の後半部では、この一般図式に照らして、イングランドはいかなる政体なのかが解説されている。ここまでの論の運びから予想がつくように、ハントンにとって、イングランドは典型的な制限・混合政体であった（「十九箇条への回答」がそのひとつの根拠として持ち出される）。混合君主制の国であるということは、イングランドの王は制限された君主である。具体的には、イングランド王は、立法権と課税権をひとりでは行使できない。こうした事柄に関する決定は三身分の集合する議会においてのみ許されている。これに加えて、今日の表現を使えば、安全保障やそれに伴う金銭的負担といった王国全体にかかわる重大事についての決定も、王一人で下すことはできない。したがって、君主が個人として主張している軍事掌握権は、イングランドの国制に照らして認められない。だが今や王はそうした制限を破り、絶対君主制を打ち立てようとしている。議会外で決定された船舶税、アイルランドの軍隊を導入しようという王の企図、議場に乗り込んで強引に議員を逮捕しようとしたことなどがその危険な意志の表れである(104)。

だが制限君主制にせよ、混合君主制にせよ、君主が「外部から」課された限定を乗りこえたと判定するのは誰なのか。この問いに対して、ファーンのような王党派も、ハールのような議会派も、それぞれの立場から答えを出してきた。だがハントンに言わせれば、そのどちらもが極端に走っており、制限・混合君主制の本質を理解できていない。一方でファーンは、君主に制限を課しつつ、結局最終判定権を君主に任せてしまっている。結果として彼は絶対君主を支持しているに等しい。「混合的な統治を意図し、しかもすべての判断の最終的決議を一人に任せるというのは、まさにその意図に矛盾することなのである(105)」。だが他方で、混合君主制とは議会主権とは区別されねばならない。議会を最終判定者とするハールの立場は、この観点から退けられる。すなわち彼は、君主に制限を課しているというよりは、君主制であることを否定してしまっているのである(106)。こうして、ハントンの手によって、右には絶対君主制支持者、左には民主制あるいは貴族制の支持者という構図が描き出される。だがどちらとも「制限・混合君主制」というイングランドの国制ではない。

この問いに対するハントンの答えは、法的あるいは制度的な裁定者は存在しないというものであった。君主、貴族院、庶民院のどれが最終決定権を有するのかを制度的に決めることは、混合政体を単純政体に解消してしまうことである。君主が最終判定者ならば絶対君主制であり、議会がそうならば民主制あるいは貴族制である。したがって混合政体においては、法的な裁定者はいない。というより、存在してはならない。最終的な判定者は国制の外部に求められねばならないのである。[107] ここで彼は「共同体」をその判定者に設定する。君主が制限を超えた行為をしているという議会の告発が正しいかどうかを決める権限は、議会そのものに内在しているのではない。議会は「人類一般の良心、とりわけその共同体に属する人々のそれ」に訴えをなし、自分たちの大義を、もはや統治が存在しないかのように、共同体に向けて表明せねばならない。逆に訴えがなされた人々は、「その良心が証拠によって説得されたならば、力の限り援助を与えるよう義務づけられる」[108]。

混合政体である限り、限界事例としてのアナーキーを想定せざるをえないというハントンの発想は、実は誰よりも「十九箇条への回答」の国制観に忠実である。既述のとおり、この文書の著者たちは、混合政体は三要素のバランスが崩れるとアナーキーになってしまうがゆえに、これ以上の君主大権の縮小は危険だと議会に向けて警告していた。ハントンはこの論理を踏襲し、現在のアナーキーを混合政体によって回復するためには、双方の歩み寄りが必要であると説く[109]。議会は譲歩して、王について議会を離れた者たちを再度議員として遇するべきである。君主もまた、民兵条例をはじめとする議会の決定に拒否権を発動することを控え、その決定を自身の同意をもって裁可すべきである。だが双方に妥協を提案しているとはいえ、ここでより多くの譲歩を要求されているのは明らかに王の側である。内乱の最終的な引き金となった軍事掌握権をあきらめろと言われているのは、結局のところ、議会ではなくチャールズなのである。こうしてハントンは「十九箇条への回答」のロジックをなぞって、しかも全く逆の政治的結論を引き出すことができた。ハントンの『君主制論』は、「十九箇条への回答」の差出人と名宛人を入れ替えた脅迫文なのである。

議会派のロジックによる絶対君主論

「制限・混合君主制」であれば、それはアナーキーであるというフィルマーの診断は、制限君主制でも混合君主制でも生じうる限界事例において裁定者は存在しないというハントンの『君主制論』から大いに示唆を得ている。ハントンを読むことで、フィルマーは単に他の王党派が拒絶していた「混合君主制」だけではなく、彼らが支持していた「制限君主制」もまた不可能な政体であると気づいたのである。ハントンは「抵抗の権力が臣民の手になければ、統治のあらゆる区別や制限は空虚であり、すべての形態は絶対的恣意的なものへと還元される」ことになろうと述べていた。[110] フィルマーの絶対君主制論は、まさにこのハントンの議論を正確に反転させたものである。制限・混合君主制には常に、君主がその限界を超えたらどうするのかという問いが付きまとう。[111] だがもしその答えとして、国制外の判定者を持ち出さねばならないのだとしたら、そしてその判定者がハントンの言うような各人の「良心」なのだとしたら、それはアナーキーを支持しているに過ぎないのではないだろうか。制限・混合君主制においては、最終的に、「万人が自分自身の良心に照らして君主に反抗するか否かを決めねばならないということになる(…)さて私も全人類の良心に問うてみたいのだが、この終着点は完全なる混乱でありアナーキーではないだろうか」(AN: 153-154)。

制限・混合君主制がアナーキーなのだとすれば、今述べたように、ありうる君主制の候補は「絶対君主制」だけである。したがって、われわれは「すべての君主制は、絶対的かつ恣意的であると結論」せねばならない(AN: 160)。

恣意的権力なしに統治されることを望むのであれば、自分たちを誤魔化していることになる。いや、というより間違っているのだ。問題は恣意的権力が存在するべきか否かではない。そうではなく、誰がそれをもつべきなのか、一人なのか多数者なのかということが唯一の問題なのだ。法を作る権力なしに統治された人民などこれまで存在しなかったし、そもそも存在するはずがない。そして、法を作るあらゆる権力は恣意的なのである。というのも、法に従って法を作るというのは自己矛盾(*contradictio in adjecto*)だからである(AN: 132)。

君主制であれば王は絶対君主である。絶対君主であるとは王の意志が法になるということである。王の意志が法になるとは、王が恣意的権力を有することである。ゆえに君主制であるならば、制限もなければ混合もない。あったとすればそれは君主制ではないか、アナーキーを主張しているかのどちらかである。

この単純な主張から、彼と同時代人との関連について二つのことを理解できる。第一に、制限・混合君主制をアナーキーとして全面的に退けると宣言した以上、『アナーキー』は単に議会派に対する攻撃ではなく、同時代の王党派からの「独立宣言」でもある。(112)一方で議会派の多くは王の「絶対性」と「恣意性」を等号で結び、それによって絶対君主を否定していた。他方で王党派の論客も、ジェームズが「原初的君主」を拒絶したのと同じ理由によって、基本的には「絶対君主」にほとんど常に批判的に言及していた。ときに「絶対性」が好意的に用いられることもあったが、その場合は「恣意性」と区別されていた。絶対性と恣意性を並べ、しかも好意的に王に帰した点で、フィルマーは他の王党派と一線を画している。(113)フィルマー本人も明らかにそのことを意識していた。『アナーキー』の直接の論敵がハントンであることは先に紹介したとおりだが、それとともに彼は王党派のヘンリー・ファーンにも批判的に言及しているからである(AN: 133)。

第二に、この一節から理解できるのは、フィルマーが、王党派よりは、むしろパーカーやハールといった議会絶対主義派の設定した土俵に、思い切りよく飛び乗っているということである。パーカーやハールは、個人が自分自身に対する絶対権力を有するように、一国もまたそうした権力を有するのであり、その恣意的権力の置き場として、議会以上によい場所はないと弁じていた。これに対して王党派は、王かそれとも議会かという選択を避けようとしていた。穏健王党派のブラモールは、パーカーの議会絶対主義を、まるで子供のわがままだといって非難する。王には王の権限が、議会には議会の権限があり、そうした権力制限によってイングランドはこれまで繁栄を享受してきた。しかるにパーカーは、「「カエサルか無か」どちらかになろうとする」。すなわち「すべての権力か、まったく権力をもたないか、だ。ちょうど小さい子供のようなもので、望みのものを欲しがるときは、すべてのものを放り投げて泣きわめく」[114]。王党派が「あれかこれか」式の二者択一を退けたのは、彼らもまた、王個人か議会かどちらか一方を選べという形で問いが設定されてしまえば、後者の方が優位に見えると知っていたからであろう。

フィルマーにはほとんどそうした実践的考慮はみられない。彼は最も単純な理屈だけを追っていった。もしイングランドが君主制だとすれば、王個人がカエサルでなければならない。さもなくば無である。フィルマーにとって、ハントンが「絶対的と呼ぶ以外の種類の君主制など存在しない」。これが意味するのは、ハントンや穏健王党派が「文明的王国」の観点から拒否していた絶対君主制を、彼は何らかの形で擁護せねばならなくなったということである。先に見たように、文明的王国論には、それを支えるいくつかの柱があった。第一に、東洋的と西洋的という地理上の区別である。絶対君主制とは東洋的なものであって、自由な西洋人には不適切な政体である。第二に、時間的な意味で「原初的」なのかそれとも「安定した」君主制なのかという区別である。この区別は、イングランド国内に即してみれば、征服王として絶対権力を有したウィリアムと、徐々に制限を受け入れることによって安定した現代の制限君主制との違いとして現れる。第三に、イングランドにおいて、その発展の中心にあるのは「議会制度」だという確信である。この三つを土台として成り立っていた文明的王国論をフィルマーは全面的にひっくり返し、そうする過程において、彼はいくつかの革命的主張をすることになる。

絶対君主制を擁護するために、フィルマーはまず「東洋」の評価を変えようと試みた。地理区分の厳密さはともかくとして、自由なヨーロッパと専制的なアジアといった対照の方法は、周知のように、ヘロドトスの『歴史』にすでに現れている。ルネサンス期以降もそうした評価にほとんど変化はなく、違いと言えば、トルコの残忍さが追加された程度である。内乱期のイングランド人が西洋の体制を誇り、東洋の絶対君主制をそしったとき、彼らが下敷きにしていたのもこの図式であった。そしてフィルマーが破棄しようとしているのも、まさにこの伝統的な図式なのである。彼は『パトリアーカ』においても、東洋の君主制をもともと比較的好意的に扱っていたが(PA：25)、『アナーキー』ではさらにそれがはっきりとしている。ここでフィルマーは、評判の悪いトルコやペルシアの君主制だけではなく、「ユダヤとイスラエルの君主制も、彼が東洋の君主制と呼ぶものの数に勘定して理解せねばならない」と指摘することによって、「東洋」から軽蔑的な響きを消そうと試みている(AN：146)。

地理的区分に基づくものだけではなく、彼は時間的進歩にもとづく「文明的王国」もまた退けている。これはヘンリー・パーカーとの対比でみるとわかりやすい。パーカーは、最高権力の監視がいかに困難なものであったか――「そもそも誰が監視者を監視するのか」――を歴史に即して論じている。君主を無力にするというのはもっとも簡単な解決方法であるが、しかし失われてしまうものも少なくない。後のロックとも共通する見方とも言えようが、そうしてしまえば、君主が悪をなす危険はなくなるとしても、逆に善をなすことも不可能になってしまうからである。そうした両極端をさまよっていた「世界の幼年期」から抜け出し、穏当な君主制を構築する進歩の過程で、古代のスパルタのエフォロイやローマの護民官制度が発達した。しかしこれらの仕組みができた後も、今度はその制度を巡って騒乱がやむことはなかった。そうした欠点を克服し、しかも君主制の利点を損なわない制度こそ、イングランドにあるような「議会」なのだとパーカーは指摘する。議会にはもちろんいまだに欠点も多いが、しかしそれ以外の解決策よりははるかに優れたシステムなのである(115)。

フィルマーはこの一文に対して、まずはパーカーが「恣意的あるいは絶対的な統治が、世界の最初期のものであり、そして最も安全なものであった」と承認していると喜んでいる。だがフィルマーは、それが「世界の幼年期」にしか当てはまらないとするのはおかしいと不満をあらわにする。パーカーは「幼年期」と呼ぶが、しかし、エフォロイという制度ができたのは世界が始まってから三〇〇〇年以上経ってからである。だが三〇〇〇年以上も未成年期が続くとは「不合理」な想定である。このフィルマーの反論にそれほど説得力があるとは思えないが、ここで重要なのは、彼が時間の経過とともに統治が進歩するという想定を受け入れていないという事実である。この想定がイングランドに適用されると、君主制が洗練され「文明化」への道を歩んだという歴史観の拒絶へとつながる。「征服あるいは別の権利によって絶対的恣意的権力をもっている君主が、自発的にその絶対性を放棄し、人民が彼に与えてもよいと思う程度の権力を受け入れ、そして人民がこれで統治してくれと選んだ法を受け入れる」などという想定は成り立たない（AN：150）。もちろん議会は存在している。だが議会の特権は権力に参加したり制限したりすることではない。「議会の特権は王の下賜である」[116]。

時の経過による君主制の性質の変化を否定し、あらゆる君主制は絶対的かつ恣意的であると主張することによって、彼は当時の暴君排斥論を、独自の手法で退けることができるようになった。一般的に、抵抗権論者は「上位の者に従え」というパウロの命令と抵抗権論とを整合的に解釈する必要に迫られていた。そのときのひとつの解釈が、人民との宣誓を破り恣意に流れた君主はもはや君主ではなく暴君であり、暴君は「上位の者」ではないので抵抗してもかまわないというものであった[117]。たとえばハーバート・パーマーは暴君の権力が神からきたという主張を断固として退け、武力抵抗を擁護する。「彼らの権力それ自体が、すなわち人民を治めるために命令や強制をおこなう十分な権威が、神からきたものであったとしても、彼らの暴政は、定めや認可によって神からきたものでは決してない。ゆえにこれに対して武器をとって抵抗したのだとしても、その者は神の定めに抵抗しているのではなく、定めの違反に抵抗したにすぎず、不合法なことなどなにもない」[118]。彼は、この「暴君」と「絶対君主」とを交換可能な意味で用い、絶対君主の神性を完全に奪い去っている[119]。

絶対君主＝暴君という等式と、それに基づく抵抗権論が急速に勢力を拡大している事態に、フィルマーもまた気づいていた。「ここ最近、法によって制限されない恣意的あるいは絶対的君主は暴君と同じものであり、一人の人間の意志によって支配されることは奴隷になることであるといった主張が多くの人物によってはばかられずになされている」と彼は不満を吐露する(AN: 147)。立憲王党派ならば、議会や制定法を中心とする権力制限がなされていることを根拠に、そもそもイングランドの君主は絶対君主ではないと反論するところであろう。また『パトリアーカ』の彼であったならば、父としての自然法を破らない限りは暴君とは呼べないと反論したであろう。既述のように、君主は「父の自然法」によって、その「臣民の土地、財産、特権や生活を守る義務」を負っていると彼は述べていた(PA: 42)。またその文脈で、フィルマーはジェームズによる君主と暴君の区別に好意的に言及することもできた。無論これを口実に叛乱を認めるわけではないとしても、暴君というものが存在しうるということは彼にとっても前提となっていた。

しかし『アナーキー』において彼の持ち出した根拠は、そもそも暴君など存在しないというものであった。君主が必然的に無制限の権力をもたねばならないとするなら、あらゆる君主は「暴君」とならねばならない。ならば君主を暴君と呼んでその価値を貶《おとし》めるのは筋違いである。かつて『パトリアーカ』において彼は絶対権力を認めつつ、なお君主が暴君になることがありうると信じていた。たとえば彼はネロやカリグラを暴君として数えていた(PA: 29, 31)。これに対して『アナーキー』では、暴君というカテゴリー自体が否認されるようになったのである。フィルマーによれば、英語での「暴君」にあたる言葉や概念は、ヘブライ語には存在しない用語であり、存在すると思っているのは、古い英訳の誤訳のせいである。アリストテレスもボダンもウォルター・ローリーもみなそれぞれ異なった定義を提示しており一致しない。「暴君とは何かを定義でき、そして、この世界にかつて存在した人間の中で、誰かひとりでもこの定義に照らして暴君と呼びうる者がいるのか」をぜひ知りたいものだと、『パトリアーカ』での自分の発言を忘れたかのように、フィルマーは言う(AN: 147-148)。『アナーキー』においては、ネロやカリグラも登場せず、父の自然法による制限が言及されることもなくなる。こうしたフィルマーの主張の含意は明らかである。抵抗の対象となる暴君はどこにも存在せず、それゆえ、「暴君」放伐と単なる君主への叛乱とを区別する基準は存在しないのである。

『アナーキー』の困難

「文明的王国」の系統的否定、暴君というカテゴリーの排除、そしてそれに伴う絶対的かつ恣意的権力を有する君主像といった『アナーキー』の議論は、フィルマーの「一貫性」を説く歴史家にとっては、フィルマー主義の表現上の、あるいは適用上の違いとして処理される事柄であろう。だが私がここまでのまとめとして主張したいのは、ブーンの解釈を手掛かりとして『アナーキー』を読む限り、あきらかにこれと『パトリアーカ』の間には、解釈可能性の幅の違いが存在しているということである。先に見たように、ブーンは『パトリアーカ』の中で、ある種の権力制限論が説かれていると理解していた。それゆえに、ブーンの『パトリアーカ』解釈は、フィルマーがおこなったのは、そのように読まれる可能性の完全な排除である。『パトリアーカ』で彼が想定していたかもしれない王権の像、あるいは後の人間がそう読むことができる王権の像は、同時代の王党派の言説と合わせて批判の対象となった。フィルマーが本当はどう考えていたのかという問いは、他の場合はどうであれ、ここでは有意義な問いではない。もしかしたらフィルマーは、はじめから、本当は、『アナーキー』と同じように考えていたのかもしれない。私はこれを否定しているのではない。否定しているのは、『パトリアーカ』と『アナーキー』が同じ読解可能性の幅を有するという主張である。そしてこの相違点の存在が意味しているのは、フィルマーはたしかにここでひとつの選択をしたということであり、さらにこの選択が意味しているのは、これによって、前章の終わりに見たブーンのフィルマー解釈ではなく、シドニーの解釈がより説得力をもつようになったということである。

だがそれによって別の問題も生じることになった。ここまで見てきたとおり、彼は『アナーキー』で絶対権力理論を磨き上げ、抵抗の不合理性だけではなく、混合政体や制限君主制もまとめて攻撃していた。こうするにあたって彼が使ったのは、王党派ではなく、むしろ議会派のロジックであった。だがこの議会派のロジックで磨き上げられた剣は、誰が持つべきなのだろうか。前節でみたハールやパーカーは、議会が国民を代表するという理論や、議会が国という人格の「理性」にあたるというアナロジーを用いて、議会主権を正当化していた。ハントンは、混合政体論という出発点から、少なくとも現在の問題に関しては、議会に有利な結論を説得的に展開しえた。翻ってフィルマーの『アナーキー』には、そうした考察がほとんどみられない。言うまでもなく、彼が、イングランドは君主制の国であり、したがって絶対君主制の国であると考えていたことは明らかであり、『フリーホルダー』で展開されたような歴史観がその確信を支えていたと考えても差し支えないだろう。問題は、そうした歴史観を背景としていたであろう『アナーキー』が、現実に存在しているチャールズ一世への不信に向き合うことなく、また王の「十九箇条への回答」をまったく説明できなかったことである。だからこそフィルマーの著作は、ある王党派によって、「害毒に溢れた本」であって、「人民の心を王や君主への敵意で満たすために、反君主の党派によって孵されたコカトリス」だと非難されたのである(121)。もちろんこれは現代のわれわれが同書の理論的達成を測る上では無関係な基準である。だが当時の実践的説得力を測る上で、これらは決定的に重要な欠点となる。絶対権力は必要かもしれない。だがなぜそれをチャールズに任せねばならないのか。

結果としてフィルマーは、再び「神の意志」に頼るしかなかった。フィルマーは、『アナーキー』の中で、「統治の権力や権利だけでなく、統治権力の形態、そしてその権力をもつ人間、これらはすべて神が定めたことである」と高らかに宣言する(AN: 144)。ここで言われている統治形態とは君主制のことである。なぜなら、アダムが神から受け取ったのは、単なる権力ではなく、君主的権力だったからである。よって、われわれは君主制以外の政体を、「神の定めに背いた」ものとして扱い、それらは「不法であると言い渡すべきである」(AN: 139)。たしかに彼は『パトリアーカ』においても、同じ根拠に基づいて、権力一般は神の定めたものであるが、特定の政治形態は人間の選択にまかされているという、「新規の広くみられる区別」を攻撃していた(PA：7)。だがそのときは、君主制だけに神の承認を許していたわけではない。ローマの共和政体は「それ自身を超える摂理によって、奇蹟的に栄光に包まれ保持されていた」とフィルマーは譲歩せざるをえなかったし(PA：26)、さらには「一時的には民主的」であったことも認めざるをえなかった。だが『パトリアーカ』ではなく、『アナーキー』の説明に従うなら、共和制ローマは神の意志に逆らった不当な政体だということになるだろう。つまり、フィルマーは「権力の制限」だけではなく、「政体の種類」に関しても、シドニーの解釈に接近しているのである。

だがまさにシドニーの『パトリアーカ』解釈に合わせるかのように理論を「変化」させたがために、前節で述べたフィルマーの理論内部での緊張関係がここで顕在化することになった。貴族制や民主制から神性を剝奪することで、フィルマーは君主制だけを正当な統治形態であると擁護する。だがこのようにして君主制を正当化することは、よしんば戦略的には有用であったとしても、彼の理論の中では矛盾を引き起こしてしまう。君主制はこれまで存在していた統治形態のひとつに過ぎない。だが理論上アダムの権利が存在しているのは、決して君主制だけではないはずである。というのも、彼本人の披露する歴史観にしたがえば、「法を作る権力なしに統治された人民などこれまで存在しなかったし、そもそも存在するはずがない」し(AN：132)、「統治権力なしの政治社会(civil society)など想像もできない」からである(AN：145)。しかも、ボダン的な主権者とフィルマーのアダムの権利保持者が違うのは、後者が神に認められたという以外の正当性をもたないということである。さらに悪いことに、前章で述べたとおり、フィルマーにとって神が認めたか否かの判断基準は、事実として統治をおこなっているということ以外に存在しない。

容易に見て取れるように、ここで彼は剣の刃渡りをおこなっている。神が認めた結果としてアダムの権利をもっているはずの民主制や貴族制が、実は神の意志に反していると言っているのである。この困難が表に現れるのは、『アナーキー』でのヴェネツィアやオランダの扱いである。おそらく『パトリアーカ』のフィルマーなら、この二つはローマと同じく望ましくはないが正当な政体と説明しただろう。だがいまや彼はこの二国にほとんどまともな位置づけを与えられなくなっている。『アナーキー』においては、君主制だけが神の認めたものである。そして「君主制の下に暮らしている人々が、自分たちの政体を神の定めであると正当化できるのならば」たとえ別の政体の下で暮らす人々が同じように正当化できないとしても、遠慮なく「自分たちの政体が正しいものであると主張」すればよい。「他国人には勝手に自分たちの正当化をさせておけばよい」(AN: 139)。これはほとんど、見たくないものには目をふさぐと述べているに等しい。フィルマーはここで、アダムの権利論と共和制の関係を完全に考察の外に置き、それによって、イングランドの絶対君主制を擁護しようとしているのである。君主制だけが正しい政体であると主張したい。だがそれを擁護する方法として導入した「神の意志」が、彼の元々の理論構造と摩擦をおこす。

その摩擦から生じた熱は、『アナーキー』出版から一年も経たぬうちに発火点を超えることになった。神の意志に逆らったとして、「血塗られた男」チャールズ・ステュアートが処刑されたとき、フィルマーの理論的困難は頂点に達したのである。

4 王なき時代の忠誠──エンゲイジメント論争と『服従指針』

共和国の成立

チャールズ一世は、その政治的手腕をどう評価するにせよ、最後は「悲劇の王」かつ「殉教者」としての役割を見事に果たして舞台を降りた。もっともここにも大いに議論の余地があるのは事実である。伝統的な解釈では、裁判が始まる前からチャールズは死を覚悟しており、その覚悟にしたがって勇敢にふるまったのだとされていた。だがショーン・ケルシーは、巷間通用しているイメージとは逆に、「国王弑逆《しぎゃく》は(…)その逆を目指した裁判の偶然の結果であった」と捉えている。[122] 裁判前どころか、処刑の判決を下したあとになってすら、軍の高官をはじめ、ほとんど誰もが処刑の執行に及び腰であり、強硬な態度をわずかでも改めさえしていたならば、おそらく国王の責任は不問に付されただろうというのである。この観点からすると、チャールズが振り返って凛とした国王にみえるのは、彼が張らなくてもよい意地を張った結果だということになる。

しかしその過程はともかくとしても、実際に彼が「殉教者」のように見えるのは事実であり、最後の日にはまさにそういうものとして死を迎えようとしていた。処刑当日の朝、彼は「今日が私の二度目の結婚の日だ(…)夜を迎える前に、私は祝福されたイエスの花嫁となっているだろう」と語った。[123] 処刑台のまわりに集まった臣民たちへの演説もまたそれを強調するものだった。「もし私が恣意的なやり方へと舵をきっていたのならば、剣の力によってすべての法を変えてしまっていただろうから、私はここに立っている必要はなかったであろう。ゆえに、諸君、私は人民のための殉教者なのであり、諸君らがそれを非難されぬよう、神に祈る」[124]。この言葉をもって彼は世界への別れに代えた。たしかに「もしシェークスピアがこの頃まで生きていたら、必ずこの王の生と死を材料にして悲劇『チャールズ一世』を書き下ろした」だろう[125]——そしてミルトンはもっと苦労しただろう。

そうした雄々しい姿が民衆の記憶に焼き付いていたとしたら、その後の政治を引き受ける人々が向きあわねばならなかったのは、裁判の時のチャールズの言葉であったに違いない。チャールズ一世は、以下のようにしてその裁判の正当性を問い質《ただ》していた。

> 私がいま確信しているのは、今日の裁判が神の法によって正当化されるものではありえないということである。というのも、まったく反対に、旧約聖書によっても、新約聖書によっても、王に服従することの根拠ははっきりと示され、さらには厳格に命じられてもいるからである。次にこの国の法に関してであるが、私は先ほどにも劣らず、学識ある法律家は王に対する弾劾がありうるなどとは決して認めないと確信している。

裁判はすべて、王の名の下で行われるのである。（…）加えて、あなた方の裁判の根拠となる法は、古来のものか新しいものかのどちらかでなくてはならない。古来のものであるならば、それを示してみたまえ。新しいものであるならば、この国の基本法によって保障されたいかなる権限によってそれが作られたのか、そしていつ作られたのか、答えたまえ。(126)

たしかにこれが問題だった。もし裁判にすら正当性がないのだとしたら、その後に成立した共和政府の正当性など問うも愚かということになろう。新しい政府はあきらかに、何らかの方法で正当性を調達せねばならなかった。(127)すでに君主制を廃絶してしまっている以上、過去に頼った正当化は不可能である。(128)古来の国制原理によって内乱初期は議会の支持者であったウィリアム・プリンも、国制の大改革にことがおよんで、すでに議会の批判者となっていた。だからといってクロムウェルを中心とする新政府は、いわゆるレヴェラーズが提案していたような、「構成原理」としての社会契約を採用するつもりもなかった（ほどなくしてレヴェラーズは政治から排除される）(129)。結局、新政府の正当性は、ラディカルさを大いに減じた「解釈原理」としての社会契約——大澤麦の表現を借りると、逆立ちした『人民協約』——によって確保されることになった。(130)すなわち、すでにデ・ファクトで成立してしまった政体への宣誓という手段によって、である。この宣誓ははじめ国務会議のメンバーだけに要求されたものであったが、徐々に範囲が拡大され、最終的にはイングランドの全成人が宣誓文書への署名を要求されることになった。(131)

どれほどラディカルさを減じたのだとしても、実際に署名をしたならば、たしかに同意を表明したことにはなるだろう。そこで問題は、果たしてこれに署名し、新政府に従ってよいのか否かであった。ここで生じたのが「エンゲイジメント論争」と呼ばれるパンフレット論争であった。基本的な論点は二つあった。ひとつめは、一般論として、それまでの統治形態を転覆してしまった共和国に服従するのは許されるのかどうか、そして許されるとしたらいったいなぜなのかである。ふたつめは特殊イングランドの問題とかかわっている。内乱勃発後の一六四三年に、イングランドの議会はスコットランドとの間で「厳粛なる同盟と盟約」を締結していたが、この同盟の文書がいまや論争の中心となった。というのも、そこには、「王の人身」を守るという一文が存在していたからである。しかしもしそこで王を守ると誓っていたのだとしたら、王を処刑した共和政府に従うことは、神の前で申し開きのできる事柄なのだろうか。二つの論点を巡って、フランシス・ラウスやアントニー・アスカムを中心とする「臣従派(engager)」と、エドワード・ギーに代表される「反臣従派」が論戦を開始した。「良心の世紀」たる一七世紀の中でも、もっとも良心が問われる事態になったわけである。

フィルマーの問題の消失?

一六四九年の王の処刑と共和国の成立が多くの同時代人を戸惑わせたのとは逆に、フィルマーにとっての問題はほとんどすべて解決してしまったかにみえる。いまや内乱は終了し、フィルマーを悩ませた制限・混合君主制もそれとともに消滅した。ある王党派の歴史家は、憎しみを込めつつ、イングランドは「うまく混合された君主制から寡頭的な合法化された暴政」に堕してしまったと書いている。[132] 多少緩やかな意味にとれば、これは内乱期王党派の多くが受け入れられる記述であり、かつどうしても避けたいと思っていた結論である。しかしフィルマーの場合は同日の談ではない。この一文に『アナーキー』流の翻訳をほどこせば、ここで述べられているのは単に、アナーキーから貴族制へ——混合君主制はアナーキーであり、暴政は存在しないのだから——変わっただけだということになる。そして『パトリアーカ』での原理に従えば、貴族制だからといって反対すべき理由もない。もはやここにアナーキーは存在していない。ならば、新たに成立した共和政府に従ってはならない理由もまた存在していないかに思える。

それを裏書きしているのは、新たな政府への臣従を勧めた「臣従派」の面々と、これまでのフィルマーの発言を比較してみたときの、その驚くほどの類似性である。[133] まず目につくのは、「平和」や「秩序」への度重なる訴えである。フィルマーはそれによって王に対する服従を要求していたわけであるが、いまやそれは共和政府に対する服従根拠として使われるようになっていた。[134] 先に名を挙げたアスカムは政府の目的として「安全と保護」を挙げ、[135] それを果たしてくれる政府は何であれ、たとえ正当ではないとしても、服従義務はあるとした。[136]『リヴァイアサン』とともに帰国したホッブズにとっても、新たな共和国は服従に値する存在であった。なぜなら「リヴァイアサン」だけが、人間をかの悲劇的な自然状態から救い出してくれるからであり、一度内乱という「死」を体験したリヴァイアサンを蘇らせたのが、この共和国だからである。

国家の目的たる秩序を実現する力を有しているなら、為政者がどのようにしてその地位についたのかを問う必要はない。なぜなら権力の地位にあるという事実が、神の「摂理」による後押しを受けている十全たる証拠だからである。マーチャモント・ニーダムにとって、どんな政治体制も崩壊や変転を免れえないのであって、それは受け入れるより他にない政治の条件である。[137] ノルマン征服以来のイングランドの体制が「神の摂理」の許す限り存続したように、この共和国も神の意志にそって存在しているのである。[138] ラウスはさらに直截《ちょくせつ》に摂理によって共和国を正当化している。

> 誰に従うべきかと問うとき、権力をふるっているのは一体何者なのかとか、権力に至る道が正しかったのか間違っていたのかとか、どのようなやり方でそれを行使しているのかといったことを詮索してはならない。ただ、誰が権力をもっているのかだけを問うべきである。というのも、もしある者が権力の点で抜きんでているのだとしたら、その者は神の権力を得ているという点に、もはや疑いはないからである。[139]

こうした「臣従派」の摂理論と、フィルマーの摂理主義的なアダムの権利論との近接性は詳述するまでもない。

ロックが後に批判していたように、フィルマーの神授説の実践的含意は、「統治への権利が、ケイドやクロムウェルといった人の手中にある」ことすら認めざるをえないものだったのである。

最後に「恣意的権力」に関する「臣従派」とフィルマーの類似性についてである。『アナーキー』において、あらゆる統治は「恣意的権力」によってなされるのであり、それがなければアナーキーになると警告されていた。だがいまやこれもまた、先の二つと同じく、共和政府への服従を勧める人々が積極的に利用する理屈となってしまっていた。ジョン・デュアリーは、「現在の権力が恣意的であるという良心の痛み」と題された小見出しの下で、この理由で共和政府への服従をためらう人々を安心させようとしている。といっても彼の説得は簡潔である。共和政府が恣意的権力を有しているという批判は、事実の指摘としては正しいが、「一国の立法権がそれ以外のありかたで存在することは不可能」なのだから、共和政府を貶めるのは筋違いである。「立法権は恣意的であらざるをえない」(140)。共和政府への服従を勧めたアルベルトゥス・ウォレンも、『アナーキー』を思わせる調子で、「問題は、われわれやその他国民が恣意的権力によって統治されるべきか否かではない」と断定した。恣意的権力はどこかに存在せねばならない。だから、真の問題はその権力が「誰の手にあるべきなのかだ」(141)。そして、いまやその権力は共和政府にあるのだから、われわれは共和政府に従うべきだと読者に説いたのである。

こうした「臣従派」とフィルマーの類似性は、「反臣従派」の代表者であるエドワード・ギーの目には明白であった。ギーはエンゲイジメント論争のさなかに摂理主義的な共和国擁護論を徹底して攻撃していた。もし簒奪や征服によって生じた政府を無差別的に「摂理」と認めるのであれば、一方であらゆる暴君が正当化され、他方であらゆる叛逆は成功すれば神の意志ということになってしまう。その帰結は、あらゆる存在する統治の不安定化である(142)。ギーがこの論点を数年後、大著『世俗為政者の神的権利について』にまとめあげたとき、彼はフィルマーの『アナーキー』を挙げて、そこで述べられているのも、結局はこうした摂理論に過ぎないと批判した。フィルマーの理屈によれば、「王冠を真の継承者である者(ゆえにその権利をもつ者)から奪い取り、不法な侵攻者の手に与える摂理」によって、「父の権力」もまたその侵攻者の手に落ちることになってしまうからである。しかしそうだとすれば、結局、正当性を問うことが全く不可能になってしまう。「彼が自然的な権利と簒奪された権利を区別するとき、その区別はなんと空虚なことか」[143]。

この鋭い批判はたしかに『アナーキー』の論法がすぐさま新たな共和国支持につながる危険性を浮き彫りにしている。だが、『アナーキー』の可能性はそれだけではない。マルコ・バルドゥッチは、臣従派のアスカムの『統治の混乱と変転について』に追加された第一一章と第一二章が批判的に検討しているのは、実はフィルマーの『アナーキー』なのだと指摘している[144]。その部分の記述によれば、アスカムはまず「最初の君主は自然に基礎づけられて」おり、「彼は自然的に真の公共の為政者あるいは国家の父であった」と認めている。モーセの第五戒はこうした父すなわち為政者に対する服従を意味するものと解されねばならない[145]。しかしながら「これは今日、世界の諸国民がいる状態ではない」。そうした状態はすでに失われてしまっており、今日の為政者への服従は父権からではなく、ホッブズ的戦争状態から脱するための「政治的契約(Civil compact)」から生じていると考えねばならない[146]。もしこれがフィルマー批判であるというバルドゥッチの読み方が正しければ、アスカムの目には、ギーとは逆に、『アナーキー』が、新政府への服従の妨げと映っていたということになるだろう。たとえ正しくなかったとしても、フィルマーが『アナーキー』において、君主制だけが神の意志にかなう統治形態だと主張していたのは揺るがぬ事実である。これを突き詰めれば、フィルマーはアスカムと違って、新たな共和政府への批判者として現れることになるだろう。

アスカム的解釈とギー的解釈を並べてみてわかるのは、結局、フィルマーが新たな共和政府に対してどんな態度をとったのだとしても、それは『パトリアーカ』からも『アナーキー』からも、自動的に決定されるようなものではなかったということである。彼はここでもまた、ひとつの選択をせねばならなかったのである。その最大の原因は、王の処刑前にフィルマーが抱いていたひとつの構想が、いまや両立不可能な二つの目的へと分断されてしまった点に求められる。フィルマーは『アナーキー』において、秩序の回復に必要な処方箋を書いた。だがその秩序回復をなす主体として彼が前提としていたのは、イングランドの主権者たる君主であった。王の処刑はフィルマーにこの前提と目的を再考させることになった。彼の目指していたものが、同時に得られる可能性が潰《つい》えたのである。この時点で、秩序の維持と君主制の復活は、事実上、相反する要求である。たしかに十余年を経た後の王の帰還は、暴力的「反革命」とは程遠い出来事であった。それが思いのほかスムーズに進んだため、後世の人々は、ここに神の摂理を見出した。イングランドの叛乱が神の摂理によって静かに終わりを告げたように、フランス革命もそうなるであろうとジョセフ・ド・メーストルは読者に請け負った[147]。王政復古は、メーストルが嫌った暴力的「反革命」ではなく、まさに「革命の反対」であった[148]。だが彼の摂理的視点が未来予想としてはほとんど機能しなかったように、王の処刑を同時代人として体験した人々は、静かな終息など予想だにしなかったであろう。亡命中のチャールズ二世を本気で呼び戻そうと思えば、ほぼ不可避的にもう一度内乱を招くことになる。今ここにある一応の秩序を維持しようと思うなら、共和政府に忠誠を誓うことが最善の道だということになるだろう。しかしそれは君主制を完全に放棄することも意味するのである。

臣従か、抵抗か

この難問に対して、彼は最終的に、一六五二年出版の『服従指針』において、簒奪者が「真の統治者」を害さない限りという条件付きで、「簒奪者」への服従を勧めるという答えを出した。次のように書いたとき、フィルマーが、読者に反省を求めているのか、それとも自身の行動を悔いているのか、容易には決めがたい。

> 統治の座についた者だけが簒奪者なのではなく、自分たちの合法的な主権者に援助を与えなかった者も、生まれてこのかた自分を守ってくれた統治者を破滅させるための手助けを、私的奉仕によって、財産によって、

あるいは助言によって、提供した者も、同じように簒奪への参加者なのである。(…)たしかに保護と服従が相互的であるというのは当然であり、ゆえに前者がなくなれば後者も消え去るのであるが、しかし同じく覚えておくべきは、長期間平和的な統治の保護の下で生まれてきた人間は、自分をこれまで守ってくれた統治を保持するために援助を与える義務を負っているということである(DO：285)。

フィルマーはここで、今からでも遅くないから「真の主権者」たるチャールズ二世に積極的援助を与えるべきだと主張しているわけではない。むしろ反対に、現政府には可能な限り従うべきだという方がフィルマーの答えに近い。だがそこには限界がある。その限界を定めているのが、真の主権者としてのチャールズ二世の存在である。『服従指針』は、すなわち、現政府への服従を基調として、その服従に限界を課す最後の砦として「真の統治者」を置いているのである。統治者たる者は、臣民の破壊ではなく、保護を願っているはずである、とフィルマーはチャールズ二世の心の内を忖度している。[149]ゆえに「われわれの服従が、被支配者の保護を目的とし、真の統治者の破滅を目的としていないのであれば、簒奪者に従うことでわれわれはなにより真の上位者に従っている場合もあるのだ、と言うこともまったく不適切だとはいえないだろう」(DO：285)。本人の心情を反映してか、もって回った言い方になっているが、チャールズへの服従の余地を残しつつ、基本的には現政府に従うべきだと彼が考えているのは明らかだろう。

これはたしかに君主制の回復を期待しつつ、現状の秩序を肯定するという意味で、両者を調停しうるひとつの回答であるが、[150]実に驚くべき主張でもある。第一に、フィルマーがあたかも当然のように保護と服従の相関関係を語っているという点である。それまでの著作では一度としてそうした見解が表明されたことはなく、むしろ相互関係で政治を考える危険性が繰り返し警告されていた。この保護と服従という概念のセットは、(先にも触れたように)臣従派の理論家がしばしば用いていたものであるが、[151]フィルマーが直接依拠しているのは、『リヴァイアサン』ではないかと思われる。よく知られているように、ホッブズは同書の末尾で、「ただ人々の前に保護と服従の相互関係を示すという意図だけをもって」これを著したのだと述べている。[152] 現代の歴史家ジョン・ウォラスはこうしたフィルマーの論法を目にして、かつてギーがそう考えたように、その主張は「臣従派」と完全に同じであると結論づけた。ウォラスはもちろんフィルマーが服従に条件を付けたことを知っている。だがこの条件も、彼に言わせれば、自身の良心を満足させるためのものに過ぎず、実質的な意味は何もないのである。[153]

しかしながら、ふたつめの、真に驚くべき部分は、実はこの「条件」にかかわっている。ここまで追ってきたフィルマーの思考方法を思い出せばわかるとおり、彼の政治思想に「条件的服従」を語る余地は存在していなかった。ゆえに彼はここで、それまで自身の政治思想には存在していなかったカテゴリーに訴えて問題の解決を図っているのである。結果として、これまでの解釈者は、ここにフィルマーの、ほぼ唯一の変化(あるいは自身の「簒奪論」へのためらい)を見出してきた。[154] ゴードン・ショーシェットは、こうしたフィルマーの現実への対応と、これまでの彼の政治原理との対立を見出し、かつフィルマーが原理を放棄したと結論づける。[155] 彼のアダムの権利の移転論は、簒奪を含むあらゆる継承方法を認めることを前提として成り立っていた。この家父長論を通じてみる限り、共和政府成立後、チャールズ二世をクロムウェルより優先すべき理由は何ひとつない。臣従派の多くが指摘していたように、どんな王朝であれ、元を辿れば簒奪や征服にもとづいているからである。クロムウェルとチャールズ二世もともに「簒奪者」であるとすれば、この二人を分けるのは、後者が「時効」によって正当化されているという程度のことでしかない。しかし時効をもち出すとすれば、アダムの権利自体が失効するはずである。チャールズ二世への忠誠と、フィルマーのそれまでの原理が対立関係にあるために、原理と忠誠の板挟みとなったフィルマーは、最終的にチャールズを優先した。「サー・ロバートは自身の原理の一貫性よりもはるかに、処刑された王とその正当なる後継者の権利に身を捧げた」のである。[156]

ショーシェットはフィルマーの「原理」と「希望」の対立を適切に描き出している。問題は、しかし、ショーシェットが考えるほどフィルマーの「原理」は簡単に消え去っているわけではなく、したがって「原理」放棄することで実践的解決を図ったという解釈は成り立たないということである。次節でみるように「条件的服従」を勧めた『服従指針』においても、そして一六五二年の他の著作においても、フィルマーはアダムの権利の不滅性を説いてやまない。それだけではなく、彼は「時効」による正当化も思い切りよく投げ捨てている。アダムの死後にその権利は失われたという主張に対して、彼はいつもどおり、「父の権力は決して失われることはない。委譲されたり簒奪されたりすることはあっても、失われたり、消え去ってしまうことはない」とコメントを加えている。アダムが与えられた権力は神的な権限であって、「神的権利は死ぬことも、失われることも、取り去られることもない」のである(DO：282)。

フィルマーがチャールズ二世に対する忠誠の可能性を模索しているのだとしても、「アダムの権利」の放棄によってそうしたわけでも、「時効」の採用によってそうしたわけでもない。ではいかにして彼はこの任務を遂行したのか。フィルマーの思想の中に共和政府を拒否しうる理由を探しだすとすれば、そのアダムの権利論と緊張関係にあった、君主制のみを神の望みとする『アナーキー』での主張である。この主張をそのまま現状に適用すれば、共和政府よりは、チャールズ二世を擁護することができるだろう。だがそうだとすれば、いま成立している政府は一体何なのか。こうして彼は、自身が『アナーキー』で抱えていた難問――アダムの権利と神の意志の緊張関係――を何としても解決せねばならなくなった。われわれにとって理論的解決を要求するようにみえる問題であっても、それが実践的意義をもたない、あるいはその理論家がわれわれにとって必要であると思うような一貫性をはじめから目指していない場合、その著者にとって矛盾を「解決」する動機は存在しない。(157)『アナーキー』でフィルマーは君主制以外の統治下にある人々に対して、「他人には勝手に自分たちの正当化をさせておけばよい」と言っていた。この時、彼が先に述べたような「矛盾」を自覚していたかどうかすら定かではない。だが、王の処刑と共和政府の成立とともに、今やこれが自分たちの問題になってしまったのである。そしてこれが、フィルマーにかつての「矛盾」を自覚させる契機となり、これを解決する実践的な動機を与えることになった。つまり、現実の政治状況に対して適切な応答を作り上げるという試みは、彼にとって同時に、『アナーキー』での「矛盾」を解決する試みでもあったのである。これがなされたのが、『アリストテレス論考』や『統治起源論』といった同時期に発表された論考である。

5 フィルマーの苦境――『アリストテレス論考』と『統治起源論』

共和主義とその敵対者

もし王の処刑以前に、王がいてはならないと主張する共和主義者がほとんど存在していなかったのだとしても、(158)処刑後にはすぐさま非妥協的な共和主義を称揚する文献が続々と現れた。ヘンリー・ロビンソンやジョン・クックは、それぞれ世俗的根拠と聖書の記述を根拠として、君主制が劣ったものであり、かつ神の意志に反する制度と力強く論じている。(159)おそらくかなり早い時期から共和制にシンパシーを抱いていたジョン・ミルトンも、(160)これらの世俗的・宗教的な反君主制論の両方を取り込み、チャールズ一世の処刑をいち早く糾弾したサルマシウスに徹底して反論した。エンゲイジメント論争においてはそれほど熱狂的な共和主義者にみえなかったニーダムもまた、その数年後にははっきりと共和主義者と呼んでよい議論を展開するようになっていた。(161)

こうした「情念の共和主義者」たちと並んで、ジェームズ・ハリントンやジェームズ・ハウエルのような、「君主国の喪失という不可避の現実を受け入れながら、その一方で秩序の回復を目指し、共和国の文明化という困難な課題」と格闘していた(言ってみれば)理性の共和主義者たちも存在していた。(162)そのために用いられたのが、ヴェネツィアの政治分析を通じて、現在のイングランドを安定させる方途を探るという手法であった。とりわけハウエルは長大な『ヴェネツィア論』において、その安定性と平和、およびそれを可能にした外交手腕を称賛している。この国は「ヨーロッパの争いを調停し、それが火種となって公共の平和を掻き乱さないよう鎮静化させ、さらには共通の敵であるトルコ（ヴェネツィアの隣国の一つである）を利することを防ごうとした」。この国は、「強国間の相違の調停者（Mediatrix）」として平和を実現しているのである。[163] この理念はとくにイングランドの統治を担う者たちの心をくすぐるものであったに違いない。かつて一六世紀のトマス・ウルジーについて、その当時のヴェネツィア大使が、「キリスト教世界の裁定者と称えてやるほど彼を喜ばすものはない」と本国に書き送っており、[164] 前章で見たように、ジェームズ一世もまた、「国王が和平の真の裁定者であるという意見を広めたがっている」と再びヴェネツィア大使によって報告されていたのである。[165]

しかしながら、あるべき共和制のモデルを他国に求めるハウエル的な方法は、反共和主義者たちが逆立ちさせて利用したものでもあった。すなわちオランダやヴェネツィアといった共和国を悪しざまに描き出すことによって、それと同じ体制になってしまったイングランドの体制をも批判するということである。無記名のパンフレット『ホラントとイングランドという二つの叛逆的国民の短評』はその一例である。この著者は、オーウェン・フェルタムの『低地諸国についての簡単な解説』の記述をそのまま使って、そこに元は存在しなかったイングランドの悪評を付け加え、二国の危険な類似性を示そうとしている。[166]『短評』の著者は、たとえば、オランダの宗教と税金を手厳しく非難する。オランダはあらゆる宗教が寛容されてしまう国であり、結果として「彼らは真の宗教以外のすべてを認めている」。日常生活における税金もひどいものである。だがもちろんこの著者の目的は「毒蛇のねぐら」アムステルダムの嘲笑ではなく、「悪魔の聖者たちの住処」ロンドンがさらに悪いと教えることである。[167]

同じ方向性の批判は、しかし、このパンフレットに先立って、トマス・ベイリーによってさらにまとまった形で提示されていた。早くも一六四九年、彼は『諸王に与えられた王としての特権』を出版し、そこで聖書の事例を中心としつつ、新たな共和政府を念頭に置きながら君主制の優越性を証明しようと試みている。いくぶん聖書から引き出された政治学という趣のある同書であるが、その第一四章は、「世界に自由国家(Free-State)など存在しない」という命題の証明に充てられている。彼はここで「自由国家」とは何かと問うことから筆を起こし、それにつづけてルッカ、ヴェネツィア、オランダといった具体例の検証へと議論を進める。ルッカは当時著名な「自由国家」のひとつであり、ホッブズも「自由国家」の代表例としてこの都市を挙げている。だがベイリーがここに滞在したとき、最初に目にしたのは「大変な重税と法外な権力や恣意的政府への苦情が蔓延している」様子であった。これはヴェネツィアも大差ない。この国も失策によって戦争へと巻き込まれ、そのために人も金銭も一切の補塡なく徴用されてしまっていたのである。最後に述べられるのは、それまでの「自由国家」の欠点を濃縮したようなオランダである。第一に「神の名が知られた国民の中で、ここほど宗教と疎遠な国はない」。ユダヤ人にも異教徒にも寛容を与え、すべての宗教を包摂した結果として、彼らはまったく宗教をもっていないに等しい状況にある。第二に、ここほど税金が高い国もない。「もしトルコ人やタタール人がこの国民を征服したとしても、彼らは決して、オランダ人がそうしているほど高い税金や税率を課そうとはしないであろう」。しかしもちろん、先の無記名著者と同じく、ベイリーの目的も他国の揶揄ではない。「残念なことだが、オランダはイングランド人を映した鏡と言わねばならない(168)」。

統治のない共同体

一六五二年に出版されたフィルマーの『アリストテレス論考』は、こうした反共和主義文献のひとつとして理解することが可能である。彼が取り上げた同時代の共和国は、先の二人がそうしていたように、オランダとヴェネツィアであった。フィルマーは反共和主義者たちにとってなじみのテーマを繰り返す。すなわち、共和国は税金が高いという批判である。オランダは宗教的自由の獲得と税金の軽減を求めてスペインと戦った。だがその結果として「キリスト教世界の中のすべての宗教と、世界中のどこよりも高い税金を手にしたのだ」とフィルマーは皮肉を言う(AP: 271)。出典は記していないが、彼はかなり具体的に課税品について紹介している。税金の高さという点ではヴェネツィアも負けていない。「その税率ときたら、どんなキリスト教徒でも、ヴェネツィア人の下で生きるより、トルコ人の下で生きたほうがましだというほどだと言われている」(AP: 273)。こちらの国でもまた、民衆は細かい品目ごとに課された高率の税に苦しんでいる。

オランダやヴェネツィアは、宗教についても、他国の手本となるとはとても言えない。オランダは、いま触れたように、高い税金とともに、あらゆるセクトを内に抱え込む分裂した国になってしまっている。オランダがこの意味で「すべての宗教」を有しているとすれば、ヴェネツィアは「無宗教」で名をはせている。だがこの二つに事実上大した違いはない。共和国が鼻にかけている自由とは、こういった「誰もが好きな宗教をもってもよいし、宗教をまったくもたなくともかまわない」という敬神とはほど遠い状況のことである。フィルマーが政治と宗教のあるべき関係に言及することは驚くほど少ないが[169]、その例外のひとつがこの共和国批判の文脈でなされている。オランダとヴェネツィアはどちらも、「聖職者を統治にかかわらせないという点で一致している」。しかしながら、フィルマーによれば、「モーセの法以前、その法の下で、そしてその後の時代でも、あらゆる君主国においては、未開人、ギリシャ人、ローマ人、異教徒、トルコ人、インディオのどれもが、聖職者たちに彼らの法を委ねるほどに、その職にある者を尊敬し崇拝していた」(AP: 257)。ここからは、オランダとヴェネツィアに対する批判とともに、フィルマーが、聖職者が政治に携わることを当然視している様子が透けて見える。

最後に「平和」についてである。オランダが平和を享受していないのは自明だとフィルマーは断言する。オランダは対スペイン戦争などで、事実上一〇〇年近く戦争を続けている国なのである(AP: 271)。これとは対照的に、ヴェネツィアに関しては、フィルマーはその対外的平和を承認せざるをえなかった。しかしその平和の第一義的要因は、政治の巧みさにではなく、地理的な優位に求められるべきである。かつその平和も、戦争のほうがましではないかと思われる状態で維持されているに過ぎない。フィルマーはここで「平和」を、戦争がない状態というよりは、心の平穏として定義し直している。この都市の人々は、敵軍に包囲されてしまった都市に生きている人々よりも、さらにひどい恐怖にさいなまれて生きている。他の人との交わりを断ち、これ以上ないほどの猜疑心をお互いに抱きつつ生活するのがヴェネツィア人である。「このような惨めな恐怖が続くところで、平和の内に生きているとは言えまい」(AP: 272)。

クッティカは、ヴェネツィアやオランダというターゲットの選定自体は不思議ではないとしつつも、こうしたフィルマーの反共和主義の手法のオリジナリティを強調する。[170] だがここまでの比較から分かるように、フィルマーの攻撃は、さほど独自性のあるものではない。もちろん個別的な点での違いはあるが、宗教や税金、そして戦争など、取り上げられたテーマは基本的に同じであり、その論法も特段目新しいものではない。むしろここで注目すべきは、フィルマーとその論敵との関係ではなく、フィルマーの内部における、この批判とアダムの権利論との関係である。実は、ここでなされたような批判を、フィルマーは『アナーキー』の難点を克服するために用いているのである。

フィルマーは、『アリストテレス論考』を、アリストテレスの考えと称して、六つの否定的命題を提示して締めくくっている。

一、君主制以外の統治形態は存在しない。二、家父長的でない君主制は存在しない。三、絶対的あるいは恣意的でない君主制は存在しない。四、貴族制や民主制といったものは存在しない。五、暴政などという統治形態は存在しない。六、人間は自由に生まれついてはいない(AP: 281)。

この六つの命題を、これまでの著作と比べてみよう。人民の自由に対する考え方や君主の権力の特質に関する見解は『パトリアーカ』と、そして権力の絶対性や暴政に関する考え方は『アナーキー』と同じである。ここで目を引くのは、「君主制以外の統治形態は存在しない」と「貴族制や民主制といったものは存在しない」という二つの命題である。この統治形態についての考え方も、一見それまでと変わっていないかにみえる。だが、実はここでの発言と『アナーキー』までの発言とには大きな違いがある。彼は『アナーキー』において、統治者の数によって政体を君主制、貴族制、民主制に分けた上で、君主制だけが神に認められた制度であると主張していたものの、一度として君主制以外の政体の存在を否定したことはなかった。たとえばアリストテレスに依拠しつつ、スパルタは制限君主制ではなく貴族制であるとはっきりと述べていた(AN: 166)。しかし『アリストテレス論考』に至って、民主制や貴族制が神の意志に反すると言われるのではなく、民主制や貴族制は存在しないと言われるのである。それでは――前節と同じ問いであるが――いま取り上げた、オランダやヴェネツィアは一体どう扱うべきなのか。

『アナーキー』においては、他国のことは他国の考察に任せておけばよいといって問題を回避していたが、『アリストテレス論考』において、フィルマーはこれに正面から向き合うようになった。フィルマーはまず、前提として、「人民は社会(society)の中で共に暮らし、お互いを助け合い、しかもいかなる統治形態(any form of government)の下にもいないことも可能である」と主張する(AP: 256)。ロックではなくフィルマーを市民社会論の先駆者と考えたくもなるが、それに先立つ『アナーキー』においては、「統治権力なしの政治社会(civil society)など想像もできない」と言われていた(AN: 145)。しかもそれは、堕落以前の人間を論じた文脈においてであった。彼によれば、天使が神に服従しているのと同じく、罪を犯す以前にも、イヴはアダムに服従していた。たしかにその頃には悪を処罰する「強制的権力(*coactive* power)」は存在していなかったが、善へと導く「指導的権力(*directive* power)」は存在していた。だから統治は「罪によってもたらされた」というのは間違いである。

堕落以前の人間にすら統治が存在するといわれていたにもかかわらず、なぜ、統治なくしても社会がありうるといえるようになったのだろうか。それを可能にしたのは、消極的にはホッブズ批判を通じて得た着想、積極的にはアリストテレスのポリス論である。フィルマーは、『統治起源論』において、ホッブズの自然状態観に異を唱え、そんな状態が存在するとしても、それが必ず戦争状態にならねばならない理由はないと言う（OG：188）。世界に食料や土地が絶対的に不足しているなら、たしかにホッブズの言うとおりかもしれない。だが、事実は逆で、神は人間に争う必要もないほど多くの食料と土地を与えたのだから、「真に自然な状態の下で、戦争に至る絶対的必然性があるわけではない」（OG：188）。これは、ホッブズを打ち負かすにはいささか迫力不足だという印象は免れない。だが、この批判をきっかけとして、フィルマーは統治の意味を再考するに至った。共通の権力による統治がなくとも、戦争状態にはならない。もしそうであれば、統治がなくとも共同で「ただ生きる」ことは可能となるだろう。

人は統治がなくとも「ただ生きる」ことは可能であり、そして（アリストテレスが言うように）「統治とは単に生きるためのものではなく、善く有徳に生きる」ためのものだとしたら、統治が存在する国と、統治が存在しない国とを分ける基準は、その国の人間がよく生きているか否かに求められねばならない。フィルマーによれば、「善く有徳に」とは、（アリストテレスとは違って）「神に対しては宗教、人に対しては平和」が保たれた状態の下で生きることである（AP：256）。先に見たフィルマーのオランダやヴェネツィアに対する攻撃は、このアリストテレス風の区別に接続され、それらの共和国には統治がないという結論が導きだされるのである。フィルマーのオリジナリティを求めるとすればここである。オランダもヴェネツィアも「宗教」が不十分にしか実践されていない国であり、敬虔とは称しがたい状態にある。加えて、オランダは対外的な戦争の連続によって、ヴェネツィアは対内的な平穏の不在によって、どちらの国にも「平和」は存在していない。オランダとヴェネツィアは、アリストテレスの「善く有徳に生きる」という条件を満たしていないがために、そこには共同生活は存在しているが、統治が存在しないとされるのである。

ホッブズの「受容」

このアリストテレスを利用した統治不在論を、ホッブズの代表理論を下敷きにしたフィルマー流の代表制論が支えている。フィルマーとホッブズの問題意識と、その結論の類似性はしばしば指摘されてきた。フィルマーは「主権者の権利を論じているホッブズ氏の『市民論』と『リヴァイアサン』を読んで少なからぬ満足を得た」と書いている(OG: 184)。他方、共通性をもちつつも、フィルマーがホッブズの理論構成を難じたこともまたよく知られている。[171] その要点は、ホッブズの自然権論は、ホッブズ本人も認める家父長的主権論という「土台」と取り替えて初めて、その上に建つ「絶対主義」が安定するというものだと理解されている。これ自体は完全に正しいのだが、結果として両者は、批判した者とされた者という関係でのみ理解され、フィルマーがホッブズを読んでどういった理論的材料を手に入れたのかという点は等閑視されてきた。先にも「保護と服従」について、フィルマーがおそらく『リヴァイアサン』の「総括と結論」を転用したのだろうと指摘しておいたが、もうひとつ、ホッブズを利用することによって、理論的基調がはっきりと変わった箇所がある。それがフィルマーの「政体の種類」の分析である。

フィルマーは、『統治起源論』の中で、ホッブズの代表制論に、[172] 次のような論評を加えている。

ホッブズ氏は、存在する統治形態はただひとつであり、それは君主制であると考えていたように思える。というのも、彼はコモンウェルスを単一の人格(one person)と定義しているからである。そして、人間の合議体、つまり「すべての人間がひとつの同じ人格に真に結合したもの」について、このように結合した群衆のことを、彼はコモンウェルスと命名する。彼は群衆を単一の人格へと作り変えることで、「リヴァイアサン」つまり高慢な子供たちの王を生み出す。そして、彼はコモンウェルスという人格は一人の君主であると結論を下すのである(OG: 193)。

これを読む限りでは、国家論を政体論に還元してしまう形で、フィルマーがホッブズを（意識的か否かはともかく）誤解しているのか、それとも正確に理解した上で、（『リヴァイアサン』の扉絵を思い出しつつ）彼なりの表現をしているのか、どちらとも決め難い。だが『アリストテレス論考』では、フィルマーはこれと対応する形で、しかも今度は自身の積極的な議論として、ホッブズ的「君主制論」を展開している。フィルマーによれば、

統治されるとは他者の意志あるいは命令に従うことに他ならない。人間の内にある意志が統治するのである。通常複数人の意志は、大抵の場合一致せず、多くの場合相反している別々の目的や利益に従ってバラバラになっている。しかし合議体の多数者の意志が結合し、ひとつの意志に一致したのならば、人間の数の観点からみればそれは民主制とか貴族制とか呼ばれるが、そこには多くの意志がひとつになった君主制が存在するのである。統治するのは、多くの身体ではなく、群衆のひとつの意志あるいはひとつの魂である（AP: 254）。

一見すると、ホッブズの代表制論をそのまま利用したかにみえる。それゆえ、民主制や貴族制も主権をもつ限りにおいて「君主制」と表現され、認められているかに思える。だが話が進むにつれて、フィルマーの「君主制論」とホッブズのそれとの乖離が徐々に鮮明になってゆく。

フィルマーはここで、実は、通常の意味での君主制以外を否定しているのである。いわゆる貴族制や民主制の場合にも、一時的にはひとつの意志、ひとつの君主制ができあがることはある。彼が認めなかったのは、合議体が全体として、統一した意志をもち続けるという擬制である。「統治されるとは他人の意志または命令に従うことに他ならない」。だからフィルマーにとって、合議体の中で少数派になってしまった人々は、統治しているのではなく、統治されているのである（AP: 255）。合議体の構成員は、議題によって、それぞれ賛成したり反対し

たりする。そのため、それぞれの議題がもち上がった時、統治者と被治者は変化する。変化するがゆえに、ひとつの統治、ひとつの「君主制」が続くのは、ひとつの議題に関して意見が一致している間だけである。だから、合議体によって「統治」されている人々は、実は、「いかなる時も、自分が何らかの統治形態の下にいるとは言えない。というのも、一語が発せられるより短い時間に、すべての統治は始まりそして終わるからである」(AP: 255)。

このいくぶん読者を戸惑わせるフィルマーの民主制と貴族制の否定から、しかし、一六五二年にフィルマーが一体何をしたかったのかを明瞭に見て取ることができる。『リヴァイアサン』の代表制論は、ある意味でフィルマーに非常に魅力的な選択肢を提示している。ホッブズの代表制論は、共和政府を「単一の人格」が統治する「君主制」として表現する手段を提供しているのであり、これをうまく利用すれば、『アナーキー』の原理を矛盾なく新たな状況へと適用できたはずだからである。すなわち、ホッブズのロジックを借用し、形式上は共和国であっても、国家には必ずひとつの意志が存在し、その意味ではすべて君主制であるという方向へと議論を展開させれば、『アナーキー』における、君主制だけが神の意志という主張とも両立可能な形で、共和国の存在を理解できるようになったはずなのである。しかも、フィルマーが保護と服従の相関関係に言及していたことを考えるなら、そうなる可能性も十分にあった。

だからこそ、フィルマーがそうした進路を遮断した意味は大きい。理論的一貫性をわかりやすく達成するホッブズ的論法は、その代償として、共和政府の完全な正当化という政治的帰結をもたらす。フィルマーがホッブズ流の解決を退け、代わりに採用したのは、いま紹介したような、流麗とは評しがたい論法であった。だがこちらの場合は、どれほど理論的にはぎこちないものとなったとしても、チャールズ二世への忠誠の余地を残すことは可能になる。もしどこかでフィルマーが共和政府への全面的支持という選択を捨てた時点を設定せねばならないとしたら、彼がこのホッブズ的代表制論を採用しないと決めたときだということになるだろう。

君主制以外の統治形態は存在しないという主張は、当然のことながら、いったいイングランドはどう扱うべきなのかという疑問を惹起する。フィルマーは、アリストテレスを論じつつ、君主制の崩壊とともにイングランドは、「軍人支配(stratocracy)」になったと示唆している(AP: 247)。これは当時のヴェネツィア大使の報告とも合致する。それによれば、「ロンドンの平和は、四方八方を巡察する兵士によって保たれている」[173]。だが市民の「服従と沈黙は恐怖によるもので、愛によるものではない」[174]。先に見たとおり、フィルマーにとって、この保たれている一定の秩序と、統治者の正当性の関係こそが一六五二年の時点で解決せねばならない問題であった。

『アリストテレス論考』から引き出せるフィルマーの結論は、オランダやヴェネツィアと同じく、イングランドもまた、現状では、統治形態をもたない社会だということである。軍人支配によって、たしかに一定の秩序は保たれているかもしれない。しかしこれはあくまで統治のない社会に過ぎず、そして統治のない社会であるからには、その社会において、神に認められた真正なアダムの権利は存在しない。これによってフィルマーは『アナーキー』での難問を解決することができた。彼はそこで君主制のみを神の認めた政体としていた。だがそれによって、アダムの権利という理論に矛盾が生じてしまった。しかし『アリストテレス論考』のように、存在しうる政体を君主制に限定すれば、アダムの権利をもっているのは君主制のみであると主張することができる。もちろんフィルマーは明示的にそう主張し、共和政府の権威を完全否定したわけではない(実際、王党派パンフレットの出版検閲および罰則があったことを思えば、それはかなり危険な試みとなっただろう[175])。しかし、『アリストテレス論考』と、その補遺として同書の末尾に付されて出版された『服従指針』が、もし単なる不条理を述べているわけではないとすれば、これ以外の解釈は難しい。イングランドという地域は、いまや軍人たちによって支配されている。平和を維持するために、条件付きで彼らに従うことは不当ではない。しかしアダムの権利が失われたわけでも、彼らの手に落ちたわけでもない。この権利を有する「真の統治者」が国外に存在する。ゆえに服従にはその統治者を害さないという「条件」が課される。理論的達成という観点からみたとき、この結論が称賛に値するとは言えまい。だがたしかにこれは、過去の著作の理論的矛盾と現実的困難に直面したフィルマーの、ひとつの選択であった。

翌一六五三年、フィルマーはその生涯を閉じた。クロムウェルが「護国卿」に就任したのは、その年の暮れであった。

6　なぜ『パトリアーカ』は結局出版されなかったのか
――フィルマーの思想的「変遷」と「一貫性」

「あなた様の父君にあられます我が最良の畏友の死を受けて、私の喪失感がどれほどのものか、同じような境遇を体験した者以外には想像すらつかないでしょう」。フィルマーの死後、ピーター・ヘイリンは、その息子エドワード・フィルマーにこう書き送っている。

彼の会話は丁寧で、彼の論考は理にかなっており、ほとんどの学問に関して下す彼の判断は正確で、そして教会に対する彼の献身は彼に似つかわしいものでした。他のいかなる仲間といるときより、彼といるとき私は幸福を感じたものです。傲慢に陥らず安んじて言えることですが、われわれは喜ばしい意見交換をともにしただけではなく、神の家を友人として歩いたのです。(…)もし彼がパトリアーカと呼ばれる優れた論考が公になることを望んだのであれば、政治を教える偉大な人々に、他のあらゆるものが不必要になるほどの満足を与えることができたでしょう[176]。

フィルマーの人柄と政治的見識をたたえるヘイリンの手紙の一部は、一六八〇年に出版された『パトリアーカ』

の序文として再録されることになった。もちろん、そのとき人々に「他のあらゆるものが不必要になるほどの満足を与えること」ができなかったのは、周知のとおりである。

しかしなぜ生前フィルマーは『パトリアーカ』を出版しようとしなかったのか。この問いに答えることで、第I部のまとめにかえたいと思う。書き上げた直後出版しなかった理由は単純なものであった。ヘイリンの言では、フィルマーは「この優れた小論を出版し、国民を喜ばせるのは彼の生きている間にはふさわしくないと考えた」とされているが、[177] しかしヴェッカーリーンの覚書から判明したように、フィルマーは出版しなかったのではなく、許可が下りずに出版できなかったのである。チャールズ一世が『パトリアーカ』を読んだ上で判断したのかどうかはわからないが、もしそうだとすれば、その理由のひとつは（多くの歴史家が主張しているとおり）、明らかに『パトリアーカ』が絶対主義的だったからである。同書がもし出版されていたら、それは間違いなくメインウェアリングと同様に、王の側にいくらか面倒を引き起こしたであろう。

ではなぜ内乱がはじまってからこれを出版しようとは試みなかったのか。ヴェッカーリーンの覚書の発見によって、この本来問われるべき問いが等閑視されるようになってしまったようにみえる。とはいえ一貫性を重視する解釈者たちの観点からすれば、『パトリアーカ』の完成度の低さがその説明となるであろう。アレンもデイリーも『パトリアーカ』は未熟な作品であると考えており、ショーシェットはより明示的に「『パトリアーカ』の議論は断片的であり、そのほとんどの着想は、フィルマーの後の著作において十分に発展させられた。これが、彼が元々の論考の出版をためらった理由の一部である」と論じている。[178] 他方で、クッティカのように、著作ごとの違いを重視する立場からすれば、おそらく攻撃対象の変化が不出版の理由のひとつだということになるだろう。『パトリアーカ』は「愛国的君主」のイメージを彫り上げた政治的家父長主義の作品であって、これは君主に抵抗して祖国に殉ずるといった思考の持ち主に対して、祖国に殉ずるとは王に従うことと同義だと教えるために書かれたものである。だとすれば『パトリアーカ』は、混合政体論批判としても、「父」がいなくなってしまった共和制期にも、有益な理論とはなりえないであろう。

しかしながら、ここまでの論述の結論として、私はどちらとも違った理由を提示できるようになったと思う。権力の制限や政体の種類といった観点から、フィルマーの複数の著作を比較検討することによって理解できるのは、『パトリアーカ』が有している解釈可能性の幅は、一六四八年の『アナーキー』とも、一六五二年の『アリストテレス論考』とも異なっているということである。ブーンとシドニーの『パトリアーカ』解釈から明らかになったように、ひとつの解釈しか許さないようにみえる同書ですら、いくつもの読み方が可能だったのであり、『アナーキー』の執筆は、そのブーン的な読み方を不可能にする行為であった。別の言い方をすれば、この時点で『パトリアーカ』を公にすることは、『アナーキー』の出版と矛盾する意味を有する行為だということである。王が処刑された後に『パトリアーカ』を出版できない理由はよりわかりやすい。王の処刑後に『パトリアーカ』を出版すれば、それはクロムウェルに対する完全なる支持を意味することになったであろう。これは『アリストテレス論考』の目的とまったく一致しない。どれほどぎこちない論法だったとしても、存在しうる政体を君主制に限定した『アリストテレス論考』は、そうした全面服従を自分の過去の議論から導き出さないための、フィルマーの意識的選択であった。私はここでフィルマーの胸中あるいは頭の中に変化が生じたと言っているわけではない。もしかしたら『パトリアーカ』の時点で、すでに彼は暴君などありえないと信じていたのかもしれないし、ステュアートの血を引く君主以外を認めるつもりはなかったのかもしれない。『パトリアーカ』をそう読むことも可能であり、実際ほとんどの場合そう読まれてきた。だが『パトリアーカ』に開かれていた可能性はそれだけではなかった。そしてこの事実が、フィルマーがたとえ同じことを信じ、同じことを考え、同じ生活を望み同じ希望を抱いていたのだとしても、彼に別の本を書くことを要求し、ゆえに『パトリアーカ』は出版されなかったのである。

フィルマーはこうして『パトリアーカ』を出版せぬまま人生に幕を下ろした。この人生における「選択」の結果として、彼は「アダムの権利」を自身の政治理論として後世に遺すことになった。ここから先、フィルマーはいかなる選択をすることもない、選択するのは、この遺産を受け取った後世の人間である。ここまで確認してきた通り、アダムの権利という理論構成は、最終的に彼の政治的希望と容易に両立するものではなくなっていた。この観点からするなら、ロックが徹底した批判をはじめるまえに、すでに「アダムの権利」の困難さは、フィルマー本人によっても認識されていたと言ってよい。だがこの理論的困難さにもかかわらずフィルマーがこれに固執し続けた理由は、これを放棄してしまえば、人間の自然的自由という、実践的に危険で理論的に不可能な言説を認めることになってしまうためであった。したがって、後世の人間が「フィルマー」と向き合うとき、なぜ自然的自由という想定が可能でありかつ望ましいのかを説明する必要が生まれることになった。事実、まさにこれがロックの試みたことである。次章では、「アダムの権利」のインプリケーションを、契約説批判という観点からまとめ直すとともに、ロックがいかにそれを乗りこえようとしたかを論じることにしたい。

第Ⅱ部

ロバート・フィルマーの遺産

第三章　フィルマーとロック――権力の源泉と服従への問い

1　「アダムの権利」の残響

はじめに

ジョン・ロックとロバート・フィルマーの違いを挙げるにまして容易な仕事はないように思われる――何もかも違う、と言いたくなるかもしれない。フランスの歴史家ポール・アザールは、いまや思想史研究の古典となった『ヨーロッパ精神の危機』を、一七世紀と一八世紀の精神の対比から書き起こしている。

なんという対照、なんという激変であろう。位階制、規律、権威が保証する秩序、生活を固く律するドグマ――一七世紀の人々はこういうものを愛していた。しかし、そのすぐ後につづく一八世紀の人々は、ほかならぬこの束縛と権威とドグマを蛇蝎《だかつ》のごとく嫌ったのだ。一七世紀人はキリスト教徒だったが、一八世紀人は反キリスト教徒だった。(…)大方のフランス人はボシュエのように考えていたのに、一夜あけると国民は突然ヴォルテールのように考えだしたのだ。これはまさしく革命だった。(1)

かつてフィルマーとロックの関係も、ちょうどこのボシュエとヴォルテールのように理解されていた。(2) イングランドにおいて、一七世紀を代表するのがフィルマーであり、一八世紀を代表するのがロックである。ロックは実に、政治の世界で、「十七世紀に身を置きながら十八世紀を支配した思想家」なのである。(3) なるほどたしかに、アダムの父権にとりつかれた非合理的神学的な政治論から、平等な人権を基盤とした合理的世俗的政治理論への進歩は、「世紀」という大きなスケールで測るにふさわしい違いである。「ロックは一六八八年の名誉革命の原理を解説し、そして彼の諸著作はそのつぎの世紀の政治的バイブルとなった」(4)。

だが今日この解釈を全面的に受け入れる学者はさほど多くないだろう。現在では、ある種の神学的要素がロックに存在しており、かつそれが重要だという点で、比較的意見の一致があるように思われる。(5) この解釈の変化によって、かつてとはまったく違ったロック像が提示される。ロックは「急進的カルヴィニズムの政治学」の徒であり、それは一八世紀を支配したどころか、「一七世紀の企てであって、ロックの政治学は、別の時代の始まりではなく、ひとつの時代の終わりを画している」と言われるようになったのである。(6) この変化に対応して、フィルマーとロックとの対立も、かつてとは別の描かれ方をするようになった。この二人はもはや神学的政治理論と世俗的政治理論の代表者ではなく、それぞれ異なった神学を背負った思想家とみなされる。「ロックが、フィルマーの所説を「神学《ディヴィニティ》」と呼んでこれに対決した点に窺われるように、問題の核心は、ロックとフィルマーとの間に深刻な神学的係争点が横たわっていた」ことに求められるべきであり、ここにロックとフィルマーの「宗教的世界観を賭した根源的な対決」を見出さねばならないのである。(7)

背景が一変した中で、サー・ロバート・フィルマーはひとり同じところに立っている。本章において私が試みたいのは、このかつてと変わらぬ場所に置かれているナイトを、ロックとは逆に、「世俗化」の方向へと動かすことである。すなわち、この二人の関係を、契約説の批判者とその反批判者という視点からみれば、かつての神学的フィルマーと世俗的ロックという立場を逆転させることが可能だと示したい。その際に注目するのが、第Ⅰ部で注目した、アダムの権利論である。これは奇妙な選択だと思われるに違いない。まさにその部分こそが、非合理的かつ神学的な思想家フィルマーという像を作り上げたものではなかったのだろうか。これこそが「フィルメリズムの王権いな一般的に統治自体に加えた神秘性――いな「魔術性」」を支えたのではなかったのか(8)。こうした疑念はもっともである。しかしながら、一見世俗的なロックの政治理論が神学に支えられていたように、神学的にみえるフィルマーの政治理論が、いったい何によって支えられているのかを問うてみる意味はあるだろう。

不合理の極みにみえるアダムの権利を支えているのは、フィルマーの聖書解釈というよりは、これまで例外的に高く評価されてきた(9)、その契約説批判である。もちろん聖書の意味を読み取る作業は彼にとって重要であるが、彼の契約説批判は、聖書解釈から引き出されているわけではない(10)。むしろ、契約説と「人民の自由」テーゼは事実としても規範としても維持しえないという合理的結論によって、特定の「アダムの権利」の見方が導き出されたと考えることすら可能である。別の言い方をすれば、たとえ聖書がなくとも、つまりアダムが存在したという証拠が消え失せても、彼の契約説批判は特に影響を受けないのである。

フィルマーの契約説批判がそれ独自で成立する分析なのだとすれば、彼の結論に納得できない人間にとって、単にアダムの権利を退けるだけでなく、彼のネガティヴな契約説批判に耐えうる、新しい契約的政治理解を提示することこそが課題となるだろう(もちろん、契約的に考えるならば、という但し書きはつくが)。事実、ここがフィルマーとロックの主戦場であった。この戦場において、フィルマーとロックは揃って次のような問いを発した。人民と統治者が調停不可能な対立に陥ったとき、一体「誰が裁定者たるべきか」(II-21)。もちろん、この共通の問いに対する答えはまったく違う。ロックは言う、「人民が裁定者である」。フィルマーは答える、「もし人民が裁定者ならば(…)すべての統治よ、さらば、である」(AN: 151)。フィルマーがこのような結論に至った理由は、彼の契約説理解にある。彼にとって、統治(者)が自由な人民の契約によって生み出されたという考えは端的に虚構であって、この虚構に基づいて営まれる政治は理論上のアナーキーであり、常に事実上のアナーキーに転化する危険をはらむものであった。しかし他方でロックの政治理論の最重要点のひとつがその契約論的構成であることも疑いない。すると、ここで生じる疑問は次のようなものとなるだろう。フィルマーの契約説批判を目にしていたはずのロックが、自身の政治理論を契約説的に構築することを選択しえた理由は何だったのだろうか——果してなぜ人民が裁定者であると言いえたのだろうか。

フィルマーの言い分にも耳をかし、それを比較的好意的に受け止める研究者の幾人かは、ロックが契約説を選択したのは事実だが、選択しえた説得的理由は存在しないと示唆してきた(11)。このような解釈は無視されがちなフィルマーの議論に着目した点で重要なものであるが、ロック研究者に広く受け入れられているとは言い難い。デイヴィッド・ウートンは逆に、実際ロックは「フィルマーの提起した難問を完全に受けとめて」おり、「彼はフィルマーが擁護した立場を攻撃しただけではなく、フィルマーが攻撃した立場を体系的に擁護した」と指摘する(12)。ウートン本人は(不思議なことに)ロックのどの部分をそうみなすべきかを具体的に語らない。とはいえ以下で言及する研究者たちは基本的にこの指摘を受け入れ、フィルマーを通してロックの政治理論の解明に努めているように思われる。ロックとフィルマーの関係についての先行研究すべてを要約することは到底できないが、なぜロックは契約説を採用しえたのかという問題関心からすれば、ロックの契約論を三つの段階に分け、その三つに従ってこれまでの先行研究を整理し、合わせて本章の見取り図を提示すればまずは十分であろうと思われる。

先行研究の整理

ひとつめは、契約によって説明されるべき範囲を確定する段階である。たとえばロックは父親や母親が子供に対して有する権力を契約によって説明することはなく、私有財産権の起源を契約によって説明することもない。両親と子供の関係についてのロックの説明がフィルマーを狙い撃ちにしているのは自明であり、私有財産権に関しても、解釈上の立場を異にする研究者が一致して指摘していることに鑑みれば、その濃淡はともかくとしてもフィルマーとの関連で理解するのがほぼ常識となっていると言って差し支えない(13)。しかし本章において私はこの段階にかかわる諸問題を直接的には取り扱わない。これらをフィルマーへの反論として読むことに異論があるからではない。そうではなく、あくまで権力の区別や私有財産権論は、ロックが何を契約によって説明しないかったかという問いと関わるものであって、本章の直接の関心とは一応切り離しうる問題だからである。

第二に、契約説的に政治を理解することが、事実としても規範としても不可能ではないと示す段階がある。ここでは当然、ロックの同意論が重要な位置を占める。同意論がロック政治理論の中でかなり混乱した部分であることは、これまで多くの研究者が指摘してきた。その多くは『統治二論』を中心に、ロックの種々の発言を論理的に一貫したものとして理解しうるのか否かを内在的に分析している。(14) 本章ではロック同意論の内部構造に立ち入って詳細な議論を展開することはできない。私がここで取り上げられるのは、フィルマーの契約説批判とロック同意論の部分的関係だけである。その関心からすると、ただちに重要になってくるのが、暗黙の同意と区別された明示的同意こそが、ロックにとって、フィルマーの向けた剣先をかわす策であったという主張である。(15) なぜならこの解釈は、フィルマーの暗黙の同意への嘲笑を手掛かりとして、ロックにいかなる選択が合理的に可能であったかを『統治二論』の外部から理解しようとする試みだと言えるからである。本論において、この解釈がどれほど適切なのかを検討したい。

第三に、契約説的な政治理解は可能であるだけでなく、望ましいものでもあると示さねばならない。フィルマーにとって、契約説的な政治理解はすぐさまアナーキーに繋がるものであり、到底承認しえぬ俗悪な言説であった。しかし契約によって臣民の義務の限界を示そうとするならば、このようなフィルマーの契約説評価を変える必要がある。換言すれば、契約説は決してフィルマーの弾劾するような意味でのアナーキーの理論ではないことを示す段階が存在している。この段階の核となっているのが、ロックの「人民の保守性」の議論であるという解釈がなされてきた。(16) この解釈それ自体は正当であり、フィルマーへの反論の一部を構成していることは疑いない。しかしこれはあくまで、アナーキーが頻発するという主張に対しての回答である。フィルマーが神経をとがらせたのは、アナーキーが起きる可能性が存在するか否かであって、頻繁に起きるか稀にしか起きないかは二次的な問題であった。それゆえ「人民の保守性」への訴えが効果的なフィルマー反駁となるためには、そもそもアナーキーが起こるか否かは、それが頻繁に起きるかどうかという次元でしか答えられないと読者に理解させる必要があった。そこで本論では、むしろ、保守性への訴えが意味をなすような論理構成全体がそろって、ロックの反撃であったことを確認したい。

先行研究との関連で、もうひとつ、述べておくべきことがある。ロックの『統治二論』を、フィルマーへの応答とみなすことによって、私はある程度、ロックの『統治二論』の「意図」は何であるのかといった問いにかかわらざるをえない。これが、方法論的論争を引き起こしてきた問いであるがゆえに、無用の混乱をさけるために、本論に入る前にこの問題を先に片づけておきたい。それにあたって、ラズレットが引き起こした論争からはじめるのがよいだろう。ラズレットは自身が編集した『統治二論』の「序文」において、同書は一六八九年以後に書かれたものではなく、一六八〇年頃に書かれたのだと主張するとともに、そこから作品の性格にかかわるいくつかの結論を引き出した。[17] 第一に、『統治二論』は、過去に起こった名誉革命を事後的に弁護したものではなく、未来に向けて革命を起こすよう呼びかける書物であった。第二に、彼はその呼びかけを、「政治権力の基礎についての王党派およびトーリーの公式見解」となっていたフィルマーを槍玉に挙げることによって成し遂げようとした。「そういうわけで、われわれは『統治二論』を、サー・ロバート・フィルマーの著作に対する、入念かつ論争に効果的な反駁と描写すべきである」。第三に、結果として「それを「政治哲学」と呼ぶことも、彼を「政治哲学者」と考えることも、不適切である」。『統治二論』は、政治の領域に適用された『人間知性論』のようなものでも、その土台の上に立てられた建造物のようなものでもない。これがプーフェンドルフ、ホッブズ、グロティウスのような、その哲学的原理から政治理論までをひとつの統合体として扱いうる思想家たちと、政治思想家と哲学者という、統一されることのない二面性を有するロックとの違いである。

『統治二論』が名誉革命を事後的に弁護した本ではないというラズレットの見解が大枠としては比較的スムーズに受け入れられたのに対して、同書をフィルマーを攻撃するための政治パンフレットとみなすべきだという彼の提言は、それよりはるかに怒りのこもった反撃を招いた。第一篇第二篇ともにフィルマー批判を意図したパンフレットであるというラズレットに対して、R・W・K・ヒントンは、第二篇はフィルマーとは無関係だと反論している。たとえ「第二篇」でのフィルマーへの当てこすりをすべて取り除いたとしても、実際にはロックの全体の論旨に一切影響はなく、ゆえに「第二篇」をフィルマーとの対決として読むのは不可能である[18]。このヒントンの主張は、カール・オリヴェクローナにそのまま引き継がれた。彼によれば、フィルマーに対するロックの審問は「第一篇」で終わっており、「第二篇」はそれとは違った体系的な理論構築の場なのである[19]。したがって、「ロックが第二篇を書いた際の主要目的」は、フィルマーを攻撃することではなく、「自分自身の政治理論を詳細に論ずることであった[20]」。

このふたつの解釈が、『統治二論』の「意図」は何かという点を巡って争っている以上、『統治二論』をフィルマーとの関連で読むという私の議論の進め方は、ラズレットに近いと理解されるであろう。これはある程度正しいが、しかし、もし私の試みが、ロックはフィルマー批判を意図していたと要約できるとすれば、その際の「意図」は、クェンティン・スキナーが使った意味での「意図」である[21]。彼は思想ではなく、発話という行為を対象とした思想史を提唱した。その発話という行為を理解するとは、その行為の「意図」を知ることである[22]。そのときもちろん、人の心の中を覗き見ることはできない。本人しか知りえない心の中は存在するかもしれないが（これが一人称権威の問題であろう）。しかしそれを直接知るというのは、過去を直接知るというのと同じく、意味をなさない言葉の組み合わせである。歴史家にできること——そしてスキナーが実際に主張していること——は、テクストとテクストを突き合わせ、その輪郭が合うかどうかを調べ、それが合致したならば、そうしたテクストに対して何らかの応答をする意図を帰すことだけである。ゆえに彼がいう「意図」は、たとえば、ホッブズは党派的イデオロギーを超えた「政治哲学を生み出すことを意図していた(intention to)」はずだといった主張や、その「意図」を考慮にいれるべきだといった主張とは、端的に無関係である。[23] たとえホッブズが自身の理論を真理であると信じ、真理として提示したとしても、それが言語操作を用いてなされる以上、彼が文章を書くという行為の「意図」を知るためには、「間テクスト主義者」にならねばならないのである。[24]

私はこの意味において、ロックは『統治二論』第二篇の重要な部分においてフィルマー批判を遂行する「意図」を有しており、そしてその部分は『統治二論』の欠くべからざる部分であるがゆえに、『統治二論』はフィルマーへの応答だとみなしうると考えている。それゆえ私は、『統治二論』はラズレットの言う意味で「政治パンフレット」なのか「政治哲学」なのかという区別にかかわっているわけではない(これは実際には意図ではなく評価の問題である)。だが同時に、もしロックは政治哲学を書くことを「意図」していたのであり、そういうものとして解釈すべきだと言われるなら、それもまたここでは関係がないと言わねばならない(私は今、本書が真理を伝えるものとなることを意図して書いているが、もし読者がそう思わなければ、それは読者が私の意図を捉え損ねたせいだというのが適切だろうか、それとも私の自己評価が甘すぎたというのが適切だろうか)。ゆえに、本論において、私はフィルマーの契約説批判とロックの応答の輪郭が合うかどうかに限定して二人の「論戦」を描き出したい。

2 「裁定者は誰か」――フィルマーの契約説批判

伝統的契約理論

第Ⅰ部のはじめに引用したとおり、フィルマーは『パトリアーカ』の冒頭で、生まれながらの自由を否定していた。そこにおいて、この原理を「抵抗権」に結びつけたとして非難されたのがベラルミーノやスアレスといった思想家たちであった。フィルマーのみるところ、彼らはそこから、現在の為政者は、人民の同意によって成立しているのであり、君主が契約に違反した場合、最終的にはその君主を取り除くことも可能であるという結論を引き出していた。(25) だがその契約違反を一体誰が判断するのだろうか。もし人民が裁定者ならば、それは人民が気の向くままに叛乱してよいと言っているに過ぎない。つまり、安定した統治の存在しえない理論上のアナーキーである。この危険な結論を避けるために、フィルマーは契約説の(事実上かつ規範的)不可能性、そして契約説の前提である生来の自由観念を否定する。もしこの世に正当な統治が存在すべきであり、かつ人民の生来の自由と合致する契約説が正当な統治を作り出せないのならば、人民の生来の自由は存立不可能である。自由と同意と統治がこのような関係にあるために、契約説と生来の自由概念を葬り去るのは、その危険から免れた安定した統治を実現するという彼の構想の欠くべからざる部分であった。

フィルマーの契約説批判は様々な著作にまたがってなされている。その大要はさほど複雑なものではないが、それを論ずるに先立って、彼が攻撃した「契約説」を大雑把にまとめておこう。(26) 彼の論敵は、まず自然的自由を前提とした。(27) ベラルミーノもスアレスも、人民が本来的に誰かの人間に従属しているわけではなく、その意味で自由な存在であると認め、これを出発点として政治思想を組み立てている。そうした自由な人民が統治下に入る過程は、二段階の神授権説によって説明される。第一段階として、人民が共同生活を送るためには権力が必要であるから、神は人民に政治権力を与えた。次の第二段階として、権力を受け取った人民は、その行使を為政者に託す。この理論構成から看取しうるとおり、神から直接に権利を受け取ったのは人民であり、為政者は人民を介して間接的に統治権を受け取っているのである。(28)

この統治権はあくまで神のものであって、人間が生み出したものではない。なぜなら、統治権には死刑を含めて刑罰を科す権力が含まれているが、人間は本来そうした権力も権利ももっていないからである。(29)「汝殺すなかれ」という明確な神の命令からも理解できるとおり、神は人間が人を殺めることを禁じている。だとすれば、為政者による死刑も含めた処罰もまた、事実としては生命を奪い取る行為なのだから、処罰権は神の特別な認可とみなさねばならない。「ただ神のみが生命の統括者なのだから、彼だけがこうした権力を授与することができる」[30]。サラマンカ学派の創始者ともいわれるフランシスコ・ビトリアはこれを非常に明晰に説明している。「十戒の中で明らかなように、人を殺すことは神法によって禁じられている。それゆえ人を殺す権威は神法に由来しなくてはならない。しかるに国家は、慣行と慣習から明らかなごとく、人を殺す権威を有する。したがって国家はそれを神法によって有する」[31]。

では神はいったいこの権力を誰に与えたのだろうか。当時の契約論者が一致して認めているのは、「もし実定法がとりさられれば、多数の同等者の間で特定の人物が支配すべきよき理由は存在しない」[32]ため、この権力は人民全体に与えられたと想定すべきだいうことである[33]。この権力は、スアレスに言わせれば、「一人の特定の人物、例えばアダムとかジェイムズとかフィリップに直接的に存在するのではない」[34]。ここでの「人民」とは伝統的にひとつの団体であり、単なる個人の集積として観念されたものではない[35]。団体的人民概念は中世のローマ法学者や教会法学者たちによって発展させられてきた。これによれば、人民というのはひとつの団体であって、それゆえ「不死」である。なぜなら団体のメンバーが時とともに変化したとしても、その団体としての性質は不変であり、消滅することはないからである。一三世紀のローマ法学者アックルシウスは、裁判官が交替しても法廷自体は同一である証明として、人民の例を引き合いに出していた。「ボローニャの人民は、百年前のボローニャの人民と同一である——たとえ、当時生きていたすべての人々が今では死んでしまっていても——と言われるように、三人ないし二人の裁判官が死去し、別の裁判官により補充されても、法廷は同一でなければならない」[36]。

団体としての人民概念は、中世の法学者だけではなく、初期近代においても広く受け入れられていた[37]。一見、個人主義的にみえる契約理論を展開したヨハネス・アルトジウスも、人民は「その永続的継続のために、不死と呼ばれている」と述べている[38]。とりわけ、ロックがたびたびその権威に訴える「賢明なる」リチャード・フッカーは、こうした団体理論と同意理論を非常にわかりやすく結びつけている。

人間は生来、人間の政治的な集合体を支配するための十全な権力をもたないから、もしわれわれ自身がまったく同意をしていないとするならば、われわれは誰の命令も受けることもなく生きることができるだろう。(…)われわれがその一部をなす社会がかつてある時期に同意を与えたとき、そのときにわれわれは支配を受けることに同意したのである。したがって、一人の人間の過去の行為は彼が生きている限り有効であるのと同様に、人々の公共社会によって五〇〇年前になされた行為は、今日同じ社会に属している人々が存在している限り有効であり続ける。なぜなら団体は不死であって、われわれは先人たちの中でかつて生きていたのだし、また先人たちも後を襲った者たちの中で未だ生きているからである。それがために、人間の法はいかなる種類のものであっても、同意によってこそ有効なものとなるのである。(39)

こうした不死で常に同一とみなされる「人民」が同意の主体として呼び出された。ひとつの「全体」としての同意があればよいわけだから、決めるべきは何をもって全体の同意とみなすかである。その際、最も一般的に採用されたのは、再びローマ法の原則にしたがって、多数者の同意を団体の同意とみなすという擬制である。『学説彙纂』には、「公的に多数者によってなされた事柄は、全員によってなされたものとする」という法文がある。(40)ビトリアやドミンゴ・デ・ソトも、こういった推論に賛同している。(41)ビトリアによれば「国家の多数者は、その他の者たちの意思に反しても国家全体の上に王を任命できる」。なぜなら「あることを合法的に行うためには、多数者が一つのことで一致すれば十分」だからである。(42)

数的優位だけではなく「より大であり賢明な部分(maior et senior pars)」といった形で但し書きがつけられ、それが人民の集まる議会と同一視されることもあった。(43)この種の表現の中でも、とりわけパドゥアのマルシリウスによる、「人的立法者」とは「人民や市民の全団体、あるいはそのより重要な部分である(valentior pars)」という説明はよく知られており、[44]後にはジョン・ミルトンもまたそうした表現に訴えている。ミルトンはランプ議会を弁護して、「議会のより良き部分、すなわち、より健全なる部分が――そのうちにこそ国民の真実の権威が存在するのであるが――なした行為を国民の行為」とみなすことに、いかなる矛盾もないと語っている。[45]

王国全体あるいは人民全体が同意の主体であるから、人民全体は王より上位にある。この見解は、王は「個々人より大であるが、全体より小である(major singulis, minor universis)」という格言としてしばしば引き合いにだされた。[46]この原則はアゾによって、「皇帝は人民全体より大きな権力を有することはないが、人民の個々人よりは大きな権力を有する」という形で定式化され、その後広く知られるようになった。[47]大陸ではすでに一六世紀に、そして一七世紀半ばにはイングランドでも、この原則から抵抗権が導き出されるようになる。『僭主に対するウィンディキアエ』の著者は、為政者と「人民」を比べ、「たとえ一人一人についてみれば彼の方が集合体の各成員より上位にあるとしても、この集合自体との関係では下位に位置する」がゆえに、人民は暴君への抵抗権を有すると述べている。[48]イングランドにおいては、ヘンリー・パーカーがこの表現を用いて王に対する議会の優位を説いたことで状況が一変した。[49]その後には賛成反対両派ともにこの原則を熱心に論じはじめ、王政復古後、ロジャー・レストレンジが内乱の原因を考察したときには、そのひとつとして、まさにこの表現の流行を挙げねばならないと感じるようになっていた。[50]

ここまでの議論をまとめると次のようになるだろう。ここで想定されている「自由」な存在は、個々人というよりは人民というひとつの団体である。団体として、人民は、本性上だれかの支配下にあるわけではなく、その意味で自由である。この人民は全体として統治権を有している。統治権自体は、生命の剝奪という人間が本来的に有しえない要素を含むため、人間が作り出したものではなく、神から与えられたものである。しかし人民が全体として統治を実施することは難しいため、統治権は一般的には君主にゆだねられる。その際には同意が必要とされるが、必要なのは団体全体としての同意であるため、多くの場合は多数決でよいとされる。君主は人民から権力を与えられた存在であるため、その行使の仕方によっては、人民の判断によって君主制が廃止されることもありうる。[51] フィルマーが理解した契約説とは、大枠ではこうしたものであった(PA: 5)。

フィルマーの批判

この契約説に対するフィルマーの批判の要点は、基本的には簡潔でわかりやすい。ロック研究者であり政治哲学者でもあるジョン・シモンズは、ここまでまとめてきた契約説あるいは同意理論は、実際には政治的義務を説明できていないと考えた。理由は簡単で、過去の先祖や団体の同意はすべて他人の同意であり、そして他人の同意はどうあっても他人の同意に過ぎないからである。[52] フィルマーもまたシモンズと同じように考えた。彼は、「人民」概念の問い直しを通じて、[53] 契約説による政治社会の説明が正しいものとなるためには、文字どおりすべての人間の同意が必要であると主張した。そうすることによって、フィルマーは、契約説が成り立つためには、こうした契約論よりもはるかにラディカルな前提を置かねばならないし、結論もはるかにラディカルにならざるをえないことを論敵に自覚させようとしたのである。

この戦略はまず、契約説に多数決と優れた者の決定を介在させることへの攻撃、つまり「より大きい部分」や「より優れた思慮ある部分」といった概念の否定として現われる(OG: 202)。無論この二つは違うものであるが、フィルマーにとって、どちらも一部を全体と取り違える共通の過ちを犯しているのである。「多数部分」による同意、つまり人民が多数決によって正当な統治を構築し、その下で生活する人間は全員服従義務を有するという見解は、フィルマーの目には論理的に一貫性がなく、かつ理論的に無意味であると映った。論理的に一貫していないというのは、多数決という単なる人間の取り決めが「自然状態」にさかのぼって適用されているからである。もちろん人間の設定したルールとして、多数決が利用されることには何の問題もない。しかし、これはあくまで人間の定めたルールであって、そのような取り決めがない状態においては、「全員一致で決まったのではない群衆の決定は、全員ではなく、それに同意した者だけを拘束する」(PA：20–1)。

多数決によって全員を拘束する統治を設立したという考えは、理論的にも無意味である。多数決が自然状態に持ち込まれれば、人民の生来の自由という概念が意味を失う。生来の自由をもつはずの個人が、自己の意志に反して多数決に従わされるのは、当の自由の否定である。多数派が「すべての人民を支配するのを許すことほど、自然に反し暴力的なことはない」。自然状態に多数決を持ち込む者は、「多数部分の権力が、すべての人民の生来の自由にとってどれほど破壊的であり、これが生来の自由とどれほど矛盾しているのか」にまったく気づいていない(AP：276)。それゆえ、契約説が有意味であるためには、同意は文字どおり全員の同意でなければならない(AP：261)。多数決批判をルソーの「天才的ひらめき」[54]に帰す必要はない。

「より優れた思慮ある部分」という擬制も認められない。フィルマーは、ミルトンに異を唱える際これに言及するのだが、その内容には踏み込まず、ミルトンは軍隊をより優れた部分と見なしていると揶揄するにとどまっている(OG：203)。だがそうだとしても、彼がほとんどこれを無視した理由は簡単に推測できる。「より優れた思慮ある部分」の同意が問題にしているのは、なされた決定の「質」の問題であるが、フィルマーが問題にしているのは、「質」とは無関係に誰が契約に参加すべきか、だからである。むしろ彼はこの問題を「自然状態」における、子供——判断力が未成熟な人間——の「代表」を扱った文脈で取り扱ったと考えることもできる。フィルマーは、契約説が妥当するには当然、子供の同意も必要であると主張する。これに対して、もし子供の同意は両親の同意に代表されていると想定するならば、両親の決定による子供の拘束を認めたことになる。しかしこれが意味するのは、同意に先立つ両親の権威の承認であって、その結果「人間の生来の自由の教義に別れを告げることになる」(AN：142)。

もし人間が自由な存在として生まれてくるのであれば、統治を正当化しうるのは、擬制的な自分の同意などではなく、あくまで文字どおり自分の同意だけである。だがこの個々人の同意という考え方もまた、いくつかの難点を含んでいる。ひとつめは「動機」である。もし自然状態があり、そこに平和を要求する自然法があるとすれば、自然状態は平和状態であり、わざわざ政治共同体を作る動機がない。彼によれば、

もし人間の原初的自由が存在するならば、誰であっても好きな王国に属する自由を有することになる。(…)あらゆる都市、あらゆる村落、さらにあらゆる家族にとどまらず、どの個人をとってみても、思うがままに、それぞれが自らを自らの王とする権利を有するのである。生まれながらに自由のはずの人間が、自分以外を統治者に選ぶなどということがあれば、その人間は狂人というよりほかないだろう(AN: 141)。

しかし、すべての人間が自分自身を王に選ぶとは、「実質的に、王など一人も存在せず、万人にそれぞれの自然権を残しているに等しい」。したがって、人間が合理的であるなら、自然状態から政治社会への移行はなされないのである(AN: 141)。

第二に、個人の判断によるアナーキーの出現である。伝統的に、いわゆる抵抗権論は、同意主体を「全体」としていたのに応じて、抵抗権行使主体もまた個人ではなく、下位為政者(貴族や役人や議会など)に限定されていた[55]。カルヴァンの後継者テオドール・ベーズは、下位為政者については抵抗の義務すら説くが、私人の判断による抵抗は厳しく戒めている。人民がいったん契約によって受け入れた君主は、たとえ暴君となったとしても「個々の臣下に対する権威の根本を維持している」。なぜなら「共通の、公的な合意により成立した臣下の義務は一人の私人の好みにより破棄され、無に帰せられることはありえないからである」[56]。同じく『ウィンディキアエ』の著者も、私人が「剣を抜けば、それがいかに正義な理由から発していたにせよ、暴動・騒乱の罪を犯した」とみなさざるをえないと警告している[57]。

しかしこのロジックにしたがうなら、同意の主体が個々人であれば、抵抗権の行使の判断主体も個々人による

限定を課していても抵抗すべきか否かの裁定者は結局、個々の私人になってしまうのではないかと問いかける。たとえばグロティウスは、抵抗によって共同体が壊れてしまう危険がある場合「人民」は抵抗してはならないと言う。だが「その危険の大きさや蓋然性は誰が裁定するのか」。もちろん「私人ひとりひとりが裁定者になることを許される」としか考えられない(OG: 220)。それを実際に認めたのが、前章でみたように、議会派の理論家フィリップ・ハントンであった。フィルマー曰く、ハントンの教義に従えば、「万人が自分自身の良心に照らして君主に反抗するか否かを決めねばならないということになる」。つまり「一人一人が、それぞれの裁定者として呼び出されるのである。さて私も全人類の良心に問うてみたいのだが、この終着点は完全なる混乱でありアナーキーではないだろうか」(AN: 153-4)。

これらの問題を解決できたとしても、ここにさらに「時」の契機が入り込む[58]。つまり、もし個々人を主体とすることが認められたとして、このような契約はいつなされたのか、という問いである。これは一方で、事実に関する問いである。もし契約が過去のどこかの時点でなされたのだとすれば、現在に生きる人間は、自分たちの意志ではなく「先祖たち(forefathers)の決定と同意」に服従しているに過ぎない(AN: 144)。だがこれはさらに大きな規範的問題の一部でもある。いつ契約がなされれば、生来の自由の想定と矛盾しない公平なものとなるのだろうか。契約の「時」を問うことによって、彼は団体的・実体的な人民概念を退けている。フィルマーの疑問が団体的人民概念への攻撃となるのは、人民がひとつの実体的団体と想定される限り、同意や契約がなされるべき「時」は、現在の人間にとっては、さして大きな問題とはならないからである[59]。フッカーの言い方を借りれば、あたかも一人の自然的人格が一年前になした同意を自分の同意と言えるように、団体としての人民も、五〇〇年前になされた決定を自分たちの決定とみなすことができるのである。

団体的な人民概念に対して、フィルマーは常に変化する人民観を提示する。「人間集団(mankind)とは海のようなものであり、常時満ち引きを繰り返す。あるとき一人生まれ、またあるとき一人死ぬ。この瞬間の人民（the people）であるものは、次の瞬間の人民と同じではない。あらゆる瞬間あらゆる時に変動がある」（AN: 142）。さして上手い比喩ではないが、(60) 彼の言いたいことは伝わるだろう。もし「人民」が常に移り変わるものであるとするならば、政治権威が存在していない自然状態において、契約が公正になされるべき時を規定するのは不可能である。あるひとつの時点に注目すれば、生まれたばかりの子供も、判断力を備えた大人も存在するだろう。次の瞬間には、また新たな子供も生まれているだろう。それゆえ契約がなされた「時」をどこに設定しようと、公正な契約などなしうるはずもない。

フィルマーはこのようにして、自然的自由の原理から安定した統治を作り上げるのは不可能だという結論を下した。ではどこから再出発すべきか。彼は人民の生来の自由という「虚構」と、アダムの創造という「事実」を対比する（AN: 133）。もし契約説が成り立ちえず、かつ正当な統治が存在すべきならば、人間は自由に生まれついてはいない。もし人間が何かの権力の下に生まれたがゆえに自由ではないとすれば、誰の下に生まれたのでもない人間だけがそのような自由を有している。もし政治的権威が存在するとすれば、この人間、つまりアダムこそがその所有者でなければならない。そして、「たった一度でも人民が服従から自由になったことがある」ならば、正当な統治の確立は不可能になるがゆえに（AN: 142）、この服従を要求するアダムの権利は永遠に続いていなければならない。したがって、自由があるとすれば、それは生来のものではなく、治者から与えられた「自由（特権）」でなければならない。聖書には、これらのことが書いてあるはずなのである。

3　フィルマーへの応答――ロックによる契約説の再構成

ロックの「判断力」の行使

ロックの名を不朽のものとした『人間知性論』の第一巻第一一章は「才知(wit)」と「判断力(judgement)」の相違点の説明に充てられている。それによれば、「才知」とは、異なった観念同士のちょっとした類似性を見つけ出し、そこから思いもよらぬ結論を引き出し、人を楽しませることをその特質とする。「判断力」はこれとはまったく逆である。その特徴は、似て見える諸観念の中の違いを指摘し、誤った議論展開を防ぐことにある(I. xi. 2)。この概念の区別は、『統治二論』において、政治的な武器として機能した。『統治二論』の序文において、ロックはフィルマーの著作の評判を耳にしたとき、これを「才知にまかせた筆の遊び」だろうと思っていたと書いている。紳士たるものが人民を奴隷にしてしまうような論考を真剣に執筆するはずがないと思ったというのである(I-1)。だがロックは一読して、どうやらこれは学問的論考として書かれたのだと気づいた。もしフィルマーの著作が「才知」の遊びにすぎないなら、それを真理や正しい推論の厳しい基準で吟味するのは野暮というものだが、しかし「その書名や序文として付された荘厳な書簡、そしてその後の称賛から、私はこの著者も書肆も大真面目だと考えざるをえなかった」のである(I-1)。

『統治二論』は、たしかに、フィルマーの著作に対する「判断力」の行使であった。「息子、臣民、そして召使あるいは奴隷は、はじめはまったく同じものであった」と断言し(AP: 237)、それに対する支配権を不死の「アダムの権利」へとまとめあげたフィルマーに対して、ロックはそれぞれの違いを指摘し、本性上異なった概念だと示してゆく。アダムに与えられた権力と父権一般は、前者は人類全体が有する権力だとして区別され、政治権力と所有権は、後者は労働によって得られるものだとして区別され、さらには政治権力と父権は、後者はあくまで両親が有する後見的な義務であるとして区別される。そして区別された政治権力は、契約もしくは同意という図式で考えられるべき事柄である。このような「判断力」の行使は、『統治二論』第一篇だけではなく、第二篇でも欠くべからざる部分をなしている。そこで私は、特にロックの契約説的な政治観に着目しつつ、ロックが実際にそうしたような形で「判断力」を行使し、その代替案を提示したことは、それ自体でフィルマーへの包括的反論となっていることを明らかにする。

神学的枠組

ロックによる契約論の再構築を描写するにあたって、『統治二論』の前提となっている「神学的」枠組に簡単に触れておきたい。この神学的要素を指すにあたって、「神学」、「キリスト教という基礎」、「一神教的」、「宗教的」など、様々な用語が用いられている。もちろん何をどう呼ぶかは解釈者に任されているわけだが、しばしば言葉の曖昧さが、事柄の解釈の曖昧さにつながることがある。マイケル・ザッカートは、神学的なロック解釈を、「ロックの政治理論は宗教的であり、おそらくは徹底して神学的である。ロックの政治理論は、彼の推論の重要な前提と結論のソースとして、聖書に依存している」とみなすものとまとめている。(61) だがこうした一見説得力ある要約が、大いに誤解を生んできたことも強調せねばならない。このシンプルな見方のどこに誤解の危険があるのかを示すためにも、以下ではまず、もっともわかりやすく「キリスト教的」である『キリスト教の合理性』からはじめたい。

『キリスト教の合理性』は、まずは人間の「可死性」の確認から出発する。(62) これと対比されるのが、全能かつ永遠の神である。罪深く、有機体としては死を免れられぬ人間たちの世界に、慈悲深い神はキリストを遣わした。それ以後、人間はキリストの力によって、新たな生を享受する可能性を得た。新たな生命が得られるか否かは、現世でいかに生活するかにかかっている。もちろんここにはキリストを信じ、悔い改めることも含まれている。

しかし悔い改めたならば、それに見合った行動を伴うはずである。ゆえに信仰と行為は切り離せない。永遠の生命のために必要なのは、「イエスがキリストであると信じることと善い生活」なのである[63]。これは『寛容書簡』でも強調されている。現世で生きる人間は、「永遠の幸福に達することも、永遠の破滅に陥ることもできます。その幸福は、神の恵みを得るに必要なことがら、またそのために神によって命じられたことがらをこの世において信じ、行なうかどうかにかかっています」。人間は救済のために、神の命令としての自然法を心底から遵守し、神に服従することを要求されている。それが「人類に課せられた最高の義務」である[64]。政治共同体はそれを容易にするための存在であって、それ自体が最終目的ではない[65]。

『キリスト教の合理性』において、この「人類に課せられた最高の義務」である自然法は、人間理性だけでは確証しえないとされている。神の「援助を受けていない人間理性が、道徳という重大で、人間理性にふさわしい仕事において、人間の役に立たなかったということは、明らかである」とロックは断言する。さらに悪いことに、たとえ自然法が何か分かったとしても、人間は、この世の楽しみにうつつを抜かし、道徳に従った生活を送ることができない。正義をなすことが、必ずしも現世での繁栄を保証しないだけに、なおさらである。ゆえに、道徳的に生きるという選択によって、現世はともかく来世の幸福が保障されるのだと人々にわからせねばならない。したがってここで、聖書の助けが不可欠である[66]。

彼等の目を、後生の、果てしない、口では言えぬ楽しみに開かせなさい、そうすれば、心に、動じないだけの、確固として、力強いものが見出されるようになるでしょう。天国と地獄の光景は、現世の状態の束の間の歓苦を軽んじるようにさせ、徳への魅力と徳へ向う激励を与えるが、徳は、理性、関心、自愛心から見ても、認め、選ぶしかないものである。この基礎の上に、またこの基礎の上にのみ、道徳は確立され、一切のものとの競合を無視できるであろう。こうすれば、道徳は名目以上のものとなり、吾々全部が目的とし努力するに値する実質的な善となる。イエス・キリストの福音が、このように吾々に対して、道徳のことを述べているのである[67]。

キリストが啓示で示した来世の存在こそ、現世において人を道徳的生活へと導くもっとも重要な動機なのである。

これは文字どおり「キリスト教的」な道徳観である。しかしもし、以上のような道徳論をもって「キリスト教的」であると呼ぶなら、ロックが人生のほとんどをささげた哲学的な努力は、実は、脱キリスト教的であろうとする方向に向けられていた。ロックはその初期の『自然法論』において、人間は理性によって自然法を証明しうるという確信を表明している[68]。それは『人間知性論』においても変わらない。彼はここでも、人間は「おのが創り主を知り、自分自身の義務を見るようにはじゅうぶんになれる灯火をもっている」とその能力への期待を表明している(i. 1. 5)[69]。この灯火としての理性を活用することによって、神とその法としての自然法は発見されるであろう。なぜならそうした道徳体系は、数学と同じく、確実な知識として存在しているからである(iv. 4. 7)。ゆえに、「自然の光で、すなわち実定的啓示の助けを借りずに、知ることのできる法のあることを否定」する者は、「真理を見捨てる者」であり(i. 3. 13)、「私たちが道徳規則の絶対確実な真知(knowledge)に至らないなら、私たち自身の落ち度なのだ」(i. 3. 1)。

しかし、倫理をテーマとした、本来は『人間知性論』に組み込まれねばならなかったはずの草稿が、草稿のまま残されたという事実が示しているように、ロックは成功までたどり着けなかった[70]。もちろん、正しい生き方が存在するというロックの確信が揺らいだわけではない。しかし、おそらくは『人間知性論』刊行前から、ロックは徐々に、道徳の論証という大仕事は自分の身に余ると考えるようになっていった。一六九二年のウィリアム・モリニュー宛の書簡で、ロックは心情を吐露している。「私がその主題について考察していたとき、道徳観念についていて私が有していた見解によって、思うに、私は道徳が論証的に証明可能だと考えたのです。しかし私がこれをそうした形で証明できるか否かは別の問題です。ニュートン氏の著書が証明可能だと示した事柄を、それまで誰も証明できなかったではありませんか」[71]。『キリスト教の合理性』とは、こうした悲観にもとづいた、道徳の証明問題が解けなかったときのための「滑り止め」である[72]。これを啓示への全面降伏ととらえる必要はない。自分に可能だと考えていたかどうかはともかく、理性による道徳の証明という希望も完全に消え去ってしまったわけではない[73]。しかし、最終的に彼はそれに成功することなく、「滑り止め」を使わざるをえなかったのである。

たしかにロックはキリスト教的であった。しかし、ここまでの議論から言えることは、ロックはキリスト教の啓示に道徳を基礎づけることを望んだという意味でキリスト教的であったわけではないということである。むしろ、人間本性の探究によって、啓示の助けを借りずに道徳を導き出すというその人生を賭けた哲学的努力の失敗の結果として、道徳の基礎が聖書の啓示以外になくなってしまった、つまり、この意味でキリスト教的な議論に頼らざるをえなくなったのだということである。ロックは啓示神学を通じて、キリスト教的に生きることが真の人間の生き方であると知っていた。だが彼は、聖書についての知識がなくとも、人間の認識能力を十全に活用しさえすれば、この答えに到達できると示そうと試みた。つまり「ロックが人々に示そうと望んだことは、自然における人間の位置の合理的な理解が人々にクリスチャンとして生きることを要求するということであった」。しかしこの認識能力についての探究の結果として「彼が実際に示したことは、そうした理解が、過去においても、また現在においても、人間に対して特定の生き方を命じる《ヽヽヽ》ものではないということであった」[74]。ロックの達成したかったことと、実際に達成したこととのギャップが、ロックとヒュームの関係をこれ以上なく皮肉なものにした。ヒュームは、信仰をもっていないのかと問われ、「ロックとクラークを読みだして以来、宗教に対する信仰を抱いたことは一度もない」と語った[75]。これは間違いなくロックが読者にたどり着いてほしいと願った結論ではない。そしてこのヒュームによって、「である」の世界から理性によって「であるべき」を演繹するというロックの希望は追放されてしまったのである[76]。

ロックの政治理論が「神学」を下敷きにしていると言われるとき意味されているのは、ロックが自然法の証明可能性を信じており、それがなければ『統治二論』は、彼が期待した機能を果たさないということである。これはもちろん、神学を重視する「ロック研究の特徴は、『統治二論』を世俗的な、人間の学であるところの「倫理学の書」ではなく、神の意志に貫かれた「神学の書」として読むことにある」[77]という意味ではまったくないし、ロックの目標としていたのが「キリスト教国家」だという意味ではなおさらない。ロックにとって、歴史はあくまで人の領域であり、そこに神学的正当化を持ち込むことはできない[78]。ではなぜロックはそう考えたのか。ここが分岐点である。神学を重要視する解釈の要点は、『統治二論』で提示されるような政治理念、大雑把にリベラリズムと呼びたくなるような理念は、ロックが世俗的人間であったならば提示されなかったであろうという主張である。こうした解釈の批判者は、ロックは、たとえばロールズと同じように世俗的思想家であるから、政治を世俗的役割に限定したのだと想定する[79]。だが神学中心解釈は、ロックは世俗的思想家でないから、ロックは政治を世俗的営みに限定したとみなしているのである[80]。

　しかしまさにロックの政治理論にこういった「神学的公理」が存在しているという事実が、『統治二論』解釈をいくらか困難にする。というのも、先にも触れたように、ロックは同書において、理性によって証明できるはずの自然法を前提としていたからである。「理性的な被造物」にとって、自然法とは「政治共同体の実定法と同じように、あるいはそれ以上に、理解しやすく平明であることは疑いえない」(II-12)。ときに彼は、その自然法の自明性を強調するために、それが「はっきりと全人類の心の一部に書き込まれていた」という、彼の哲学的出発点と矛盾するかのような発言すらしている(I-11)。しかし実際には、理性だけを用いた神と自然法の証明というロックの哲学的プロジェクトは、どれほど寛容な目で見ても成功していない。無論このプロジェクトが成功していようといまいと、ロックが執筆していた当時について言えば、『統治二論』の政治的説得力という点でさしたる違いは生まれなかっただろう。啓示によって明らかになった事柄を、政治論の基礎として利用することが非難される状況は、少なくともロックの時代のものではない。だが逆に、今日では、間違いなく非難される論法である。したがって、自然法の証明ができなかったという事実は、現代においては『統治二論』の説得力と大いに関連している。そこで以下ではまず、自然法を認識できるというロックの人間像を前提として、『統治二論』がフィルマー批判としてどのように構成されているかを探究し、その後、本書の最後で、われわれの人間像を前提として、『統治二論』がフィルマー批判としてどのような説得力を有しているかを明らかにしたい。

自然状態論

『統治二論』の必要不可欠な前提を構成しているのは、自然法を知る能力としての「理性」である。[81] この理性能力を有している点で、人間は能力的に平等であるとみなされる。この能力的に平等な人間に、先天的な権利の不平等が与えられる可能性があるとすれば、それは啓示を通じて神が特権を与えた場合だけであろう。ロックは、これこそがフィルマーのアダム論だと受け取った。ゆえにロックは「第一篇」において、後世の人間を当惑させるほど徹底して「アダムの権利」を否定した。[82] その結果、ロックは安んじて「アダムの創造を信じているにもかかわらず、人類の自由を想定することに何の困難も」感じないと言うことができた。これが第二篇の基調をなしている。もし神の任命によるアダムの権利などというものが過去も現在も存在していないとすれば、人間は「相互に平等」であると想定されねばならない(II-4)。

平等な人間は、それぞれの理性を適切に行使することが期待されている。そして、このように行動することが彼にとっての「自由」である。すなわち、人間は、理性によって自然法を知り、それにしたがって行動することによって「自由」になる。[83]「法の目的は、自由を廃止したり制限したりすることにではなく、自由を保全し拡大することにある」(II-57)。自由を哲学的に考察した『人間知性論』第二巻第二一章も、最終的にこうした方向へと進んでいる。よく知られているように、ロックは自由とは何かを探究するにあたって、まずは道徳的に無色な議論を展開し、自身の選択の実現可能性を自由と呼んでいる(II. xxi. 15)。だがこの「力」の分析が、自由という「力の行使」の分析へと移ると、すぐさま道徳的観点が導入される。[84] すなわち、愚かなことをする自由は、自由の名に値しないとされるのである(II. xxi. 50)。さまざまな欲望の善悪を検証することが自由の源泉であり、こうした規範的判断に基づいて行動することは「自由を拘束したり減少したりするものではまったくなく、まさに自由を増進し益する」ものなのである(II. xxi. 48)。政治的権利について語る限り、自然法が関わる領域において、この法を理解する能力を有し、それに従うことは、自由の喪失ではなく自由そのものだとロックは主張する。

かくして平等を前提とした法・理性・自由の関係ができあがる。自然法に従うことが真の自由であり、その法を知る能力が理性であり、この理性があるから人間は自由と呼ばれる。人間は「理性的なものとして生まれたからこそ、生来的に自由なのである」(II-61)。ロックにとっての理想的人間とは、この関係を正しく理解し、自然法によって自己の行動を律しうる存在である。したがって、人間から成る自然状態は「自由の状態であっても、放縦の状態ではない」(II-6)。もしすべての人間がこうした理想を実現できているなら、人類というひとつの「偉大で自然の共同体から離れ、人為的な合意によって、より小規模に分化した集団へと結合する必要はなかった」かもしれない(II-128)。だが無論現実の人間はそうした状態にはない。この描写は、ロックにとってひとつの「理念型」として、そこからの差異を測るために機能する。現実の人間をこの理念的人間像と照らし合わせてみると、さらに二種類の「人間」の存在が明らかになる。理性能力は潜在的には平等に与えられているとしても、現実には差異が生じているのである(II-54)。

ひとつめの不平等は、実際に自然法を知る能力を開花させている者とそうでない者の間にある。これは典型的には大人と子供の違いである。[85] ロックにとっての子供とは(生得観念を否定した結果として)、神も自然法も知らずに生まれてくる存在である。ゆえに理性能力を成長させ、神と自然法を知る年齢になって、はじめて自由な存在となる(II-57)。大人はこの成長を手助けせねばならない。自然法の導きに従わない「獣」ではなく、神とその法を知る「人間」へと成長させるのは、両親に課せられた義務である[86]。子供を潜在的に自由な存在として描くことによって、ロックはフィルマーの前提のひとつを効果的に排除している。先に触れたように、フィルマーは、人間は生まれたときに自由を有していないがゆえに、人間は生来の自由を有さないと主張していた。一見自明の推論に見えるが、実はこの主張を成り立たせるために、フィルマーは、生まれたときに自由でなければ、その後も自由になることはないという前提を挿入している(OG：188)。それゆえ、生まれたばかりの子供であっても、契約から排除することは不正である。しかしロックにとって、子供は未だ自由ではない。「ある年齢に達して理性をもつようになると、それに伴って自由ももつようになる」(II-61)。したがって、同意主体として子供を排除することと、人間の生来の自由の想定は両立する。後に述べるように、彼らは成人になってから統治体に同意を与えればよいのである。

第二に、理性を使う能力を有しながら、すなわち自然法を知る能力を有しながら、意図的にこれに違反する人々が存在している[87]。このような人間に対するロックの目はかなり厳しく、事実上人間以下の「獣」として扱われている[88]。理性能力は「人間を天使にほぼ匹敵する」高みにまで引き上げるが、逆に「理性というものを失った場合、せわしなく働く人間の心は、野獣以下の(…)残酷さへと人間を導く」のである(I-58)。自然法にしたがわない存在が人間以下のものとして扱われる理由は、平等の定義を思い出せば容易に理解できる。先に引用したように、ロックは、同じ等級に属する被造物であれば、同程度の理性能力を行使しうると想定していた。逆に言えば、自然法に違反することによって、同程度の理性能力を有していないことが明らかになったならば、「同じ等級」に留まりえない。「法を破り、理性の正しい規則から逸脱することによって、人は堕落したものとなり、人間本性の原理を捨てて有害な被造物」へと格下げとなる(II-10)。

そのような「人間」を放置しておくことが許されるなら、他の人々に危険が及ぶことはもちろん、自然状態にも存在している自然法が法としての意味を失ってしまう。ゆえに、政治社会の法の違反者に対して罰が与えられるのと同じように、自然法の違反者に対しても自然法が何らかの形で執行されねばならない（II-7）。「獣」の有害さに応じて、各人がその違反の程度を裁定し、作物を荒らすスカンクや、人を食い殺す危険のあるライオンに、それぞれにふさわしい罰を与えねばならない。自然状態において、この執行は平等に各個人の手に委ねられている。だがこの困難さは容易に見て取れる。不偏不党とはなりえない人間の能力の限界があるため、自然法を正しく理解していたとしても、公平無私にこれを執行することは難しい（II-125）。「これが、人々が社会のなかに身を置き、自然状態を離れるひとつの大きな理由にほかならない」（II-21）。

ロックの行論からすると決して不自然ではないこの動機の説明が、しかし、これまで多くの研究者を悩ませてきた。その理由は、動機に焦点を合わせた『統治二論』第二篇第九章において、それまでどちらかといえば平和に傾いて叙述されていた自然状態が、ここで突然「戦争」に傾いて説明されはじめるからである。レオ・シュトラウス（と彼に好意的な論者）は、本章にみられる「相互間の不平不満、侵害、悪行」、「争いやもめごとがいつまでも続く」、「恐怖とうちつづく危険」、「困窮して悲惨」といったロックの言葉に注目し、ロックが隠れたホッブズ主義者であった証拠がここに表れたと解釈している[89]。普段は攻撃的なラズレットも、ここでは守勢に回っている。彼は、本章は実はフィルマーと関係なく、ここを除くと前後の章のつながりがよりよくなるため、「戦争状態」に陥っている第九章は、一六八九年に新たに挿入された箇所であると応戦する。そうすることで、この章がロックにとって周辺的な重要性しかもたず、これに依拠したシュトラウス主義的な解釈は間違っていると示唆しているのだろう[90]。

しかし先に挙げたフィルマーの「動機」についての批判を思い出してみるならば、このどちらとも違った解釈が可能である。先に引用したように、自然状態において、自分以外を王に選ぶなど合理的には考えられず、それゆえ誰も王としての地位を捨てるはずがないというのがフィルマーの疑義であった。だが彼は、ホッブズの『リヴァイアサン』を読んで、おそらく自身の「自然状態」観が危機に瀕していることに気づいたであろう。というのも、フィルマーとは反対に、合理的人間は自由を放棄してでも自然状態を脱すべき理由が存在するという主張を、誰よりも説得力ある形で述べたのがホッブズだったからである。自然状態は必ず戦争状態に陥る。そして戦争状態には「絶えざる恐怖と、暴力による死の危険がある。そこでは人間の生活は孤独で貧しく、きたならしく、残忍で、しかも短い」。第I部で触れたように、このホッブズの自然状態論に対して、フィルマーはほとんど効果的な反論ができなかった。もし人間が栄えるために不十分な資源しかなければ、「食物不足で死ぬ代わりに、お互いに滅ぼしあう原因があるかもしれない」。だが「神は創造にあたってそんなにけちけちとした存在ではなく、すべての人間にとって必要以上の物資と空間がある」がゆえに、戦争状態へつながる必然性などない(OG: 188)。どれほど寛大に見たとしても、これを啓発的な批判だとみなすのは難しい。

これが示しているのは、「動機」の問題を解決する最も簡単な方法は、ホッブズ主義者になることだ、ということである。理念型のロック的「自然状態」は、ホッブズよりは、フィルマーが都合上仮説的に導入したものにはるかに近い。そこでは神によって与えられた資源があり(もちろん労働によって増やす)、戦争状態になる必然的理由は存在しない。逆に言えば、それだけフィルマーの動機批判に応えるのは益なくして労多い仕事だということでもある。たしかにここで、自然状態と政治社会の溝を飛び越えるための踏切板があった方が便利——不可欠ではないとしても——であった。ロックはフィルマーの言葉づかいに合わせながら、この章の冒頭近くで「万人が彼と同じように王である」ときに、なぜその自由を放棄する理由があるのかと問うている。この答えが先述のようにホッブズ的になったのは偶然ではない。跳躍の手助けとなり、かつ踏みつけるのに遠慮もいらないという踏切板としての目的に完璧に合致するのがホッブズだったからである。ゆえに、ロックはホッブズ主義者なのではないかと疑いを招いた根拠は十分にある。しかし、これをもって「真の」ロックはホッブズ主義者なのだとする必要はない。それまでの論調が突然ホッブズ的になったとすれば、それは対フィルマー主義のための戦略的な逸脱としてこそよく理解できるのであって、ロックの基調がホッブズ主義であったとみなす必要はないのである。逆に言えば、ラズレットの解釈を受け入れる必要もない。ラズレットは、この章をフィルマーと切り離すことで、ロックをホッブズからも分離しようと試みていたが、まったく逆に、この章をフィルマーと結びつけることによってこそ、ロックをホッブズの罠から救い出すことができる。

同意論

自然状態から政治社会への移行の動機が存在していたとしても、それだけで「自然に」政治的関係が生じるわけではない。もちろん、その移行には同意が必要とされる。では同意の主体は誰なのか。ロックはフィルマーの批判の終点から出発し、個々人を同意の主体として選び出す。フィルマーにとって、同意の主体が個々人でない限り、それによって生まれる政治体制は不当なものになる。個々人の同意なしには、同意しなかった者の「自然権」が侵害されるからである。この批判をロックは受け入れ、そして彼も個々人の同意を要求する。[92]「いかなる契約によっても、子供たちや子孫まで拘束することはできない」(II-116)。それゆえフィルマーと同じく、ロックにとっても「賢明なるフッカー」の団体的人民観は受け入れられないものであった。実際ロックがフッカーを引用したときも、人民の団体的性格に触れている部分を削除し、その前後だけを引用している(II-134)。この点においても、ロックはたしかに「個人主義」的な政治理論を提示していると言えるだろう。実体の集合観念は、彼にとってあくまで事物を取り扱いやすくするための「人工的な心の作図」に過ぎない(II, xxiv, 3)。

フィルマーと同じように、ロックもまた人民の実体性を否定したならば、いつそのような同意がなされたのかが次の問題として現われる。フィルマーはこの「時」の観点から、規範的な問題として、契約がいつなされようとも不公正に陥ると指摘していた。比喩的に言えば、フィルマーは時間の流れに沿って変わってゆく流動的な「人民」をどこかの時点で固定してみせ、どの点を選んだとしても公平な契約はなされえないと主張する。ここまではフィルマーと立場を共有しつつ、ロックは流動的な「人民」を（フィルマーのようにその一瞬を切り取ってみせるのではなく）流動的なものとしてそのまま理解しようとする。もし人民が変わってゆく存在ならば、契約や同意はどこかの瞬間で一度になされたものではありえない。ゆえに政治社会に対する同意は、「各人が成人に達したときに順次別々に与えるものであって、大勢が一緒に与えるものではない」（II-117）。

だがそうだとすれば、再びそのような契約はいつなされたのか、という事実としての「時」の問題がより先鋭な形で現れざるをえない。他の誰でもなく、今ここに暮らす人々が個別的に同意をしたと証明せねばならないからである。フィルマーはこの可能性をほとんど検討すらしていない。そもそも彼が「祖先の同意」に言及したのは、「われわれのうち誰一人として統治体に同意を与えた者などいない」ことがわかっていたからである（AN: 142）。これに対しては、黙示的同意を持ち出すこともできるだろう。だがもしそうするなら、「継承であれ、征服であれ、簒奪であれ、君主の座についた者はすべて人民に選ばれたと言えるようになってしまう」。しかし「このような推論はあまりに馬鹿げている」（PA: 21）。フィルマーの嘲笑は様々な解釈が可能であるが、ありうる解釈のひとつは、これを黙示的同意はデ・ファクトな服従を正当化するだけだという非難と受け取ることである[93]。もし暗黙の同意でよいとすれば、結局のところ、既存の支配がいかなるものであれ、それに同意したがゆえに服従する義務があるということになり、論敵の想定する人民の自由が意味をもたないことになってしまう。

こうしたフィルマーの着想は、ヒュームを経由して、今日においても暗黙の同意批判として引き継がれている。もしロックに本気でしたがうなら、「政府は存在しさえすれば必ずやすべての人民の全会一致の継続的同意のもとに統治した、ということになる」というロック批判はその典型である[94]。しかもこれは単に後付けの非難というわけでもない。ロック以前にも、第I部で論じたエンゲイジメント論争のさなかで、実際にこうした形で暗黙の同意論は用いられていたからである。「人々が、混乱と戦争によって国が壊滅してしまうよりは、平和的に保持されている権力が一時的に統治する方がよいということに同意したのであれば」、すなわちアナーキーよりは何であれ統治者がいた方がましだと考えたならば、「そこには人々の暗黙の、あるいはそう解釈される同意が存在する。そしてこのような同意は、そうした統治者を立てるに十分である」[95]。

ここでひとつのジレンマに直面する。フィルマーの嘲笑を避けるためには明示的同意が必要である。しかしすべての個人が一人ずつ同意したことを示すためには黙示的同意が不可避であるように思われる。ロックの同意論の細部に立ち入る余裕はないが、彼の同意論の混乱の多くは、特定の国の領域内で生まれた人間の、その国における地位をいかに説明するかを巡って生じている。つまりイングランドで生まれた人間がイングランドの成員となるために、どのような種類の同意が必要であるかがはっきりせず、どう読んでも矛盾するような記述すらみられるのである[96]。この問題に対する有力な解決方法のひとつは、明示的同意は、はっきりと表明されたものだという言明を無視して、「行動によって明らかになった傾向性(disposition)」と理解することだろう[97]。言いかえれば、形式上、明示的同意もまた、黙示的に与えられるとみなすことである。さもなくば、成人が「同意などはまったくなされなかった」と誤解するはずもない(II-117)。

しかしそう考えるとすれば、フィルマーのもうひとつの批判、つまりそれではデ・ファクトな絶対服従と何も変わらないではないかという冷笑をどのように避けられるのだろうか。リチャード・アッシュクラフトはこの点を強調する。アッシュクラフトによれば、ロックがもし暗黙の同意論を採用していたならば、彼は自覚的に自身の主張をフィルマー支持者による追及の矢面に曝したことになるが、ロックがそんな選択をする可能性は到底ありそうもない[98]。愛敬浩二もまたアッシュクラフトに賛意を表し、黙示的同意を「辛辣に非難したフィルマーを批判する文脈においてロック政治思想が形成されて来た以上、ロックが政治社会の基礎に措定した同意とは「明示的同意」を指すものであったと理解するのが説得的である」と述べている[99]。

だがこの結論は、ロックの同意論の特徴が、同意論と「神の意志」を「「神学的パラダイム」の枠内で接合した点」をいささか軽視しているように思われる[100]。ロックは自身の同意論が、黙示的であれ明示的であれ、デ・フアクトな服従理論に至るものだとは考えていない。それは端的に、彼が同意とは別次元で神の命令としての自然法を想定しており、この法が同意に限界を課しているからである。[101] 人間はあらゆる支配に同意する権利をもっているわけではない。人間は「神の所有物」であり、自己保存の義務を有しているがゆえに(II-6)、「契約によって、あるいは自分自身の同意によって、自分を他人の奴隷にすることはできない」(II-23)。ロックにとって、人間は人間を奴隷化するような絶対主義体制にはそもそも同意することができない。自然法は同意から独立している

――「民の声は神の声」ではない[102]――ために、たとえ暗黙の同意を想定しようと、人民の自由を意味ある形で主張することは可能なのである。もちろんこれは同意論が不必要だという意味ではない。同意は統治の正当化機能を担う重要な概念である。だがロックにとっての同意は、倫理的真空状態でなされるものではなく、倫理に満たされた世界での出来事である。[103] そして、フィルマーの嘲笑への応答として重要なのは、明示的同意を採用したか否かではなく、むしろそれに先立つ規範体系の存在である。言いかえれば、アッシュクラフトたちの想定とは違って、フィルマーの批判を受けてなお、ロックには暗黙の同意を採用しうる選択肢が開かれていたのである。

政治社会の条件

同意によって政治社会ができあがると、自然状態における法と理性と自由という三一構造が、政治社会の中で再現されることになる。私は先に、法に従うことが真の自由であり、その法を知る能力が理性であり、この理性があるから人間は自由と呼ばれると述べたが、これは自然法でも実定法でも妥当するわけである。子供は自然法が理解できる年齢になってはじめて自然法との関連で自由になったと言われるように、特定の国の法が理解できる年齢になって、その国において自由になったとみなされる(そして同意の主体になれる)。正当な実定法は自然法の範囲内になければならないから、実定法への服従は、自然法への服従と同じく、自由の制限ではない。要するに、自然法であれ実定法であれ、「法に服することができる被造物のあらゆる状態において、法のないところに

自由もない」(II-57)。

ロックにとって、政治社会とは正当な政治権力が存在する社会であって、正当な政治社会とは重複話法である。[104] 彼の厳しい基準に適合する政治社会は、世界にほとんど存在しない。ギリシャ人を支配するトルコは政治社会ではないし、ルイ一四世のフランスもそうではない。これらはただの社会である。政治社会とみなすためには単に「平和」あるいは「秩序」があるだけでは不十分である。[105] ロックは、自身が所有していた仏語訳『統治二論』の表題紙の右下に、自筆で「平和と自由(Pax ac Libertas)」と書き入れていた。[106] この二つが両立してはじめて「政治社会」なのである(II-238)。イングランドの古来の国制は、こうした厳しい「政治社会」の基準を満たす、歴史上おそらく稀有な存在であった。しかしいまやイングランドでも政治社会は解体してしまった。統治の正当性が失われる条件、すなわち統治が解体する条件としてロックが挙げている例は、彼が『統治二論』を書いている最中にイングランドで起こっていた出来事である。たとえばそのひとつとして、議会の活動がある。議会は、単に開かれるだけではなく、十分な時間開かれていなければその意味をなさないがゆえに、君主がその活動を妨害したときには、立法部は改変されたとみなされる。排斥法危機のさなか、チャールズが議会解散を繰り返して法案成立を妨害したことが思い出されるべきだろう。そしてこの場合、君主は「立法部を奪い取り、統治に終止符を打つことになる」(II-215)。

『統治二論』執筆中のイングランドがそうであるように、統治がすでに存在しないにもかかわらず、君主が「人民の生命、自由、資産に対する絶対的な権力」を誰かに行使しようとしたならば、両者の間で戦争状態が現れる(II-222)。そして「人は、自分に戦争を仕掛けてくる者(…)は、狼やライオンを殺してもよいのと同じ理由によって、これを滅ぼしてもよい」ため(II-16)、誰であっても、かつての統治者に対する「専制権力」――すなわち自分より下位の存在を処理する権限――を得て、処罰することができる。そうした者は、理性が教える平和の道を放棄して、何の権利もないのに戦争という暴力を用いて他人に対する不正な目的を達成しようと企てたのである。それゆえ、こうした者は、獣のように暴力を権利の掟とすることによって人類から獣類へと転じたのだから、彼らは、人類とは社会も安全も共有することができない野獣あるいは有害な獣と同じように、被害者や被害者に加担して正義を行おうとする他の人々によって殺されても仕方ない立場に身を置いたと言わなければならない(II-172)。

ここで問題となっているのは、自然法の執行であって、自己保存権にもとづく狭い意味での抵抗権ではない。むろんあわせて広い意味で全体を抵抗権と呼ぶこともできるが、ホッブズが基礎とした狭い意味での自己保存権と、ここでの自然法の執行は、ロックにとって一応は区別されるべきものである[107]。抵抗権は政治社会があろうとなかろうと行使される可能性がある。たとえば強盗に押し入られ、自分の身の危険を感じたときに行使されるのがこの抵抗権である。もちろん何をもって差し迫った危険とみなすかによって、抵抗権はかなり広範囲にまで広がる可能性もある(これがホッブズの抵抗権問題である)。しかし、どれほど想像をたくましくしても、君主が議会の解散を繰り返している事態を自己保存の危機と結びつけるのは至難のわざであろう。これに対して、自然法の執行は、政治社会においては為政者の任務であり、それとかかわりのない個人はその権限を為政者にゆだねなければならない。だがいったん信頼が損なわれ政治社会が解体してしまったならば、自然状態でそうであったように、誰がその執行をしてもかまわない。この意味での処罰権を抵抗権と呼ぶならば、ロックの「抵抗権」は、だれであっても自然法違反を処罰してよいという意味で権利であり[108]、だれであっても自然法違反者を処罰するのが神の要求であるという意味で義務である[109]。

だがもちろん、これこそがフィルマーの最も恐れた結論であった。はじめに述べたように、そもそもフィルマーが力を込めて人民の自由を否定したのは、それが不可避的にアナーキーを導くと判断したからである。フィルマーはホッブズの自己保存権ですらアナーキーにつながるとして危険視していた。その留保は「あらゆる統治体にとって破滅的であり、リヴァイアサンにとってすらそうである」。自己保存権をあきらめない限り、結局のところ、戦争状態が再来する(OG: 195)。もしフィルマーが『統治二論』を読んだとしたら、ロックにも間違いなく同種の問題を指摘しただろう。ロックが『統治二論』を書いた頃、フィルマー本人は既に過去の人間になっていたとはいえ、彼が繰り返し表明していたアナーキーへの嫌悪は、未だ消え去らぬ過去であった。ロジャー・レストレンジやサミュエル・パーカーといった当時の大物の政治や教会のリーダーも、アナーキーへの嫌悪をテコとして秩序維持の必要を力説していた。よく知られているように、ロック本人もかつてはそうだったのである。

それゆえ、契約論はアナーキーの理論に過ぎないというフィルマーの見解は、ロックにとって真剣に応答すべき対象であった。ロックはまず、自分ではなくフィルマーこそアナーキーの支持者であると読者に理解させようとする。フィルマーが望む絶対王制は、人民のプロパティに対する無制限の権力を君主に与えるという点で「戦争状態」を作り出す(II-91)。そうであるから、「絶対王制というものは、(…)政治社会とまったく相容れず、政治的統治のいかなる形態でもありえない」(II-90)。加えて、フィルマーはアダムの権利の相続によって君主の権力を説明しようとしているが、「誰にこの権利が属するかについては、彼は(…)その著作からはうかがい知ることができないままに放置している」(I-109)[110]。これらの有する含意は、第二篇第一七章で明らかになる。ロックは、おそらくはフィルマーも同意するであろう形でアナーキーを定義する。アナーキーとは、「統治の形態を一切もたない状態、あるいは、統治の形態を君主制にすることには同意しながら、しかし権力をもち、君主となるべき人物を知ったり任命したりする方法を何一つ定めていない状態に等しい」(II-198)。

自分ではなくフィルマーこそが「アナーキー」の擁護者であると示唆した上で、さらにロックはフィルマーのプロジェクトが無益だと指摘する。フィルマーは絶対的な権力を主権者に与えることによって、内乱や被治者の叛乱を根絶しようと考えた。しかしロックにとって、これは端的に不可能な試みである。統治者の権威を神聖視し、褒め上げてみたところで、恣意的権力が濫用されれば事実として叛乱は起こる(II-224)。アナーキーとは「すべての統治につきまとう弊害なのである」(II-209)[111]。あらゆる体制が不可避的に叛乱の危険を宿しているとすれば、問われるべきは絶対君主制がこの弊害を最もよく避けうる体制であるか否かである。ロックの答えは、無論「否」であった。絶対主義の教説ではなく、人民には絶対主義に叛乱する権利があるという教説によってこそ、人民の抵抗は少なくなる。なぜなら絶対主義の教説は、王に定められた法を越えて行動するよう勧めることで、むしろ事実として起こる人民の抵抗を促すことになるからである。逆に、為政者の限界を示す教説は、為政者がなしてはならぬことを理解させることで、結果として人民の抵抗も少なくなるだろう(II-226)。

少し広い視点からみると、片方で抵抗権を説きつつ、もう片方で絶対主義者こそが人民を叛乱へと駆り立てるのだと攻撃するロックの手法は、第I部で取り上げた、内乱期の議会派と王党派双方の所説をうまく統合したものだと評価しうる。一方で、ロックは抵抗という契機がない限り、権力の制限の保証がなくなってしまうと考えている[112]。この点ではかつての議会派のロジックと共通している。ロックにとって、政治権力は特定の目的を果たすために立てられたものであり、それが達成されない場合、「統治」は消失し、「統治者」の処遇は人民に任される(II-149)。この人民の最終的な主権的権威が存在するからこそ、通常状態における混合政体論が意味をなすのである[113]。だが他方で、かつての王党派と同じように、権力が制限されているからこそ抵抗は起きないのだという論法もまた採用している。ロックは、人民というものは一般的に保守的であるが、暴政の度が増せば増すほど、事実として叛乱を起こすものであると指摘している。逆に言えば、暴政に陥らない限り、人民は抵抗しないであろうということである。ゆえに、人民の叛乱を防ぐ最良の手段は、統治者にその事実を教えることによって、暴政をおこなう権利などないと理解させることである。かくして、ロックの抵抗権論は、かつての王党派の唱えた目的を達成するためには、かつての議会派の主張を受け入れることが最善だと教えるものとなっているのである。「アナーキー」をあらゆる統治体制に伏在する可能性とみなし、問うべき問題を、どうすれば「アナーキー」

を絶対に防げるかではなく、どうすればアナーキーになる可能性を減らせるかという形に再編成することによって、ロックは絶対主義とアナーキーの関係をフィルマーとは違った形で評価しうるようになった。フィルマーの著作の目的は、アナーキーと絶対主義を比較し、後者の方が望ましいという判断に支えられている。内乱期を中心に執筆活動をしていたフィルマー本人にとって、これはほとんど説明不要の判断であった。だが自身の結論の成否がこの価値判断にかかっているがために、彼は人民の判断の介在を許すローマ共和制や同時代の共和政体の惨状を引き合いにだし、彼の判断に従うよう、読者を説得しようとする(AP：255-9)。これは先に触れたようにレストレンジやパーカーの手法でもあり、さらに一般的に、いわゆる「絶対主義」は、この不変の不等号を前提として組み立てられている。「どれほどの専制体制であっても、アナーキーの悲惨に匹敵するものはない」とは、ボダンが『国家論』に記している一節である(114)。

だがそうであるがゆえに、契約説はアナーキーを導くというフィルマーの命題が批判として意味をなすには、絶対主義よりアナーキーの方が悪いという価値判断を彼と共有していなければならない。広い意味での抵抗権の正当化とは、すなわちこの価値判断の逆転である。もし統治形態をもたないあらゆる状態がアナーキーであり、かつ絶対主義とは戦争状態である特殊な形態のアナーキーであるとすれば、これは「自然状態、つまり純粋なアナーキーに比べて、優るどころか、むしろずっと劣るであろう」(II-225)。この判断が受け入れられるならば、契約や同意がアナーキーを導くというフィルマーの命題はもはや批判であることをやめ、むしろ「自由主義的政治」に必要不可欠な価値すら示す命題として理解されることになる。ロックは言う。

> 統治の目的は人類の善にある。そうであるとすれば、人民が専制の際限のない意志にさらされることと、支配者が、その権力を濫用するようになり、それを人民のプロパティの保全にではなく破壊に用いる際にはときとして抵抗を受ける場合とでは、どちらが人類にとって善であろうか(II-229)。

かくしてロックは、フィルマーの批判に反論しつつ、絶対主義かアナーキーかという選択肢を、後者に有利になる形で再編成したのである。

4 残された問い——フィルマーとロックの遺産

フィルマーは、スアレスやベラルミーノなどの契約説を目にして、理屈の点からも、結論の点からも、説得力を欠いていると考えた。伝統的な契約理論は、過去から現在につながる人民という神授権を有する団体が、多数決によって、過去のどこかの時点で、統治者にその権利を与えたという想定に基づいて、現在の個人の服従義務を説明するものであった。これに対して、フィルマーはこの想定に基づいてなされた「契約」がなぜ現在の人間を縛るのかを問題とした、彼にとって、自由な人間を拘束するのは、過去の同意でも多数の同意でもなく、その当人の同意(子供でも誰でも)のみであり、さもなくば生来の自由という観念自体が誤っている。だがもし個人が元々自由であれば、政治体に服従する動機がない。さらに、もし個人の同意のみが服従義務を生み出すのだとすれば、その解除の是非も個人の良心で決まることになってしまう。だとしたら結局それはアナーキーの擁護にすぎない。こうして彼は、その唯一のオルターナティブとして、アダムの権利を持ち出すのである。

これを受けて、ロックは二つの仕事をせねばならなかった。ひとつは「アダムの権利」などというものが存在しないことの証明であり、もうひとつは「アダムの権利」が存在しなくとも、フィルマーの批判したものとは違う形で、同意や契約といった概念によって政治秩序を構成しうることの証明である。前者は『統治二論』第一篇、後者は第二篇において果たされた。第二篇において、ロックはまず「契約」の図式で説明可能な範囲を限定する。ホッブズとは異なって、ロックにとっては、親子の権力関係も、所有権も、正義も、同意や契約によって作られるものではない。同意によって説明されうる政治の分野において、ロックはフィルマーの批判を一部は引き継ぎ、一部は正面から受け止め、それをひとつずつ乗り越えていく。人間は理性を有した潜在的に自由な存在であるがゆえに、子供は大人になってから同意すればよい。それぞれの個人が大人になってから同意する以上、同意は過去の団体ではなく、今を生きる個々人がなすものである。ロックはここで多少ホッブズ的な色合いのある戦争状態の危険を利用し、自由から服従への移行の動機を説明する。こうした個人主義的な同意論は、一見したほど強くアナーキーを招来するわけではない。人民は保守的な傾向を有するからである。だが平和だけが価値なのではない。政治体は、平和と自由のために、そしてそれを通じて、個人の救済を助けるために存在しており、だからこそ暴力的抵抗も許される場合があるのである。

以上のようなフィルマーとロックの「論戦」から三〇〇年以上経過した今日、われわれはそこから何を学びうるのだろうか。この問いに適切に応答するためには、しかし、まずは「われわれ」とは誰かを先に問わねばならない。この二人の論戦を踏まえて契約説を再考するのがわれわれの役目であるといったとき、今日の政治哲学的課題を共有する、共時的な「われわれ」を考えることもできよう。その一員として、たとえば、今日契約説は政治を理解する上でどれほど有益なのかを政治哲学的に探究する道もあるだろう。そうしたチャレンジのためには、多くの取り組まねばならない相手がいる。たとえば、本書でたびたび言及してきたラズレットはその一人である。彼によれば、契約モデルによる政治理解は、抽象化された個人を出発点においているがゆえに、政治的義務を適切に説明することができず、それゆえ「契約説の社会あるいは政治理解の一般図式は、救いようがなく誤っている」[115]。井上達夫もまた社会契約モデルによる政治理解には懐疑的である。彼によれば、ロールズやノージックといった、一見すると社会契約を有効に利用しているような理論家であっても、重要なのは実は社会契約理論とは区別されうる「自然状態」論であって、社会契約は重要性をもっていないのである[116]。これに対してジョン・ダンは、契約理論の重要性は承認している。だが彼にしても、無条件に現状でのその意義を認めるわけではなく、今日の「正義論」とかつての「政治的義務」の架橋を現代政治理論の喫緊の課題として提示している[117]。

共時的「われわれ」にとっての政治哲学的議論の重要性を承認しつつ、他方で「われわれ」の問題をそれだけに還元することはできない。これに加えて、言ってみれば通時的な「われわれ」を、先の問題を引き受ける主体として設定することもできる。すなわち日本語圏において西洋政治思想を学ぶ「われわれ」にとって、フィルマーとロックを通じて契約説を論じるとは何を意味しているのかである。こうした問題意識をもって、日本の過去の政治思想史を振り返ってみると、契約モデルによって政治を考察するという手法が、日本語圏においては上述の問題意識とは異なった形で、あるいは英米圏にはおそらく希薄な問題意識にしたがって、受容されていたことに気づかされる[118]。哲学者でありかつエッセイストとして知られる中島義道は、ウィーン留学時代を回想しながら次のように語っている。

> 私はウィーンに滞在してはじめて「社会契約説」が理解できるような気がした。ほうっておいたら、隣のおばさんも肉屋もパン屋も不動産屋も警官もほんとうに全滅しかねないことがよくわかったのである。また〈冗談半分に学生たちに言うことだが〉、下宿の大家も指導教授も〈超越論的主観〉だった。全世界を自分のほうから一方的に意味づけよう、構成しようというおそるべき野心の持ち主が来る日も来る日もいたるところで私につかみかかってきた。こうした肥大した自我同士がお互い呑み込まれないように必死に抵抗している情況から他者問題は生いたち、各人が自分のみを正しいとする閉塞情況を突破するために生まれたのが討議倫理なのだ。(…)そして一方、この国で私は一人の〈超越論的主観〉にも会っておらず、他者は私を滅ぼそうとはせず、誰も肚芸を信じこそすれ討議倫理なんて信じていない。それなのに、あたかもこれらをストレートにわれわれの問題であるかのようにジャーナリズムもアカデミズムも朗々と論じているとは[119]!

中島はもちろん冗談として語っているわけだが、読みようによっては、たしかにこれは戦後の多くの学者たちが取り組んだ課題を見事に表現しているとも言える。近代政治に必要な「超越論的主観」が存在しなかったことの帰結が、政治の自然化あるいは神秘化であり、かつ(同じことだが)政治の人為性の把握の失敗であった。それゆえに社会契約も、正義の発見的方法や政治的義務の根拠というよりは、政治の人為性と、それを担うべき確たる近代的個人の性質を発見するための方法であった。[120]すなわち、社会契約という観点から、前近代と近代とは何かが問われたのである。

第二次世界大戦後、そうした対比をするためにひとつの象徴となったのが、フィルマーとロックという関係であった。だがロックもフィルマーも、その時点ではじめて日本語圏の議論に登場したわけではない。この二人の関係それ自体にも歴史があり、その末尾に「われわれ」がいるのである。続く第四章において、私はフィルマーを主とした日本での「受容史」を描き、その中で、共時的「われわれ」が契約説再考に取り組むとしたら、それはどのような通時的「われわれ」の歴史につながる行為となるかを叙述してみたい——すなわち、ひとつの「未来の過去(Future's Past)」を描く試みである。

第四章　日本における「フィルマー」の影——三つのフィルマー論争

1　フィルマーという藁人形

バートランド・ラッセルの印象

彼のような目に遭えば、誰もが二度と日本には立ち寄るまいと思うだろう。バートランド・ラッセルが日本から受けた印象はほぼ最悪といってよいものだった。(1)一九二一年、改造社の招きに応じて、中国からの帰路に二週間ほど滞在したはいいが、その間トラブルがやむことはなかった。すでに来日前から新聞に死亡記事の誤報が掲載され、病み上がりであったにもかかわらず、到着後は警察や新聞社に追いかけまわされた。特に行く先々でカメラの閃光をたかれることにラッセルは辟易していた。パーティー会場で会話を邪魔されたこともたびたびあったという。堪忍袋の緒が切れたのは、同行していた妊娠中のドーラ・ブラックが閃光の嵐で気分を悪くしたため、新聞記者を注意したにもかかわらず、一向にそれが止まなかったときのことである。彼は激怒し、手持ちの杖で記者に殴りかかった。後に彼は「私は足をひきずっていたので追いつくことができず、それが幸いした。確かに殺人を犯しかねなかったからだ」と回想している。(2)

そのおよそ二〇年後、彼は『西洋哲学史』の執筆を開始した。同書の皮肉を交えた叙述はつとに有名であるが、しかし、フィルマーにまで筆が進むと、ラッセルもいくらか苦労したに違いない。フィッギスが言っていたように、すでにフィルマーへの皮肉に全精力を費やした人々が山ほどいたからである。[3] だがそのときラッセルは、あの印象の悪い国を思い出し、これまでの誰にも劣らない皮肉をあみだした。

政治的権力がいかなるやり方においても、子供に対する親の権力と同等に考えるべきだ、といった考えは日本以外にいるどのような現代人にも思い浮かばないであろう。確かに日本においては、フィルマーの言説ときわめて類似した説が今なおいだかれており、それはすべての教授や学校教師によって教えられねばならないとされている。ミカドはその祖先を太陽女神〔訳注：天照大神のこと〕にまでたどることができるのであって、ミカドはその女神の後裔だという。他の日本人もまたその女神の子孫であるが、女神家系の末家に属している。したがってミカドは神であり、彼に対するあらゆる抵抗は冒瀆であるという。この理論は、主として一八六八年に創案されたのだが、現在の日本においては、世界が創造されて以来、伝承によって連綿と伝えられてきたのだと称されている。[4]

ラッセルによれば、ある種のフィルマー的理論は世界中の多くの地域で見出せるもので、人類の思想的発展の特定の段階においては、こうした理論はむしろ自然なものですらある。それゆえ日本人がこうした神話を信じ込んでいるのも、それとしては別段不思議なことではない。ただ単に、「ステュアート王朝期のイングランドは、この段階を通り過ごしてしまったのだが、近代日本はまだそれを通過しきっていない」だけの話である。[5]

第二次世界大戦が終結した四年後、ひとりの政治学者が「ジョン・ロックと近代政治原理」と題された論考の中でこのラッセルの言葉を引用し、「われわれとしては是《これ》を単にラッセルらしい皮肉と言ってすましてはいられない」と書き添えた。[6] この著作家は、戦後日本でもっとも影響力の強かった政治学者である丸山眞男であり、「われわれ」とは、もちろん日本人のことである。丸山はロックの『統治二論』第一篇が退屈に感じられるかもしれないと認めている。だが日本の読者だけは、戦前の体制を思い出しつつ、これをじっくりと読まねばならない。なぜなら「われわれ」がようやく脱した体制は、まさにフィルマー主義的だったからである。

> 君主の統治権は、神がアダムに与えた支配権が歴史的正統に従って代々伝えられた結果であるという論拠、君主の臣民に対する絶対無制限の権利は父としてのアダムの子に対する権利に淵源し、政治的主権は家長権の延長であり、国家は家族の拡大であるという説、従って子が永遠に父を崇めねばならぬと同じく、臣民は君主の命に絶対服従する義務をもち、之《これ》に違反する者は祖先に対する背反であると同時に神意に対する反逆であるとなす説――こうしたフィルマーの考え方は、ついさきごろまで疑うことを許されなかった日本の「国体論」に必要な変更を加えて《ムタティス・ムタンディス》そのまま妥当するではないか。(7)

ラッセルや丸山の発言を読んでいると、あたかも祖国イングランドで見捨てられた一人の紳士が、ついに極東の地に安息の場を見つけていたかのような感覚に襲われる。実際、丸山もこの引用に続けて、「彼が日本に生れなかったのが不運に思われる位である」とすら書いている。

しかしながら、こうした期待をもって戦前の日本にフィルマーの影を探そうとするならば、完全なる期待外れが待っている。残念ながら、戦前日本もまたフィルマーにとっての安住の地ではなかったのである。本章において、私はイングランドを離れて、日本におけるフィルマーの死後の生を辿ってみたい。かつてジェームズ・デイリーは、『統治二論』が残した永続的な遺産は、その内容如何という以上に、それ以降、ロックに反対すればフィルマー主義とみなされるという確固たる二項対立図式を作った点にあると述べたことがある。「ロックを受け入れ、フィルマーを退けるか、あるいはフィルマーを受け入れ、ロックを退けるか」というわけである。(8) なるほどたしかに丸山の見解はこれを裏書きしているようにもみえる。しかし(以下でみるように)この対立図式がいつでもどこでも妥当するという主張は端的に神話であって、実際には、この構図が当てはまる時期とそうでない時期が存在している。これが意味しているのは、要するに、ロック以後も意味あるフィルマー受容の歴史が書けるということである。そこで私はデイリーの主張を単に神話として投げ捨てるのではなく、日本においてこの図式がいかなる形で成立するようになったのかを歴史の中で追跡したい。

方法と目的

この目的のため、本章においては「受容」の範囲をかなりの程度限定している。第一に、私は、日本政治思想史において、フィルマーの思想の類似物を探し出そうとしているわけではない。本章で取り上げる対象は、「フィルマー」という言葉が、何を表現するために用いられたのかに限られる。もちろん、フィルマー的と形容したくなるような思想は存在していた。特に(クッティカが言うように)「忠君」と「愛国」という二つのシンボルの統合こそが『パトリアーカ』の目的のひとつであったとすれば、これを聞いて明治期の対立を思い出さない方が難しい。まさにかつて「愛国者」がそうであったように、一方で、キリスト教徒を中心として、「忠君」と「愛国」の分離を試みた人々が存在した。[9] だが彼らの努力は報われず、日本においては「忠君愛国」派が完全なる勝利をおさめた。「徳義の主要は忠君にして忠君も愛国も其致一なれば、国民一般に忠君愛国の精神を以て国体を維持せざるべからず」というわけである。[10] この意味では、疑いなく、日本は「フィルマー的」な国であった。しかし重要なことは、おそらく誰もこれがフィルマー主義だとは思っていなかったし、確実に誰も「忠君愛国」をフィルマー主義として正当化しなかったということなのである。

第二に、過去の思想家たちが「フィルマー」というレッテルをいかに用いたかに焦点を当てるため、フィルマーの思想の紹介や、あるいは研究史の一部としての記述されうるような「受容史」は、ほとんど取り上げることはできない。こうした意味での「受容史」がはじまったのは、一八九五年に公刊された織田一《はじめ》の『国家学汎論』

からであると思われる。織田は、ルイ一四世のものとされる「朕は国家なり」という言葉に触れ、その背後にある「君主専制」の理論家として、「ボーヂン及ホッブズ両氏之を始めフィラー及ボーセーの両氏」に言及している。[11] 織田はここでFilmerを「フィラー」、Bossuetを「ボーセー」と誤記し、さらにフィルマーとフィヒテを混同してどちらも「フィラー」と呼んでいるが、彼が明らかに記述の下敷きとしたブルンチュリの『近代国家についての教説』の対応箇所を見る限り、[12] ここで言及されているのは間違いなくフィルマーである（『国法汎論』はすでに加藤弘之が翻訳していたが、[13] これを大幅に増補改訂したのが『近代国家についての教説』である）。織田の著作で初登場を果たしたフィルマーであるが、その後も、思想史の概説書などでときどき言及された。[14] こうした一種の研究史はたしかに興味深いものであり、言うまでもなく、探究する価値もある。[15] だが以下で述べるように、研究史的な「フィルマー」受容とは（ある程度）区別しうる、「通訳不可能で相互排他的な信念と取り組むための、様々な文化的戦略」の一部を構成する積極的なフィルマー受容史が存在し、私はそれを中心に据えてストーリーを組み立てている。[16]

上述の限定を付した上で、私は本論でいくつかの「フィルマー論争」を取り上げる。だが範囲に限定を付したとしても、あらゆる歴史事象と同じく、これらの論争を意味ある形で理解するためには何らかの分析枠組が必要不可欠である。本書では日本におけるフィルマーの運命を理解する手掛かりとして、フィルマー対ロックという一般的に受け入れられている二分法ではなく、「フィルマー」「ロック」およびひとつの価値体系としての「日本」という三つのシンボルの関係の意味変化を、分析の外枠として設定する。こうした観点からまとめれば、本論の見取り図は大枠で次のようになるだろう。戦前日本の「フィルマー主義者」は、先にも述べたように、フィルマーの名前を用いて自分たちの価値を守ろうとしたわけではまったくなかった。彼らは、むしろ特殊「日本」という価値体系を守ろうとしていた。他方で戦前日本の反フィルマー主義者たちも、ロック的価値観を支持するためにそうしたわけではない。反フィルマー主義者たちは、フィルマー主義の導入が、特殊「日本」という価値体系を危機に曝すと考えたのである。言い換えれば、彼らが論敵をフィルマー主義と呼ぶことによって守ろうとしたのは、ロック主義ではなく、「日本」という、それ自体としては論敵とも共通する価値体系であった。これに対して、戦後の反フィルマー主義者は、戦前「日本」をフィルマー主義と重ね合わせることによって、「ロック主義」による日本の変革の可能性を探ったのである。

より具体的に言えば、以下では次のように論述を進めるつもりでいる。第二節において、「フィルマー主義者」と評されることになる穂積八束の思想をまとめた後、彼の理論を巡って起こった戸水寛人と高橋粲三との論争を取り上げる(第一の論争)。彼らの論争は短期間のうちに終了したが、それでも彼らの議論の構造は、次の世代の論争にも引き継がれた。それが第三節で扱う、穂積の弟子上杉慎吉と、その敵対者たる美濃部達吉を中心とした論争である。美濃部は相手をフィルマー主義者だと難詰していたが、だからといって自身の主張を支えるためにロックを援用することは決してなかった。だがこの状況は戦後のフィルマー論争で一変する。第四節ではこの最後のフィルマー論争——ここでは特定の思想家ではなく、「戦前」が総体として問題となった——に焦点を絞り、いかにしてフィルマー、ロック、日本の関係が変化したかを論じる。中でも丸山は、「われわれ」がフィルマーとロックの対立を引き継ぐことは何を意味するのかについて、いくつかの重要な考察を残している。最後にこうした議論から引き出しうるインプリケーションを確認して終わりたい。

2 「ロバート、フヰルマー」の登場——穂積八束・戸水寛人・高橋粲三

穂積八束の「フィルマー」主義

徳川体制が一八六八年に正式に崩壊した後、政治指導者たちは、それまでの幕藩体制に代えて中央集権的な国民国家の創設を目指し、様々な改革に着手した。新しい時代の政治指導者たちは、江戸時代の終わり頃までは政

治的にほとんど無力であった天皇を国家の中心に据え、日本という国家の統合原理としたのである。[17] こうした全面的な変革を伴う徳川末期から明治初期の時代は、史上特筆すべき動乱の時代であり、身をもってこれを体験した人々の多くにとって、徳川時代はもはや夢としか思えない過去になっていた。[18] もちろん、こうした大変革を長足の進歩とみるか、それとも必要な行程のスキップとみるかは、ひとによって異なる。イギリスの偉大な法制史家フレデリック・メイトランドは後者であった。「日本人はあまりの多くの段階を省略しようと試みてきた」ため、「この真新しい憲法体制はそのうち破綻する」に違いないと彼は考えていた。[19] どう評価するとしても、しかし、「もはや彼らは一八五〇年にいた場所へは戻れない」という見解には、誰もが同意しただろう。[20]

成功は約束されているかにみえた。だがこの時代は、後に非常に悪名高いものとなる「家族国家観」が徐々に形成されてゆく時代でもあった。政治的指導者とその協力者たちは家族というシンボルが有する自然的愛着を、国家の忠誠へと変えることによって、国民の自発的服従を確保しようと試みたのである。[21] もちろんこの言説の形成過程はまったく単純なものではない。家族が家族として「私的領域」として理解される限り、国家への「公的」忠誠の妨げとなる可能性も十分にあったからである。ヒントンが言うところのフィルマー的な問題、すなわち、自然的な父と君主という一国の「父」が対立したとき、優先順位が不明確になるという問題がここで再燃しているわけである。実際、明治三七年に出版された最初の国定修身書では、国家の危機に際しては、家族を忘れ、国家に奉仕する必要が説かれている。[22] つまりここにおいては家族すなわち国家という等式は、未だ不完全なものにとどまっていたのである。

こうした理論的難点に対して、複数の思想家が「私的」な忠誠と「公的」な忠誠を、祖先崇拝を媒介として結びつけようと試みた。その中でも、最も体系立った理論を提示したのが、後に「フィルマー主義」と冷評された穂積八束である。[23] 彼の家族国家論をとりわけ有名にしたのは、明治二四年に発表された「民法出でて忠孝亡ぶ」と題された新民法案論批判であろう。彼は同論説において、祖先崇拝と家族原理を保持してきた日本には、キリスト教的個人主義を基礎とした新民法案は不適切であると説いた[24]。彼はヨーロッパの歴史を振り返り、個人主義的民法の導入が、日本の家族主義的伝統を破壊しかねないと危惧している。キリスト教以前のヨーロッパは、日本のような祖先崇拝とそれを基礎とした家族制度を採用していたのだが、このシステムはキリスト教によって破壊され、個人主義的な法や道徳が導入されたのである。宗教と法制度、そして一国の「美俗」のつながりを重視する穂積は、法制度が変化しても祖先崇拝や「美俗」だけは安泰無事だと考えることはできなかった。「孝道は祖先教家制の影」なのである[25]。穂積はこの有名な論考を、はたして君主国の「美俗」は、「唯学校の修身教課書を以てのみ保維することを得るか」と反語的に問うて終えている[26]。

日本と西洋の対立図式を描き出すうえで彼が頼みとしたのが、フランスの歴史家フュステル・ド・クーランジュの『古代都市』であった。クーランジュは、インド・ヨーロッパの原初的共同体は家族であり、家族は同時に信仰共同体であったと主張する。各々の家の「かまど」には聖火がたかれ、それによって祖先が祭られた。この宗教の祭司長が家長である。家長は宗教的権威をもって、家族のメンバーの行動を規律する。当時、家長がとりわけ気を配ったのが、家系を絶やさないことである。家が滅びてしまえば、現家長たる自分の死後、祖先への崇拝をなす者がいなくなってしまう。個人とはこの祖先崇拝の連続の中の一コマに過ぎず、家長の権威といえども、あくまで祖先崇拝の主任祭司としてのそれに発したものである。「ふるい家族宗教にとっては、家族が真の本体であり真の生活体であって、個人はその不可分の肢体にすぎなかった[27]」。古代の所有権の淵源も、この家族観に求めねばならない。古代において、所有権とは「かまど」の不可侵性の表現であって、その主体は「家」であった。ゆえに、個々人がものを自由に処分する権利という意味での近代的な所有権など彼らには想像することすらできなかった。

穂積もまた、このようなクーランジュの叙述をほとんどなぞっており、こうした家族像のスケッチがクーランジュの著作全体の要旨であるかのように述べている[28]。だが実のところこれは『古代都市』のごく一部の要約にすぎず、これを全体像として提示するのは——もちろん穂積は意図的にそうしているのだが——ほとんど曲解と言って大過ない。全体を通してみれば、クーランジュが描いているのは、穂積が伝えようとした祖先崇拝家族主義とキリスト教的個人主義の対立ではなく、祖先崇拝的家族制度が、すでにキリスト教誕生以前に、どのようにして崩壊していったかである。クーランジュによれば、この崩壊は、家族主義とキリスト教の対立ではなく、それに先立って生じた家族共同体と政治共同体の原理的対立にその原因を求めることができる。家族と国家という「このふたつの政治形態は、実際にはまったく相いれないもので、これをながく和合させておくことはとうてい希望しうべくもなく」、したがって「事態は都市存続が中断されるか、さもなければ徐々に家族を破壊しさるか、そのどちらかをえらばなければならなかった」[29]。古代都市国家の歴史とは、平民を中心とした国家興隆と、それに応じた古の家族主義の衰退の物語なのである。穂積がそうした部分にはまったく口をつぐんでいることからも明らかなとおり、これは彼にとって非常に都合が悪い物語であった。家族主義が消えたのは、キリスト教に原因があるどころか、国家による統合に原因があったと言われているのである。

だが他方で穂積は、このクーランジュの歴史観の意味を理解し、それを日本で乗り越えようとしたと考えることもできる。すなわち、家族主義と国家統合の両立という、クーランジュにとってのパラドックスの解決である。穂積の解決案はよく知られている。それは単に一世帯、一氏族だけではなく、日本全体をひとつの「家族」にすることである。穂積によれば、日本の特徴は、これが純粋な血統を基礎とした血族団体である点に存する。「我が帝国は人種を同ふし変遷を一にする大民族が純白なる血統団体を成す者なり」[30]。日本という帝国はひとつの「宗家」から分かれた家の集合体であって、無数の「家」が「祖先崇拝」によって、全体としてひとつの団体をなしている。日本人はひとつの「宗家」から分かれ出た存在であるから、個々の家がそれぞれの直接の祖先崇拝でまとまっているように、日本という大きな家も、その宗家への祖先崇拝でまとまっている。この点において家と国家に違いはない。「小にしては家を成し大にしては国を成す」とは彼の特徴的な言葉である[31]。これによってクーランジュが提示した家族原理と国家原理の対立も乗り越えることができる。国家統合こそが家族原理の貫徹なのである。

各々の家には家長が存在し、この家長は、祖先の権威を代表することによって、それ以外のメンバーを服従させ、秩序を維持するという任務を負っている。これは日本という大きな家の場合も同じことであり、その家長こそ天皇に他ならない。「皇統は民族同祖の直系正統の子孫にして皇室は国民の宗家なり」(32)。それゆえに天皇は祖先の権威を代表して日本全体を統治する権限を有する。天皇の権威は、臣民の側からみれば、両親への服従義務の拡大として理解される。父母への敬愛とその権力への服従は、その父母、つまり先祖にも向けられるべきである。だがこの先祖を辿ってゆけば、最終的には日本という国の始祖に行き当たる。この始祖の直系の家系が天皇家である。ゆえに、父母を崇拝すべきだとすれば、それにもまして、始祖の霊を代表している日本の家長、つまり天皇を崇拝せねばならない(33)。

日本ははじめから祖先崇拝に基づく国制を維持してきたのだから、現在の国家も明治憲法によって生まれたわけではない。憲法は、歴史に含まれる不文の慣習を明文化し、天皇が臣民に与えたものに過ぎない。法律もまた同じことである。憲法も法律もあくまで天皇の意志なのである。国家の決定は最終的には誰かの自然的意志にたどり着くわけだが、日本においては天皇の自然的意志が国家の法的意志とみなされる。「君主の意思即ち国家の意思たり、君主と国家と相同化す。君主即ち国家たり」(34)。天皇は法の上の存在であるため、法による権力制限は存在しえない(35)。もちろん穂積も日本が「立憲君主制」に基づく権力分立を採用したことを認める。しかしこれは特定の職務を特定の機関に割り当てたという意味であって、天皇が最終的な権威を保持している点に変わりはない(36)。とはいえ穂積が天皇の恣意的統治を認めていたわけではない。たしかに法の上にある天皇は、「法律上」万能であるが、しかし天皇の権力が秩序の維持と臣民の繁栄のために存在する以上、これに反するような権力行使は「事実上」できない(37)。そもそも道徳を体現した天皇が恣意的な専制を実行するはずがない。ここにあるのは絶対に腐敗しない絶対権力である。[38]もし腐敗せざる権力だとすれば、その制限ではなく拡大こそが臣民の安寧実現への捷径《しょうけい》に違いない。ルイ一四世の称賛者であった穂積は、かくして実にロベスピエール的論法でもって天皇の権力を基礎づけたのである。

穂積の批判者たち

穂積は後に修身教科書の改訂に積極的に携わり、彼の家族国家観はこの教科書の中にも導入されたが[39]、家族制度を日本の核心とみなす穂積の着想は、その祖先崇拝論と合わせて、他の学者たちから集中砲火を浴びることとなる。[40]後に文部大臣を務めた鎌田栄吉は、講演「家族制度は国体に非ず」の中で、穂積の名こそ挙げないものの、家族制度をあたかも価値ある伝統のように褒めそやす人々を徹底してこき下ろしている。穂積は西洋における家族主義から個人主義への変化を、ひとつの世界から別の世界への変化として理解したが、鎌田はこの変化を、文明の進歩として理解する。古代ローマの時代には、ヨーロッパ人もまた日本人以上に家族主義であった。しかし「それが進歩して人権尊重主義に移つたのである、これはまったくの誤解である。家族制度は時とともに、進歩とともに変化する。だが「日本の国体は決してそんな薄弱なものでない」。なぜなら「国体とは国民の常住不変の性質に胚胎するもの」だからである。[41]

だがさらに興味深い批判――そして本書においてはより重要な批判――は、戸水寛人によってなされたものである。[42]戸水という人間は、かなり特異な個性を有した人格として記憶されている。彼は幼年期からすでに喧嘩っ早い人間であった。少年時代は「人を殴るのは殆《ほと》んど商売の様に心得て」おり[43]、長じては「無遠慮に人を熱罵酷評して憚らぬ一種の奇骨家」となった。[44]彼の名を一躍有名にしたのは、政府に対して対露開戦を迫り、その結果として彼の辞職騒動にまで発展した「戸水事件」であった。その論調があまりに強硬で偏狂的でさえあったため、当時彼には、「バイカル博士」「満州屋」「狂寛人」といった不名誉なあだ名がつけられた(45)。戸水の悪名は国内のみではなく、中国大陸にまで及んでいた。戸水の中国征服論が公表されると、「支那政府でこれを飜訳し西太后に見せたら西太后が顔色を変へた」と犬養毅は回顧している(46)。

あらゆる問題に口をはさみ、相手を問わず誰であれ舌鋒鋭く攻撃していた戸水であったが、とりわけ穂積八束は癇に障る存在であった。戸水は彼を権力におもねる曲学の徒と言って罵倒していたという(47)。この嫌悪感が論説の形をとったのが、明治三三年に発表された「穂積八束君と「ロバート、フヰルマー」」である。この論文の中で、彼は、穂積の主張はフィルマーにそっくりだと嘲笑した(48)。なるほどたしかにフィルマーの忠君を賞賛することはできるかもしれない。しかしその学説はもはや完全に時代遅れになってしまっている。そうだとすれば、なぜ今さらフィルマーと同じことを言っている穂積をもてはやす必要があるのだろうか。「日本臣民と皇室とは同祖なりとの趣意を以《もって》憲法解釈の根拠」とするような論法は、二、三世紀前に発表すれば一世を風靡できたかもしれないが、今では穂積のアナクロニズムの証明にすぎない(49)。

ここで戸水が採用している批判の方法自体が、いくつかの重要な事実を語っている。第一に、私が知る限り、フィルマーという名前が日本語で書かれた論文の題目に登場したのは、これがはじめてである。第二に、この最初のケースにおいてすら、フィルマーは穂積を罵倒するためのイデオロギー的な武器として利用されているのであって、読者が何かを学ぶべき思想家として取り上げられているのではない。フィルマーは、はじめから、舶来の藁人形であった。とはいえ、藁人形であるということは、そうした手法による批判が受け入れられなかったという意味ではない。むしろ、穂積の憲法観と「かのイギリスのロバート・フィルマーの国家血族団体説」を比較した戸水の論法は、後に京都帝国大学教授となる佐々木惣一によって好意的に言及されている(50)。佐々木は、イギリスの歴史を振り返り、フィルマーの説に反対したシドニーやロックが「或いは処刑せられ、或いは放逐せられた」という事情を説明する。しかしながら、「真理は到底曲げることは出来ない」。日本においては未だ国家を家族と同一視する学説がまかり通っているが、すでに西洋においてフィルマーは真剣な批評対象ですらなくなっている。それゆえ佐々木は、日本のフィルマーたる穂積八束の影響力に皮肉を込めた驚きを表明するとともに、これに対して物怖じせず立ち向かった戸水を高く評価したのである。(51)

上述のような戸水の攻撃と佐々木による評価だけみると、日本においてフィルマーとロックの争いが繰り返されているようにもみえる。しかしそう理解してしまうと、問題を誤解することになる。というのも、戸水の批判の根拠は、いささかもロックとは関係ないからである。穂積は天皇への服従根拠として、血族団体の長として祖先の霊を代表しているという「事実」を持ち出したが、戸水に言わせれば、そんな事実があろうとなかろうと（戸水はないと考えている）(52)、臣民の服従とは無関係である。なぜなら、驚くべきことに、「我日本臣民は先天的に皇室を崇拝するもの」だからである。日本人は、「其心中実に皇位を以て神位の上に置く」がゆえに、イギリス人が王室を敬愛するより、はるかに深く天皇を崇拝している。穂積は、『愛国心』の中で「我が国体に於ける主権は神聖なり。民人は主権に服従するのみならず之を崇拝す(53)」と述べていた。おそらく戸水もこれには同意するだろう。だが穂積は、「其の崇拝は崇拝すべき理由ありて之を崇拝するなり」として、その理由を探求せねばならないと考えた(54)。まさにこの崇拝の理由の探求が、戸水にとって、非難に値する事柄なのである。「我日本に於ては臣民が理を以て皇室の尊厳を説明するは非なり」と戸水は力強く断言している(55)。

戸水が家族国家論を退けた理由は、まさにそれが「日本」を危険にさらすという意識の面からも説明できる。何も知らずに服従している者に対し、あえてその理由を説明すれば、確固たる服従を妨げ、臣民を動揺させるだけである。教育を欠いた臣民に対して、「臣民と皇室とは同祖なるが故に之を崇拝すべしと言はば或は茫然自失するものあらん」と戸水は言う。とりわけ穂積のようにこの「崇拝」を血統という理屈によって説明し、この家族道徳を体制の基礎に据えようとする試みは危険きわまりない。なぜなら、それは疑問の余地なく日本の歴史的事実に反しているからであり、しかも西洋の歴史的事実としてフィルマー主義が逆説的に叛乱の誘因となったからである。後期ステュアート期においてロックやシドニーによる反フィルマー論は好意的に受け止められ、その結果として王家の地位は危機にさらされ、ジェームズ二世は放逐されてしまったのだ[56]。当時の大学の様子を面白おかしく描いたジャーナリスト斬馬剣禅も、戸水に同意しつつ、穂積の「学説の却《かえっ》て国民の反動心を挑発するなきやについて、いささか杞憂を抱くものなり」と書いている[57]。

服従根拠の説明の是非という決定的に重要な点を別にすれば（そして戸水の方がはるかに拡張主義的ナショナリストであった点をのぞいてみれば）、むしろ目につくのは両者の共通点である。たしかに戸水にとって重要なのは、客観的な血統の問題ではなく、「我日本では国体上人民総てが、皇室を尊敬して居る」という精神面の問題であった[58]。しかしこの精神を維持するために必要なのは、西洋の個人主義の排斥であり、日本の家族制度の保存なのである。「我日本に於ては古来今日に至るまで家族制度を有し、之を絶滅せしむるは国家の利益に非ず。永遠に家族制度を維持すること余の切望する所なり」とは、穂積ではなく、戸水の言である[59]。宗教としても、祖先崇拝は孝道の念の自然な発露であるから、旧時代的だとして反対する理由はない[60]。戸水の反西洋の姿勢は、第一次世界大戦後にはさらに激しいものとなった。彼はかつて穂積を見て三世紀前のフィルマーの学説を保持していると嘲笑したものだが、今や天賦人権説も一世紀前の廃れた学説であると気づくようになったのである。「奈破翁（ナポレオン）が死んでから今日に至るまで一世紀も経つて居るのである。然らば此自由、平等、友愛と云ふことは非常に古いものである[61]」。すでに衰退期に入っている西洋から学ぶべきことはほとんどなく、いま成長期にある東洋精神の拡張こそ日本の役目である。この戸水以上に反ロック的な人物を探し出すのも難しい。

日本のエドマンド・ブーン？

穂積と戸水の対立をフィルマーとロックのそれとパラレルに考えることができないように、穂積の弁護を買って出た高橋粲三をフィルマー主義者とみなすこともできない。戸水が穂積をフィルマー主義者と罵倒した翌月、早くも高橋は「穂積八束君と「ロバート、フキルマー」を読む」と題した論文を発表している。彼の論考は（後に戸水がさらなる応答に際して指摘したように）[62]、かなり混乱した部分もあるが、その出版の動機が穂積の擁護であることに疑いはない。そうするにあたって、かつてのエドマンド・ブーンのように、「ロバート・フィルマー擁護」を書くことによって、フィルマーと穂積の両方を守るという方法もとれたかもしれない。だが、彼の論考を一読して目に入ってくるのは、フィルマーに対して高橋が示す軽蔑的な態度である。高橋がフィルマーをほとんど詐欺師扱いしていることを考えると[63]、戸水よりはるかにフィルマーに対して厳しい姿勢をとっているとすら言える。つまり、こちら側でも、フィルマーが好意的に受け入れられることはなかったのである。

高橋の穂積擁護を再構成すると、その要点は二つにまとめられる。ひとつめは、穂積の家族国家論は、戸水が論難したような意味での服従根拠の説明ではない、というものである。「之を説明するの要不要は博士の問ふところ」ではないと高橋は言う。彼は日本国民が天皇を先天的に崇拝しているという戸水の見解に同意し、そして穂積もそう考えていたに違いないと推論する。高橋によれば、一般論として、特定の学説の「説明」が必要とされるのは、別の対立する学説が存在するときだけである。それゆえに、今日においては、なぜそう言えるのかという説明なしで地球は丸いと主張しても不当ではない。同じように、天皇の権利を説明する（契約説などの）対立学説が存在しない日本において、穂積が天皇の正当性やその地位を（フィルマー主義などの）何らかの学説によって説明する必要はなく、穂積がそんな不必要なことをしたとも思えない。高橋によれば、穂積の家族国家論とは「神代の昔より明治の今日に至るまでの歴史的関係」の描写であって、彼は単に説明の順序の都合上それに触れたに過ぎない[64]。「故に極言せば論者は国体論に関して家族制論は説明の必要なしと云ふこと」もできる[65]。よって戸水の論難は、歴史的叙述を義務の説明と取り違えた単なる誤解にすぎない。

第二に、たとえ家族国家論が「説明」であったとしても、穂積とフィルマーは重要なところで似ていない。たしかにこの二人は表面上の類似性はあるが、思想はその発生したコンテクストにおける機能の面から評価せねばならない。日本においては、君主と臣民はまったく別種の権利を有しているとみなされているのに対して、西洋においては、両者の権利は、根本的に異なっているわけではなく、権利の大小の問題にすぎないと解されている。そうした西洋の政治精神の延長にあるのが、政治的義務の根源を人民の意志に基礎づけるホッブズのような政治観である。フィルマーはこうした思潮に反対し、「パーテルパトリエー(*Pater Patriae*)」によって政治的義務を自然的関係に基礎づけた家父長主義者なのだ、と高橋は紹介する。しかしもちろん、日本と西洋の君主観の違いに鑑みれば、ヨーロッパにおいてフィルマーのような発想が受け入れられる余地は、はじめから存在していなかった。それゆえ当時たとえ「百のフィルマー」がいたとしても、そうした心性は何ひとつ変わらなかっただろう(66)。これを聞いていると、フィルマーはヨーロッパで受け入れられなかったがゆえに、メンタリティの違う日本においては受け入れられるという結論に至りそうにみえる。しかし、高橋はそれとは違う方向へと進む。フィルマーの置かれたコンテクストと、穂積の置かれたコンテクストは違うのだから、表面上の類似性があったとしても、それぞれの議論の狙いや果たす機能もまったく異なり、ゆえに二つは似ていないのである(67)。彼はそれによって、この二人の議論の意味の相違を明らかにし、穂積とフィルマーを切り離そうとしたのである。

戸水の一撃に端を発する第一のフィルマー論争は、しかし、比較的短期間で終了し、一般的にはそれほど大きな反響を呼ばなかったようだ。すでに大正九年、先に触れた佐々木も、戸水の提示した論点の重要性を強調したあと、それが早くも完全に忘れられてしまったと嘆いている(68)。その原因のひとつは、おそらく穂積本人がこれを黙殺したためであろう。高橋の反論が出た直後、戸水はすぐさまこれに対する応答論文を書きあげ、その中で、家族国家論は不必要であったという高橋の擁護方法について、穂積は「高橋君の言を聞いて首肯するや否や」という点に疑問があると指摘した(69)。高橋がやっているのは証拠に乏しい穂積の心情の当て推量でしかない。そこで戸水はむしろ穂積に対して論争に参加すべきだと呼びかける。「泉岳寺の木像」のように黙っているのではなく、「平素得意の雄偉の文章を作り世人の疑を」はらすべきだと、戸水は穂積を挑発する(70)。穂積がこれに応答していれば、さらに興味深い論争になっただろうが、結局彼は沈黙を守った。そのため、再度高橋から返答が寄せられた後も戸水はもはや応答せず、この論争は終息することになった(71)。

この「第一のフィルマー論争」の興味深い点は、なによりその議論の手法である。戸水は「フィルマー」をこき下ろしたが、自分自身の価値を表明するにあたってロックを用いることはなかったし、その理論を日本に導入すべきだとも言わなかった。むしろ、彼は日本人の根本精神を天皇に対する先天的崇拝の中に見て、フィルマーのような説を唱えることは、逆に「ロック」的な叛逆を呼び起こすことに繋がるのではないかと恐れた。他方で高橋にとっても、天皇に対する先天的崇拝の存在や、フィルマーに対する低い評価、さらには穂積とフィルマーに(少なくとも表面的な)類似性があるという点については、戸水と意見を共有している。こうした前提を共有しつつ、しかし穂積を「フィルマー主義」の汚名から救出するために、高橋は西洋と日本の理論的コンテクストの違いを強調し、何であれ西洋の理論をもって日本の学説を評価しようとする態度は誤りであると主張した。だが、高橋の論法を穂積は認めないだろうという戸水の反批判が示唆しているように、高橋と穂積本人の言い分には顕著な不一致もある。高橋は穂積の家族国家論による天皇への服従義務の説明は、単なる歴史的説明だとして重要性を認めなかったが、これが意味しているのは、家族国家論による天皇への服従義務の説明は、戸水だけではなく高橋によっても不必要なものとして退けられてしまったということである。戸水と高橋は、穂積をフィルマー主義と呼べるかどうかで対立し、穂積と戸水・高橋は、服従義務の説明が必要かどうかで対立し、しかし皆そろって、日本というひとつの価値体系を受け入れている。

この複雑な対立状況は、上杉慎吉と美濃部達吉の間で形を変えて繰り返される。これが日本における「第二のフィルマー論争」である。この論争は、一方で、以前の論争とは大いに違っている。というのも、上杉も美濃部も、穂積のような家族国家論によって服従義務を説明してはいないからである。二人の対立はむしろ、戸水のように天皇への無条件的崇拝を認めた上で、それが法学的にどれほど重要なことなのか、にかかわるものであった。

他方で「フィルマー」というレッテルを武器に使う側（美濃部）と、そのレッテルを引きはがそうとする側（上杉）という対立軸が維持されているという点で、第一のそれとの継続性がある。単純な継承関係が存在しない中で、ただ「フィルマー」という符丁だけは、まったく評価を変えることなく侮蔑的レッテルであり続け、そうであるがゆえに、錯綜する現実の一面を切り出す役割を果たすのである。

3　国体vsフィルマー——美濃部達吉と上杉慎吉の論争

美濃部達吉の国家法人説

大正時代の幕開けは、憲法論争で飾られた。本節において私は、その中心人物である美濃部と上杉との間の論戦を、「第二のフィルマー論争」の一部として取り上げる。この論争は、偶然にもほぼ同じ時期に、上杉が『国民教育 帝国憲法講義』を、美濃部が『憲法講話』を、各々の講演をもとにして出版したのがきっかけとしてはじまった。よく知られているように、上杉が日本において国家法人説は不適切だと主張する一方、美濃部は国家法人説概念を認めないのは、国体の名を借りた専制主義だと非を打ったのである。二人の正面から対立する憲法解釈は、すぐさま書評の応酬という形で紙上の論争となった。いったん二人の書評が公となると、織田万《よろず》や市村光恵などの法学者や、そして今回は黙っていられなかった穂積八束もそれぞれの見解を雑誌上で発表したのである。この「国体論争」は、狭い意味では、「予の国体論と世論」という上杉の論説をもって終了した[72]。だがここでは、「フィルマー論争」の一部としてこの論争を取り上げるために、もう少し時期を広げて、穂積・上杉・美濃部の関係を論じることにしたい。

上杉も美濃部も、学生時代に穂積から憲法学を学んだが、はじめは二人とも穂積に批判的であった。美濃部は、穂積の講義には「非論理的な独断が尠《すくな》くなかったので、まだ幼稚な一年生でありながら、先生の講義には、不幸にして遂に心服することが出来ないで終つた」と述懐している。(73) 彼はこの不信感を終生抱き続けた。美濃部にとって、穂積の致命的な誤謬は、まず何よりその家族国家観であった。この誤謬を早々に片づけてしまうために、美濃部は先の戸水と同じく、ロバート・フィルマーの「権威」に訴える。美濃部曰く、

君主国に於て、国の君主を一家の家長に比し、恰《あたか》も子の親に対する如くに、国民は君主を家長と仰ぐべきものであるとする思想は、神意説と相関聯して君主の地位を説明するが為に唱へられて居ることが多い。西洋に於ては、殊に英国のスチュアルト王朝の時代に、王権擁護の為に著されたフィルマーの「族父政論」が有名である(…)日本に於ても此の思想は今日迄可なり強く伝はつて居るけれども、国家を以て家族に比するのは、全く誤である。(74)

このように説明した後、美濃部は、そうした誤解の代表例として穂積を挙げ、一刀のもとに切り捨てたのである。

しかし戸水がそうであったように、美濃部もまた一方で穂積の家族国家観を完全に拒否しつつ、他方で日本人の特殊な価値観を積極的に認めている。その特質の理解に関しては、大雑把に言って美濃部は穂積と（そして戸水・高橋とも）それほど異なっているわけではない。(75) 美濃部によれば、日本の特殊性は「我が皇室の比類なき尊厳と我が国民に特有なる忠君愛国の精神」やそれに基づく団結心にある。(76) 美濃部と穂積の違いは、前者がこのような精神的特質を憲法学から切り離したという点にある。これは「憲法学国法学の範囲に属せず倫理学道徳学の問題」なのだ。(77) たしかに精神特質の面から見れば、日本は独特の国である。しかしこの道徳の上に建てられた君主制というシステムの面から見れば、日本はいささかも独特の国ではない。憲法学あるいは国家学が注目するべきは、あくまで日本と他国の共通点である。「日本の動物学、日本の物理学」が存在しないように、特殊日本の国家学などというものもない。(78) 国家を対象とする場合、日本にしか当てはまらない定義を下すのではなく、すべて

の国家を対象としうる定義を下さねばならない[79]。

この共通理解を可能にするのが国家法人説である。美濃部によれば、西洋の国家であれ、日本の国家であれ、国家はすべて法的人格を有し、かつ最高権力を有した単一の団体であり、この点であらゆる国家に共通性がある[80]。国家は構成員全員の安寧という共通の目的によって単一となった団体と考えられねばならない。この共通の目的によって多数人の結合した国家は、ひとつの法的人格として理解される。国家が法人格である以上、多くの自然人が国家の「機関」として、その目的達成のために活動することが不可欠である。言い換えれば、その地位に付属する権限において行動することが、国家の活動と見なされるような、様々な地位が必要とされる。日本において、その最高の地位を占めているのが天皇に他ならない。それゆえ、その統治権も天皇個人ではなく国家に属し、国家の目的に応じて制限されうる[81]。

上杉慎吉の反論

しかし美濃部の「普遍的」国家法人説は、穂積の弟子である上杉慎吉による強攻に曝された。穂積は学生時代から上杉に非常に目をかけていたが、当の上杉は穂積にあまり敬意を払わず、浴びるほど酒を飲んでは師を面前で罵ったこともあったという。彼が穂積を尊敬できなかった理由のひとつは、当時は上杉も国家法人説を支持していたためである[82]。上杉が一転、穂積を真に師と仰ぐようになったのは、数年にわたるドイツ留学から帰国した後のことであった。留学中に「予は深く我国体の万国無比なるを感じ」、日本の憲法の独自の原理を解明すべきだと信じるようになったと彼は回想している[83]。その結果として上杉は、君主を統治権の主体とする穂積の説こそ真理だと考えるに至り、美濃部の学説に徹底して反対するようになった。

この上杉の憲法学説上の転向は、さらに大きな宗教的回心の結果の一部としても理解しうる。上杉は実存的不安を抱え続けた信仰の人間であり[84]、若かりし頃は「安心」をキリスト教に求めたこともあった[85]。ドイツ留学中も一時は同種の不安に襲われ、農村の旅館にこもり、ショーペンハウアーやニーチェを読みふけっていたという。結局、不安な心に「安心」をもたらしたのが、故郷日本を統治している天皇であった。「天皇の御意思に唯だ一ト筋に絶対的に憑依」することによって、ようやく「圧迫不安より解脱」しえたのである。この個人的体験を、上杉は「日本道」あるいは「皇道」と命名し、日本人全体の信仰へと昇華せんと試みる(86)。天皇とは「宇宙の創造者」であり「万物の支配者」である天祖の後継者であって(87)、「日本人は天皇に合一し、天神に合一し、天皇の御力に依りて、宇宙の理想と人類の本性を永遠に充実し発展する」ことができる(88)。

これが原因となって、一致するかにみえた穂積と上杉の憲法論の間に、再び違いが生じた。天皇自身を「日本道」という宗教の中心に据えるところまで進んだ上杉は、かつてとは逆の方向から、国家法人説だけではなく、祖先崇拝を基礎とする家族国家論にも満足できなくなっていた。上杉は「古来或は我が国家を以て一大家族と為し、天皇は家長にましますと為す者少からぬ」がこれは事実としては誤りであって、むしろ「日本民族は同一祖先より出でたる血統の子孫同胞なりと云ふの、一般的信念を有して居る」という精神的次元に国民の一体性を求めるべきだと主張する。すなわち血統に基礎を求める穂積のような形での家族国家論は放棄されているのである(89)。穂積にとっての天皇とは祖先教の「主任祭司」であり、その理由によって「崇拝」されるべき存在であった。これに対して、上杉にとっての天皇は「現人神」である。したがって臣民が服従する理由は、利益でも強制力でもない。さらに「家族の宗長として、祖先崇拝の考より服従すると云ふも足らぬ。現人神である、天皇なるが故に、服従する、服従すべきものと信仰するが故に、崇拝服従する。信仰に理由はない(90)」。日本とは、この天皇への崇拝服従によってまとまった「信仰共同体」なのである。

日本の国家論はこうした「日本道」あるいは日本の根本精神の観点から出発せねばならないという確信が、上杉の天皇機関説排撃の核となっている。彼は日本と西洋の根本精神をそれぞれ「君主主義」と「民主主義」と規定する。上の引用で上杉が強調するように、日本道の信仰の対象は現人神である天皇であるから、その権威は別の誰かから委託されたものではなく、君主に固有の性質である。これが政治上の「君主主義」である。現人神が主権者として統治しているわけだから、定義上、日本は「神の国」ということになろう。もっとも彼も全面的に「神の国」にふさわしい状態が実現されているわけではないことは認めている。「神の国」の臣民は、理想国の実現に向けて一層の努力を要求される。たとえば——もしかすると意外に思われるかもしれないが——神の前での臣民の平等の実現のために普通選挙が必要であり、神の国の内部に「敵」の存在を認めることになってしまうから治安維持法は廃止すべきである[91]。現状にはこうした問題も存在しているが、しかし、プラトンの『国家』を題目としたエッセイで述べているように、西洋諸国と比べれば、哲人王たる天皇を擁する「大日本帝国は実に此の理想国を最も平易に実現し得べきの素地」である[92]。

これに対して西洋諸国は「神」との直接的つながりを欠いている。キリスト教において神は眼前に存在しておらず、それが日本道と比べたキリスト教の欠点だと上杉は難じている[93]。西洋諸国の君主は、あくまで神とのつながりを欠いた「地の国」の統治者に過ぎず、ゆえに君主の政治的権威は最終的には借り物であって、固有のものではない。これが「民主主義」という西洋の根本精神である。この根本精神は歴史をさかのぼって確認できる。西洋思想を構成しているのは、古代ギリシャ、ヘブライズム、ローマ、ゲルマンといった諸伝統であるが、上杉によれば、これらはすべて民主主義的な要素を強く含んでいる[94]。してみれば「西洋人は其の精神も肉体も血も骨も、全身悉《ことごと》く民主共和を以て充満するは、固《もと》より当然なること」である[95]。これは近世に至ってもそうである。彼はホッブズとルソーを比較するよう促す。両者は極端な君主専制論者と民主主義者として対照的に理解されてきたが、実は両方とも人民の「約束」を基礎とした「人民主権」論者である[96]。それゆえ暴君放伐論もまた、西洋の精神からすれば至極当然の結論である[97]。

上杉は、この西洋の特殊な伝統の中に国家法人説を位置づけ、それによって、一見したところ中立的理論である「国家法人説」が、実は西洋的イデオロギー、つまり人民主権という西洋の根本精神を多分に含んだ理論だと証明しようとしている。上杉によれば、フランス革命後の政治的混乱をきっかけとして、「国家なる一大偶像を捉へ来て之を主権者なりとする」アイデアが生まれた。(98) こうした着想はドイツ人の手により国家法人説というひとつの憲法学説として練り上げられることとなる。だがドイツにおいても、国王は統治権の主体とはみなされていないという点は忘れてはならない。(99) 国家法人説は、この人民主権の精神の中で、君主の権力を説明するための学説なのであって、その意味で、民主主義の法学的表現にすぎない。(100) 国家法人説という西洋的人民主権論を日本に持ち込もうとする美濃部は、上杉にとって、「神の国」を「地の国」に近づけようとする悪魔の使者と映ったに違いない。

ここまでまとめてきた上杉の国家論からわかることは、「第一のフィルマー論争」と上杉の関係は、一見したよりはるかに複雑であり、穂積から上杉へという単純なラインが引けるものではないということである。おそらく上杉は、主観的には、穂積の学説を継承発展させたのが自分の憲法学だと考えていただろう。たしかに国家法人説の否定という点に関して言えば、それは間違っていない。だが他方で上杉は穂積のような祖先崇拝にもとづく家族国家論を採用していない。それどころか、「君主主義」の日本において、統治権は君主固有のものであり、説明に適さないとする上杉は、この点において、「其の崇拝は崇拝すべき理由ありて之を崇拝するなり」として崇拝の「理由」を模索した穂積の継承者というより、「我日本臣民は先天的に皇室を崇拝するもの」だと説いた戸水の継承者とみなす方が実情に合っている。(101) しかしながら、上杉が国家法人説を排除するために用いた手法は(そして後にみるように、彼自身がフィルマー主義を排除する手法は)、穂積を守るために高橋が採用した手法と類似している。高橋は、フィルマー主義であれなんであれ、日本と西洋の思想が似ているかどうかは、特定の文脈のなかでその思想が果たす機能を比較すべきであり、フィルマーと穂積は、この点からするとまったく似ていないと反撃したのであった。

「フィルマー主義」というラベル

こうした複雑な継承や対立に彩られた状況を一気に整理し、穂積と上杉のつながりを（軽蔑的に）浮き上がらせるために、美濃部によって呼び出されたのが、あの「フィルマー」というシンボルであった。つまり美濃部は、穂積と上杉を「フィルマー主義者」として描き出すことによって、彼らの学説をひとまとめにし、排除すべきものと見えるようにしたのである。美濃部にとって、彼らは二つの意味で「フィルマー主義者」というレッテルにふさわしい存在であった。まずは「家産国家論」の代表としてのフィルマーである。美濃部は国家法人説の歴史を振り返って、西洋においても、かつて国家は抽象的団体とは理解されず、個人の私有財産と理解されてきたと説明する。この思想は近世においても命脈を保っていた。それが「英吉利のフィルマーとか、仏蘭西のボスウェー」である。(102) 彼らは王権神授説によって、この家産国家論を支えようと試みた。現代に至っても未だこれと同じことを言う人間がいる、と美濃部は侮蔑を隠さず指摘する。「君主が自ら統治権の主体であると云ふことを唱へる人が往々あるのは、此思想が続いて来て居るのである」(103)。したがって、本人たちは日本独自の思想を唱えているつもりかもしれないが、むしろ彼らこそ西洋の「伝統」の継承者である。

さらに「フィルマー」は専制君主擁護の象徴として利用され、同じように穂積と上杉を同時に貫く槍として用いられる。この点で、穂積や上杉は誤っているだけでなく、天皇制を称揚するという目的からも離れてしまっている。「英国に於て神授君権説の最も盛に唱へられ、有名なるフィルマーのパトリアルクの出」たのはステュアート朝の時代であったが(104)、まさにその専制に反対して内乱が起きたのだ。美濃部によれば、日本において君主制が安定し、「赤子」が「慈母」を愛するように天皇を慕っているのは、こういった専制的支配が歴史上存在しなかったためである。日本の発展はこうした「仁慈なる皇室と忠良なる国民との倫理的精神関係」にかかっている(105)。それにもかかわらず、上杉をはじめとする天皇主権論者は、天皇が個人として主権を行使し、かつ天皇の所有物として国家を理解するような学説を提唱している。こうした理論を唱える者は、天皇制を称えているつもりかもしれないが、かえって「反抗の精神」を醸成する結果にしかならず、天皇制を危険に曝しているだけである[106]。美濃部はフィルマー主義の熱心な批判者であったが、しかし、これは彼がロック主義者であったという意味ではない。美濃部はフィルマーだけでなくロックもまた過去の思想家だと考えていた[107]。王権神授説も社会契約説も、社会の起源の説明としても、臣民の政治的義務の説明としても、どちらにせよ役に立たない。「国家契約説(…)の維持すべからざることは今日に於ては一般に疑はれない所である[108]」。国家法人説は、この両者を乗り越えたところに成立する学説なのである[109]。さらに美濃部はロックの政治理論自体が共和主義的であり、したがって君主に対して叛逆的だと理解していたように見える[110]。しかしこうしたロック的な社会観は、美濃部本人の理解する日本の根本性質と完全に対立する(後に述べるような戦後における彼の態度表明がそれを如実に物語っている)。

彼は自身の国家法人説を守るために、ロックではなく、「日本」という価値を引き合いに出す。日本の伝統とよく合致するのは、「フィルマー主義」でも「ロック主義」でもなく、普遍的な国家法人説である。彼はこれを様々な場所で繰り返し述べているが、中でも貴族院でなされた有名な演説では特にこれを強調している。国家法人説を認めなければ、理論上、天皇が個人として、私的目的のために統治権を行使することになってしまうが、こうした統治観が日本の高貴なる伝統に合致するだろうかと美濃部は問いかける。彼は古事記を引用しつつ、天皇は昔から自己利益のために国を所有物として支配してきたのではなく、国家の共通善のために統治してきたのだと主張する。そういう統治を続けてきたからこそ、国民はこれまで天皇に深い愛情を抱いてきた。国家法人説を否定して、統治権を天皇個人に帰するのは、この優れた日本の伝統の否定になってしまう[111]。一方で自身の国家観を「日本」という価値体系と結びつけ、他方で一見「日本」を守っているかにみえる穂積や上杉を西洋的「フィルマー主義者」と規定することで、美濃部は「日本」を独占しようとしたのである。

「フィルマー主義」というレッテルを貼られた上杉は、しかし、これを断固として拒絶した。その要点は彼が国家法人説を指弾した際に用いたロジックの裏返しである。上杉に言わせれば、自身の国家論は日本の根本精神とそれに基づいた政治体制を説明しているだけであり、これを王権神授説と結びつけるのは、日本も西洋も理解できていないがために起こる誤解に過ぎない[112]。繰り返しになるが、彼にとって、西洋の根本精神は民主主義であり、日本の根本精神は君主主義であった。この違いを踏まえた上で、特定の学説（国家法人説にせよ王権神授説にせよ）が有する機能と内容を考えねばならない。民主主義の根本精神を有する西洋において、「ロバアト、フィルマアがスチュアルト王家の権勢を張らんが為めに唱へたる」王権神授説が意味するのは[113]、この精神に対する裏切りであり、その目的は人民権力の簒奪の弁明である。王権神授説を用いて、西洋の君主たちは、国土や人民を国王の私有財産としたが、これも——上杉にとっても美濃部にとってと同じく——非難されるべき行為であった[114]。これに対して、「君主主義」の日本においては君主の権力は固有のものとみなされており、人民から正当化される必要はないし、さらに現世を超えた神からも正当化される必要はない[115]。「我が天皇は神権を以て辛うじて弁護せらるべき簒奪者ではない[116]」。

戦前の「フィルマー論争」まとめ

ここまで穂積から美濃部まで、二つのフィルマー論争の参加者たちを取り上げてきた。そこで浮き彫りになったのは、これまで何度か述べてきたとおり、彼らの間には複雑な継承や断絶が存在していたということである。しかしながら、「フィルマー」という形象を軸にまとめなおすと、美濃部と上杉の「第二のフィルマー論争」と、「第一のフィルマー論争」との間の、理論構造上の類似性が浮かび上がってくる。美濃部は先に挙げた戸水と多くの共通性を有している。彼らは共にフィルマー主義が時代遅れであり、かつ危険であるという認識を抱いていた。だがさらに重要な共通点は、この危険性の性質に対する認識である。フィルマーが専制擁護の象徴であることに加えて、彼らは、その導入が日本人特有の精神的性格や政治的伝統を失わせるかもしれないと危惧した。フィルマー主義は単に日本の伝統に合致しないだけでなく、むしろ帰結として「日本」を破壊する危険すら秘めていたのである。専制に直面すれば、民衆は天皇に対する愛着を失い、叛乱がおこるかもしれない。だが、彼らは反フィルマーであることがロック主義であることだとはまったく考えていなかった。家族国家主義者・専制主義者・家産国家論者の象徴たるフィルマーと同じく、叛乱の象徴たるロックもまた日本の伝統からは異質な存在である。彼らはロック主義に立ってフィルマー主義を退けているのではなく、ロックを呼び出さないためにフィルマー主義を批判しているのである。

戸水と美濃部の「反フィルマー主義」のロジックに多くの共通点が見られたのと同じく、高橋と上杉のロジックにも共通性がみられる。彼らもまた、フィルマーが政治思想史上いかなる地位を占めているか、そして「フィルマー主義」というレッテルが、政治イデオロギー的に何を意味するかを理解していた。それゆえ、高橋の場合は穂積から、上杉の場合は自分自身から、「フィルマー主義」というレッテルを引きはがすために、歴史的文化的なコンテクストの違いを強調した。高橋は日本人と西洋人の権力観の違いに目を向け、穂積とフィルマーを切り離そうとした。上杉はさらに進んで、この違いが何に基づいているのかを詳述し、国家法人説も「フィルマー主義」も西洋の文脈でしか意味をもたないことを立証しようと試みた。だからこそ、戸水や美濃部のように、穂積や上杉を「フィルマー主義」と呼ぶのは、意味をなさない言いがかりである。

日本という国家の性質、そして「フィルマー主義」というレッテルを巡って美濃部と上杉の間でたたかわされた論争は、お互い一歩も引かず、議論は平行線をたどった（一般的には、理論の首尾一貫性や、周囲の評価から判断して、この論争は基本的には美濃部の完勝であったとされている）[117]。しかしながら昭和九年の終わり頃から、貴族院において美濃部の国家法人説が攻撃され始めた。この批判はほとんど学問的とは言いがたいものであった。曰く、美濃部の学説は天皇と他国の君主を比較しており、天皇に対して不敬である[118]。曰く、美濃部の学説は天皇を会社の社長と比較しており、天皇の尊厳を傷つけている[119]。美濃部は演説「一身上の弁明」の中で、自分が決して天皇に敬意を欠いているわけではないこと、そして彼の議論はあくまで憲法論であって「倫理学道徳学」からは切り離して考えねばならないことなどを主張していたが、無駄であった。結局、美濃部のいくつかの著作に発禁処分が下され、彼本人は貴族院を辞任せざるをえなくなった。昭和天皇はむしろ彼の学説を支持していたと言われている。(120) かくして日本はこの数年後、比較を絶した天皇を戴き、破滅的な戦争へと進んでゆくことになる。

4　フィルマー、ロックと戦後日本――丸山眞男と現代

図式の転換

連合軍総司令部は、終戦の翌年に今日「マッカーサー草案」と呼ばれる憲法草案を日本政府に提示した。日本政府はこれに若干の修正を施した上で、政府原案として受諾し、これを新たに結成された憲法問題調査委員会の諮問に付した。この委員会のメンバーには、憲法学の第一人者として、美濃部も含まれていた。これを聞いて疑問を感じる者はいないだろう。だが、彼がこの委員会のメンバーのひとりとして、この憲法改正案に徹底して反対した、と聞くと多少意外の感に打たれる者はいるかもしれない。彼の反対理由のひとつは手続き上の不備であったが、それ以上に、彼は天皇の地位の変更を認めがたいと感じていた。(121) 憲法は「殊に国民心理に深い根底を有《も》っていなければならぬもの」であって、その最も重要な要素は「その国の歴史」である。歴史を振り返ってみれば「我が国が上に万世一系の皇統を戴き、国民挙げて皇室に対し万国に比類なき尊崇忠誠の念を懐《いだ》いて居ることは、実に我が国民団結心の中枢」であったことがわかる。(122) この観点からすると、新憲法は到底受け入れられない。「私は我が憲法に於いて、天皇が国の元首として国家統治の最高の源泉たる地位に在ますことを、不変の原則として支持」すると美濃部は強く主張した。(123)

このような姿勢は、彼が「根深い天皇制イデオロギーの呪縛から解放されていなかった」証拠であるとして眉をひそめられることもあったが、(124) 美濃部自身の態度は、批判者本人も認めるとおり、まったく一貫している（む

しろ、一貫していたからこそ戦後には保守的に見えるようになったと言った方が正確かもしれない[125]）。彼にとって、旧憲法は「国家法人説」の立場から解釈されるべきもので、議会制民主主義の実践にあたって、いかなる障壁にもならない[126]。かつての憲法に「フィルマー的」要素は何も含まれていなかった。穂積や上杉による旧憲法の曲解は許しがたいとしても、憲法そのものに問題があったわけではないのである。美濃部にとって、憲法が改正を必要するという主張は、旧憲法の解釈としては穂積や上杉の方が正しかったと言われるに等しい屈辱であっただろう。

これとは反対に、美濃部より若い世代は、より積極的に戦前の「フィルマー主義」を攻撃するようになっていった。戦前と戦後の反フィルマー主義の最も大きな違いのひとつは、そこにロックが登場するか否かである。もちろん戦前にもロック政治理論の研究はいくつも存在してきたし、その著者たちが研究を通じて暗黙裡に現状に対する批判的メッセージを送っていたと考えることも可能である。だが一般論として、当時ロックは「時代遅れ」とされていた点も[127]、ロックが明示的に用いられなかった要因であろう。宮澤俊義は「抵抗権史上に於けるロック」において、ロックの思想は国家を一種の「株式会社」として把握するものだと評した[128]。宮澤本人はこれを割合好意的に述べているように思われるが、不破祐俊にとっては、これこそがロックの後進性の証明なのであった。彼は、社会契約が有意義なのは自発的な結社を考察するときだけであって、国家の説明としては「その輝きをおさめてから久しい」と述べている[129]。先に触れたように、美濃部もこれに同意するだろう。彼はロックをとうに乗り越えて、学問的に最先端の位置にいると考えていた[130]。美濃部は新憲法を論じるにあたっても、その「自然法学派」からの多少の影響は認めつつ、あくまで契約説は歴史的にも理論的にも是認しえず、「新憲法に於いても其の説を採用したものとは認められない」という姿勢を堅持した[131]。

だがかつてロックが用いられなかったさらに重要な理由として、繰り返しになるが、「フィルマー主義」と侮辱された側だけではなく、「フィルマー主義」を攻撃した戸水や美濃部にとっても、望ましい社会のイメージが、ロックのそれとはまったく異なっていたという事実も挙げられよう。戸水にとって「フィルマー主義」は危険なものである。なぜならこれは、現在「先天的」に天皇を崇拝している民衆をして、その根拠の探求に向かわせるからである。それゆえ戸水は「我日本に於ては臣民が理を以て皇室の尊厳を説明するは非なり」と述べたのである。[132] 美濃部も「フィルマー主義」を排してロック主義を持ち込もうとしたわけではない。美濃部の目に映ったロックは共和主義者であり、上杉すらその忠君精神を認めた美濃部が、ロックを高く評価しうるはずもない。

戦争の終結はこうした状況を一変させた。様々な分野の研究者たちが、美濃部の奉じた「日本」という価値ではなく、「ロック」によって自分たちの価値を表明するようになり、そしてラッセルの皮肉が単なるジョークではなく戦前日本の適切な要約として受け入れられるようになった。[133] ここにおいて、かつてのフィルマー、ロック、「日本」という三つの要素の関係が一変した。以前は「日本」の特質はフィルマー主義ともロック主義とも異なり、しかもどちらよりも優れていると理解されてきた。しかし戦争終結後、「日本」主義はフィルマー主義と同一視され、ロック主義によって排除されるべきものとみなされるようになった。もし戦前の体制への否定が『統治二論』の「第一篇」に見いだせるとすれば、戦後の最も頼りになるガイドラインは「第二篇」に違いない。かくして幾人かの著名な学者たちは、それぞれの仕方でフィルマーを用いて戦前の経験を要約し、ロックを手掛かりとして戦後の日本政治を構想したのである。

新世代の反フィルマー主義

美濃部門下のひとりであり、一時は日本統治下の朝鮮半島に創設された京城大学で研究を進めていた清宮四郎は、積極的にロックを新しい時代のシンボルとして利用した代表例である。[134] 清宮は、新たに制定された憲法に対して、師とはまったく異なる見解を抱いていた。「日本国憲法とロックの政治思想」を読むと、清宮が美濃部と違って「フィルマー主義」は単に憲法解釈のレベルに入り込んできたものではなく、憲法それ自体の特性だと考えていることがよくわかる。彼はこの論文の中で、日本の新憲法の制定と一七世紀イングランドの革命との間には重要な共通点が見られると解説する。第一にその過程において「いずれも、暴力革命に陥ることなく、法的秩序を保ちながら平穏裡に遂行され」、第二に、内容的に「民意にもとづく君主、国会中心政治及び基本的人権の確立」といった方向性を共有している[135]。これを確認したうえで、彼は次のように述べる。

わが明治憲法時代に、神秘主義的神国思想にもとづき、天皇の地位を皇祖の神勅によって根拠づける説がかなりひろく行われ、憲法そのものもその痕跡をとどめていたのに対し、現行憲法が神秘主義を排して合理主義に立ち、天皇の地位に国民の総意という民主的根拠を与えている（第一条）のは、ロックによるフィルマー説の否定と相通ずるものである[136]。

清宮はこの論文の中で、新憲法に見られる合理的な「ロック的要素」を『統治二論』を引きながら論じ、「今日のわが憲法にも大きな影響を与えるような説を唱えだしたロックの功績」を称えつつ稿を閉じている[137]。

政治学の分野では、松下圭一もまた未来のロックという理念を間違いなく共有していた。ロック研究者としてスタートした松下は、その初期の論文や著作においては、ロック政治思想の禁欲的記述に努めており、自身の研究の意図を明示的に語ることはほとんどない。しかしながら、それからおよそ三〇年後、非専門家のためにロックの政治理論を解説した講演の中で、彼は非常にはっきりと日本におけるロックの意義を語った。「戦前日本の天皇制国家理論を想起しましょう。フィルマーの考え方は、戦前日本の家父長型イエ制度をかかえこむ、天皇中心の家族国家理論と枠組はそっくりです[138]」。これを克服せんがためのロックである。だが松下がロックに託した「近代性」はそれだけではない。彼は同時に日本の後進性をドイツ型の国家法人説の受容の内に看取している。政治的近代はまさにロックのような「信託」による政府論に存するのであって、戦前に、そして戦後も流通している国家法人説は日本の遅れを示すものでしかない[139]。ロックの『統治二論』が戦前に翻訳されなかった理由は、直接的には日本の「フィルマー主義」の告発になってしまうからであり、間接的には「国家法人説」を含むドイツ国家学への抗議の声となってしまうからである[140]。その評価が正しいかどうかはともかくとして、松下にとって、ロックへの訴えは、過去のすべてに対する決別であった。

これに対して、一歩引いたところから王権神授説やフィルマーの歴史的意味を研究する者もいた。清宮の論文が掲載された次の『国家学会雑誌』において、堀豊彦は「君主神授権説の近世的意義」と題された論文を公表している。同論文において彼は、ほぼ全面的にフィッギスに依拠しながら、対教皇の武器として考えるならば、王権神授説は決して非合理的ではないと強調する。王権神授説はルネサンス以後の「高い文化的段階」になってようやく政治的役割を果たし始めたのであって、単なる非合理的な学説とみなすのは誤解である[141]。この原理はほどなくして過去の遺物となったが、それは「必ずしもそのものが没合理的なるが故からではなく、むしろそれが自らの任務を完《まっと》ふしたが故からであつた[142]」。これに加えて堀は、再びフィッギスのストーリーに沿って、フィルマーとロックを単純に対立させるだけでは、中世から近代への政治思想史的移行を精確にとらえることはできないと主張する。適切な思想史理解のためには、「フィルマーの政治学理説に現われた政治学的思惟の表象するところを、おろそかならぬ態度をもって再吟味する必要」がある[143]。

だが彼とて実践的動機を欠いていたわけではない。堀も王権神授説の歴史上の意義を論ずるにあたって、この新たな時代において旧憲法の「神授権的」性質の「超克がひときは強く要望せられ、またますます要望されるやうになつてきたこと」を繰り返し強調せねばならないと感じていた[144]。これは森義宣についても言える。彼はラズレット版フィルマー著作集の出版を受けて、主としてその解説を典拠として、フィルマーの生涯や政治思想を要約し紹介しているが、その中でもフィルマー主義がもたらした「「魔術性」の現代史的意義の重大さ」に言及している。はじめに引用した丸山眞男もまた、疑いなくそうした目標を共有していた。多くの論者と同じく、丸山も、フィルマーと日本を等号で結び、それに対するロックという図式を採用した。こうして彼も、日本＝フィルマー主義の問題点の克服へと向かったのである。

丸山眞男の闘い

丸山が日本の問題点と考えたものは多岐にわたるが、その中でも最も重要なもののひとつが、政治に対する運命論的態度である。日本人は、既存の社会制度やそれによって起きる出来事を、人間の作ったものではなく、山や川と同じように自然として受け取ってしまうメンタリティを保持してきた。しかしこうした態度は、あらゆる制度や出来事を「自然」とみなすことで、その変革可能性を喪失させ、政治を自分達で作り上げるものではなく、災害や天恵のように、自分たちに降りかかってくるものと理解する運命論的態度へと直結する。その結果として、周囲の動向に流されることこそ「現実主義」だという理解に至る――戦争に進むのではなく、戦争が迫ってくる。だとしたら、それに身を任すのが「現実的」態度である。これこそが、日本が明確な決断も自覚もなく、戦争へと向かった精神的理由であると丸山は考えた(145)。

問題の核心をこの点に見出した丸山にとって、「フィルマー主義」すなわち前近代的メンタリティの克服とは、こうした「自然」からの独立を意味する。彼は戦後この目標を「フィクション」の重要性という形で語った(146)。国家や憲法は、どこまでいっても人間の作為であり、その意味で、何らかの便宜のために作られたフィクションである。この相対的存在としてのフィクションは、しかし、目的や果たしている機能を絶えず問い直さない限り、常に「実体」へと転化する危険性を秘めている(147)。ここで社会契約が重要な価値を有することになる。なぜなら、政治体をひとつのフィクションとしてみるという視点こそ、社会契約という思考様式が提供するものだからであり、人間が作り出したものの自然化あるいは神秘化を防ぐ機能を果たすからである(148)。逆に言えば、彼にとって社会契約とは、近代的政治に必要な主体を見つけ出すための発見法的手続きでもあった。こうした社会契約的な政治観は、もちろん、日本の思想的伝統の中にも可能性としては存在しており(149)、また幕末から明治初期にかけての

「西洋の衝撃」の中で、「輸入」されもした。[150]しかし彼のみるところ、こうした理念は、結局日本において、最終的に「必要な変更を加えられた」フィルマーに敗北した。そうであるからこそ、二度目の敗北を迎えないためには、いま、「必要な変更を加えられた」ロックが、契約として政治を見る思考方法が必要なのである。

この「必要な変更」という視座から、ロックとフィルマーの対立を眺めた点において、丸山は日本におけるフィルマー受容史において重要な存在である。というのも、彼はこれによって、単にフィルマー・ロック・日本という三項関係の配置を変えただけではなく、戦後の新しい図式の適用の可能性をも考察したのだと言えるからである。かつての図式では、フィルマーと対立させられたのは「日本」という価値であった。もちろん「日本」的とは何を意味するのか、どこまで学問上の概念として利用可能なのかを巡って争いが存在した。しかし、どれほど作られた伝統だったとしても、引かれた境界線が西洋と日本の間にあったために、少なくとも論争の当事者たちは、フィルマーに対置されるものとしての「日本」を無条件に自分たちの価値として前提にすることができた。新たな図式で難しくなったのはこれである。排除すべきものが日本＝フィルマーなのだとすれば、なぜフィルマーの対抗物を「自分たち」の価値と呼べるのか。このかつて存在しなかった問いの難しさは、丸山もまたたしかに西洋と日本の対立という図式を維持していたことで倍加した。西洋と日本は同じではないと認めつつ、他方で西洋の「ロック」的なものを自分たちの価値として取り込む方法を探らねばならなかったのである。

丸山がロックのなかに見出したのは、「絶対的存在者」たるキリスト教的な神への絶対的な依存の意識が、現世における人間の自律を可能にしているという逆説的な構図であった。[151]このロックに典型的に見出せる神と人との関係こそ、丸山が「近代」政治に必要不可欠だと理解したものである。[152]もしフィクションを操る近代的人間が、いったんそうした「超越的絶対者」への依存を経由してしか生まれえないのだとしたら、丸山の結論は、「近代化」のためにはキリスト教化が必要だという結論になってもおかしくはない。実際、丸山の若年期の視点からすれば、そうならない方が不思議であるとすら言える。彼は戦中に書かれたある書評の中で、「精神的分野に於けるヨーロッパ的なるものの浸潤の程度こそ日本の近代化の全現象を測定するバロメーターである」と述べていた。[153]日本政治思想史も、それに応じて、「The「近代化」を基準にしてどこまで近代化しているか」という観点から理解されていたのである。[154]この方向性を推し進めていったならば、「必要な変更」の意味はごくわずかなものとなっただろう。というのも、この場合の「必要な変更」とは、ともかく普遍的な西洋の思想を正しく理解し、順序を踏んで輸入し直すという程度のことだからである。

だが丸山はその後ほどなくして、唯一の「近代」ではなく、さまざまな「近代化」が存在しうるという認識にたどり着いた。[155]この認識によって彼の「思想史」研究の幅は広がったが、同時に彼は現代における「必要な変更」の難しさと正面から向き合う必要にも迫られた。というのも、複数の近代性の存在の承認は、キリスト教の「伝統との対決（ただ反対という意味ではない）を通じて形成されたヨーロッパ的近代の跡を」そのまま追うことはできないという認識を伴うものだったからである。[156]すなわち、かつて高橋や上杉が認識していたように、思想とその機能をコンテクストから切断して一般化する不可能性を彼もまた認めるようになったのである。それゆえに、新たな問いは、価値としては普遍的な西洋の思想にたどり着くために、西洋はどのような特殊な道を歩んだのか、そして日本はどういった特殊な道のりを歩んで普遍性にたどり着くことが可能なのか、あるいは歴史的にその方向へ歩む可能性がある部分はどこなのか、ということである。

こうして丸山は、それぞれの地域の歴史的事情を超えて、普遍的に妥当しうる何かがあるという理念を残したまま、西洋も日本もどちらも特殊な歴史的道のりを歩んで成立したのだという観点を取り入れた。この視線でもって丸山は改めて日本思想史を見直した。単に完成品として「近代的」なものを歴史のなかに見つけようとするのではなく、特殊西洋ではキリスト教が果たしていた、普遍的なものへの推進力となりうる可能性がどこにあったのかが探究されるようになったのである。[157]その一例が武士のエートスであろう。[158]しかし、歴史研究の中から「必要な変更」のための「種」を見つけ出す一方で、この種が開花する可能性については、丸山は年を経るにつれて悲観的になっていったように思える。キリスト教に代わる理念がそうした種として見つかったとしても、丸山が晩年期に語っているように、大衆社会の誕生とは、これらの理念がそもそも失効してしまう時代の到来であったからである。(159) そうだとすれば、この時代に、いかにして超歴史的な理念が可能になるのだろうか。いかにして「自然」への服従から逃れられるのだろうか。この点について、丸山は最後まで明確に語ることはなかった。それが彼にとって学問的禁欲だったのか、それとも彼にとってすら失敗だったのかは、今もって判然としない。(160)

5 「フィルマー」との闘いの続き

一九世紀の最後の年に戸水と高橋の間で始まった第一の「フィルマー論争」は、穂積の提示した服従根拠の問題を巡って争われたものであった。日本という「家」の代表として、祖先崇拝という任務を帯びているがゆえに天皇に服従せねばならないと説いた穂積に対して、戸水はこれをフィルマー主義だと嗤《わら》った。戸水にとって、天皇に対する服従義務を説明する必要はなく、説明に伴う危険を考えると、そうすべきでもない。穂積の擁護にまわった高橋も、この点は戸水に同意している。戸水の誤りは、穂積が服従義務を説明しようとしていると解釈した点にある。高橋に言わせれば、穂積は義務を説明しているのではなく、日本の歴史を語っているだけであって、穂積をフィルマー主義と呼ぶことは間違っている。

穂積が世を去る直前に始まった第二のフィルマー論争の主役は、美濃部と上杉である。この二人の論争では、第一の論争の論点であった服従根拠の説明についての問題はほとんど取り上げられていない。なぜなら上杉も美濃部も、穂積と違い、服従根拠の説明は不必要であると考えていたからである。論点はむしろ、この不必要性が国家論とどのようにかかわるべきかであった。上杉は、不必要性は日本の特殊事情によるのであって、それゆえ日本の特殊事情に応じた国家論が必要であると説いた。他方で美濃部は、この不必要性は国家学とは無関係であるがゆえに、日本独自の国家学など存在しないと応じた。この対立の中で、美濃部は専制主義の擁護者として相手にフィルマー主義というレッテルを貼り付け、上杉はこれを受けて、フィルマー主義もまた西洋においてしか意味をなさないのだと防戦した。

二つの論戦において、こうした論点の違いがある一方、もちろん共通点もある。その中で最も重要なのが、これらの論争のすべての参加者が、フィルマーが「敗者」であることをよく認識していたということである。そうであるがために、相手に「フィルマー主義」というレッテルを貼ることで、論戦を優位に進めることができ、逆に「フィルマー主義者」と酷評された側は、自分たちが守りたいと思った価値からフィルマーを切り離そうと努力するという構図が生まれた。だがフィルマーがロックとの関係で敗者だと認識されていたという事実は、彼らの論争の中で、「日本」との関係でロックが勝者としての扱いを受けていたということを意味しない。反フィルマー主義者たちにとって、フィルマーは言わずもがなとして、ロックもまた乗りこえられた「敗者」なのであって、むしろ彼らは叛逆的な「ロック主義」を日本に呼び込まないようフィルマー主義を拒絶したのである。フィルマー対ロックという図式自体はたしかにそこにも存在していた。だがこの二人は、「日本」という価値と対比されたとき、どちらも排除されるべき思想家だったのであり、ロック主義によってフィルマー主義を攻撃するという一見自明の図式は存在していなかったのである。

第二次世界大戦後、構図は大幅に書き換えられた。フィルマーは戦前の象徴として、ロックは戦後の象徴として、見慣れたフィルマー対ロックという図式が、自分たちの状況を説明するために登場するようになった。ロック、フィルマー、日本の三項鼎立は二項対立へと整理され、フィルマー主義としての日本の根本性質がロックによって否定されるべきものへと変わった。ここでロックは勝者となった。だがこのわかりやすい図式には大いなる問題点が含まれていた。戦前日本とフィルマー主義を重ねることが可能であり、そしてそういうものとして排除することが可能であったとしても、なぜ西洋での代替案である「ロック主義」を自分たちのものとして引き受けることが可能なのだろうか。丸山はこの問題を考察した。彼は単にロックの政治理論とそれを支えているキリスト教をそのまま輸入すればすむとは考えなかった。そうではなく、「必要な変更」を加えられたフィルマーに対するロックの機能的等価物を、あるいはその可能性となるものを、日本思想史の中に探し出そうと精力を尽くしたのである。

おわりに

全体のまとめ

本書前半では、フィルマーという過去に生きた人間が、言葉を用いることで、いかに現実と格闘したかを跡付けてきた。フィルマーは『パトリアーカ』において、眼前の問題を解決するために、「アダムの権利」を呼び出した。それによって彼はチャールズの有する「絶対権力」を力強く正当化することができた。『アナーキー』は、『パトリアーカ』に存在していた制限的に読みうる可能性(ブーン的な読み方)を完全に排除し、「絶対権力」が論理的に含意するものを、誰よりも直截に読者に教えることができた。だが同じく『アナーキー』でなされた、君主制だけが神意にかなった政体だという主張は、彼の「アダムの権利」との間で緊張関係を生じさせるものでもあった。この緊張関係が表面化し、ますます「アダムの権利」へのコントロールが利かなくなってくるのは、王の処刑後である。アダムの権利と神の意志との関係が不明瞭であったために、共和国の成立後、彼のアダムの権利のロジックは、新政府を簡単に正当化しうるものになってしまったのである。フィルマーはこの困難に対して、「統治」の定義を変え、君主制以外存在しないという議論を提示して乗り切ろうと試みた。こうすることでたしかにアダムの権利を放棄することなく、チャールズへの忠誠を残すことができた。これをどう評価すべきかは簡単な問題ではない。思想史家の目で見れば、おそらくここが、フィルマーが一人の思想家として、言葉でもって真剣に現実に向き合おうとする姿がもっともはっきりと現れる、意義深い苦悩の時期だということになる。だが彼の理論的達成として、この回答に、それまでフィルマーが見せていた明快さとそれに伴う一種の鋭さを見出すことは難しい。フィルマーが「アダムの権利」と「君主制」との両立に成功したといえば、間違いなく、言い過ぎとなってしまうであろう。魔法使いの弟子たるフィルマーが呼び出したアダムの権利は、結局ちょうどよいところでは止められず、当初の望みとはかけ離れた方向へと彼を連れ去った。

呼び出されたアダムの権利の封印は、フィルマーではなく、ロックが引き受けた。フィルマーのアダムの権利論が彼の建設的側面であり、契約説批判が彼の破壊的側面であるとすれば、『統治二論』はそれと対応して、前篇後篇でそれぞれのフィルマーの議論と向き合っている。第一篇において、ロックはなぜアダムが神から与えられた権利が政治とは無関係なのかを示し、第二篇においては、そんな権利がなくとも人間は政治をなしうるのだということを、契約的政治観の提示を通じて明らかにした。この仕事はたしかに見事に完遂された。アダムの権利は馴致され、自由主義的な政治理論が構築された。だが彼は、結果としては、アダムの権利を放逐するにあたって、神の力を借りざるをえなかった。ロックにとって、人間の自然的理性を注意深く使用すれば、あたかも数学的真理のように、自然法は万人が納得しうるものとして発見されるはずであった。だが彼はその目標を達成できなかった。結果として残された問いは、まさしくフィルマー的なものとなった。すなわち、契約モデルによって政治を理解しようとすることに、いかなる意義があるのかである。

この問いが、地域と時間を隔て、日本において聞かれるようになったのは、第二次世界大戦が終わった後のことであった。それまではフィルマーもロックもともに、過去の西洋の思想家であり、真剣な考察に値しない対象とみなされていたからである。戸水や美濃部といった反フィルマー主義者たちにとって、穂積やそれを擁護した高橋、そして上杉のような人々にとってと同じく、フィルマーの代替物はいかなる意味でもロックではなく、「日本」というひとつの価値体系だったのである。戦後になると、この潮流は一変し、ロックは未来への導き手として現れた。丸山もロックをそう見た一人であった。必要な変更を加えられた「アダムの権利」は、必要な変更を加えたロックによって打ち倒されねばならない。彼の「夜店」はその信念に支えられている。だが「必要な変更」を加えねばならないということが意味しているのは、ロックの成し遂げたことに匹敵する仕事を、「神」の力はもはや借りられない状況で遂行するということである。

結果として見つかったものが、果たして丸山にとってすら満足のいくものだったのか否かはわからない。(1) 丸山は、ロックの政治理論の基礎に何があるのかに気づいていたように思われる。そこで彼は、神に訴えることなく、しかも別の意味での政治の「自然化」――これが彼にとってのフィルマー主義である――にいかに抵抗するかを考えた。「大日本帝国の「実在」よりも戦後民主主義の「虚妄」の方に賭ける」という彼の言葉はつとに知られている。(2) だが彼は賭けただけで済ませたわけではない。ロックが「社会契約」の主体とした人間を、丸山は社会契約という装置によって発見しようと試み、日本思想史の探究を通じて、神学なしにそれを支えられるものを見出そうと努力を重ねた。彼の闘いは、もちろん、直接的にはフィルマーとロックの論争を再現したものではない。今日的「われわれ」が論じる「契約説」の現代的意義とも同一視できない。しかし明らかなのは、もし「われわれ」――神に頼れない世界に生きる通時的・共時的われわれ――がフィルマーとロックの関係を通じて契約説を再考しようとするならば、そしてそれを通じて政治を考察しようとするならば、たしかにここがフィルマー論争のひとつの終着点であり、「われわれ」の出発点だということである。

現代的意義

では、改めて、この出発点に立ったとき、われわれの携えているバッグには何が入っているのだろうか。ロックとフィルマーはそれぞれ、ある程度、今日の政治理論に対する洞察を残しているように思われる。フィルマーの批判に対するロックの応答から理解できるのは、ロックのような「自由主義的」政治理解の前提である。(3) ロックが誰よりも明晰に描き出したのは、「自由主義的」政治理論であると同時に、あるいはそれ以上に、そもそも自由主義的に政治を考えることが有意味になる条件なのである。ロックにとって、政治とは抵抗の可能性を前提とし、結果として統治の不在の可能性を積極的に(もちろん、喜んで、ではない)認めるという前提の上に成り立つものであった。つまり不可譲の権利と信託に基づいた「自由主義的」政治は、アナーキーの可能性を前提とし、それと密接不可分に絡み合っているということである。もちろん、その際アナーキーの評価を巡って今日の政治理論家がロックと一致するとは限らない。特に、支配がまったく存在しない内乱状態と、恣意的であろうとも何らかの形で支配が存在している状態を同一視しうるか否かは簡単に判断を下せない論点であろう。しかしそれでもなお、もし今日の自由主義的政治理論が、その枠内での「配分」の問題に集中し、その枠組の外部との関係を問うことがなくなってしまっているとするならば(4)、ロックが突きつける、「自由主義者」であることの覚悟は、重いものがあろう。

ロックとは逆に、フィルマーから学ぶのははるかに難しいように見える。とはいえ、第一章・第二章で論じてきた彼の苦悩、そしてロックによるフィルマーの「アナーキー」批判から浮かび上がってくるのは、絶対権力論のパラドックスとでも言うべきものだろう。どこかに最終決定権が存在するはずだというフィルマーの思想自体には、とくに理解に苦しむところも、興味深いところもない。目を引くのは、この最終決定権を支えるために彼が採用していた、「アダムの権利」という絶対権力正当化のための論法である。正当化の根拠は、一般的に、正当化の対象となる権力自体に制限を課す。ホッブズにとっては自己保存権がそれであり、ロックにとっては自然法によって定められた同意してよい権力の範囲がそれである。フィルマーが私淑したボダンにしても、国家によって正当性を与えられた君主は、その正当性を掘り崩すような行為(たとえばサリカ法の変更や、国家財産の売却など)は、なしてはならない事柄であった。フィルマーの主権者にはこうした制限は存在していないようにみえる。彼は自己保存による抵抗権はおろか、ボダン的な君主の正当性の限界とも無縁である。だがそうした態度が可能であったのは、主権者にいかなる制限も課さないがゆえに、どのような主権者でも正当化されてしまうデ・ファクト理論的な「アダムの権利」を基礎としていたがゆえである。ここからみえてくるのは、極限まで拡張された絶対権力と、通常の意味でのその正当化がほとんど両立しないという、正当性と絶対権力のパラドックスである。これまで何度も述べてきた通り、このパラドックスは、チャールズの処刑後、フィルマーにとって大きな問題となった。彼の解決法自体の説得力はともかくとして、フィルマーは、誰よりも妥協なく絶対権力を追求していたがために、誰よりも救いがたくこのパラドックスと向き合わざるをえなくなったのである。

これに対しては、「秩序」という正当化がありうると言われるかもしれない。なるほど実際にフィルマーも、その他の絶対主義者と同様、しばしばそれに訴えてきた。しかし、ロックが(それ以前にはエドワード・ギーも)非常に説得力ある形で指摘したのは、結局フィルマー的「アダムの権利」は平和の醸成に役立たないということである。どのような原理で正当化されようと、絶対主義は、被治者の服従以上に、統治者の放縦を促す効果をもつ。統治者が暴政に流れたならば、基本的には現状を追認する傾向にある人民も(この点は後でもう一度触れる)、事実の問題として叛乱を起こすであろう。ここまで見てきたように、ロックはこの不安定な絶対主義に対して、自然法に基づいた「自由主義」こそが、かえって安定をもたらすと説いたのである。しかしこうしたロックの自己認識が後の時代に引き継がれたわけではない。戦前日本のフィルマー批判者にとって、ロックは政治社会を不安定化させる「叛逆の徒」であった。したがって彼らは単にフィルマーを専制擁護者と非難するだけではなく、専制を擁護するフィルマーを呼び出すことが、さらに危険なロック主義への呼び水となることを警戒したのである。彼らにとって、フィルマーとロックは対立関係にありながら、同時に一枚のコインの両面なのであった。このコインに手を伸ばすこと自体、愚かな行為なのである。

同一コインの両面という、戦前のフィルマーおよびロックの理解は、実は今日の「われわれ」が二人の今日的意義を考える上で重要な手がかりとなる。ロックは「たとえ思想のなかだけのことにしても、神を否定することは、すべてを解体してしまいます」と書いたことがある。(5) その崩壊した世界における政治はどのようなものになるのだろうか。沼尾恵は、そのとき『統治二論』の政治社会は、絶え間ない叛乱と、それを押しとどめようとする抑圧的政治権力が対立する世界へと転がり落ちてゆくことになるだろう、と示唆している。ロックが抵抗権を有する個人を信頼できたのは、「個人と政府のそれぞれの判断と行為がどれほど正しいかを測るものさし──彼の場合は自然法」を人民が知ることができるという前提があってのことだった。だがそうした規範を知ることができなくなっているとすれば、「われわれは、アナーキズムに落ち込む危険か、あるいはこれを予防するための専制主義に陥るという危険」にさらされることになる。(6) ロックはコインの「厚み」を信じ、それを立たせておくことができると考えたが、いまや表か裏かという選択肢しかなくなってしまったのである。

もしこれが戦前のフィルマー批判者の観点から、この二人の関係を整理し直したときにえられる見通しだとすれば、もうひとつ、戦後のフィルマー批判者の観点から見直した場合には、別の問題提起もなしうるであろう。すなわち、先ほどとは逆に、ロックがまったく「フィルマー主義」への抵抗の役に立たないという事態である。これが提起するのは次のような問題である。ロック的原理は、今日においても抵抗を教える。だが彼がもはや教えることができないのは、「保守的な人民」に対して抵抗の必要性を納得させるための動機である。先の解釈では、自然法というガイドラインは、むやみに抵抗しない教えも含んでいることが前提とされていた。だが、戦後のフィルマー批判者の視点からすれば、自然法というガイドラインはむしろ、必要な抵抗へと進ませる契機となった。もちろんこれは、神がいないのだから自然権(人権)概念は放棄すべきだというレイモンド・ゴイスのような乱暴な議論に与《くみ》するということではない。また、後に述べるように、救済を動機に使えないのだから道徳一般は無意味となるという意味でもない。そうではなく、フィルマーの平和だけに基づいた絶対主義的な主張と、ロックの平和と自然法に基づいた抵抗権の主張を比べたとき、自然法が説得力を失ってしまえば、ロックの「保守的な人民」は、フィルマーの平和の訴えに説得力を感じるようになるだろうということである。なるほどフィルマーとロックは別のことを言った。だがなぜ身の危険を冒してまで、ロックの言ったことに従う理由があるのだろうか。現状維持と平和だけがすべてであれば、ロックの主張は、端的に、テロリストの主張と変わりはない。

戦後のフィルマー批判者の代表者である丸山が直面し、そして解決方法を模索したのは、まさにこうした問題状況であったように思われる。第三章で論じたように、ロックは啓示神学を自然道徳化しようと試み、それに失敗した。ゆえに啓示神学の失墜は、ロックの政治理論からその基盤を奪い去る結果をもたらした。丸山はロックのなかに、「絶対的存在者」たるキリスト教的な神への絶対的な依存の意識が、現世における人間の自律を可能にしているという逆説的な構図を見出していた。[7] だがそうした外的支えが期待できないとすれば、歴史に内在する別の基盤を見つけ出し、それによって自律的な、自然に流されない主体を支える必要がある。これなくしては、いずれまた服従のしすぎから生じる悲劇は避けられないだろう。実際これが彼の辿った思索の道のりであった。「どの程度従順だと行き過ぎなのかを、手遅れになる前にどうしたら示せようか？ 政治的従属を主張した最も偉大な闘士（ホッブズ、ヒューム、バーク）でさえ、この問いに決してすすんで答えようとはしていない」。だがこの問いこそ、丸山が取り組んだものであった。[8] しかし再三述べてきたように、彼は最後には、こういった問題設定自体が成り立つのかどうかにすら懐疑的になっていた。したがって、もしこの観点からフィルマーとロック関係を読むとすれば、われわれは、フィルマー的「平和主義」が説得力を持ってしまう状況で、ロックが利用しえた防壁なしに、「フィルマー主義」に向き合わねばならないということになる。

これらの解釈は、しかし、現代の規範理論研究者の目には、どちらにせよ極端すぎる結論を引き出しているように映るかもしれない。井上達夫は、正義論についての「確証テーゼ」（ロック的に言い換えれば、自然法の確実な論証可能性）が、実は、正義を真剣に考察するためには非常に有害であると指摘している。というのも、確実でなければ真ではないという基準で正義論に向かうことは、独断論か相対主義のどちらかにしかならないからである。[9] これはたしかに、神という確実性をなくした人間は「自身の意志より他の法はもたず、自分自身が目的となるだろう。彼は自身にとって神となり、自身の意志だけが行動のすべての基準、すべての目的となってしまう」だろうという絶望を表明したロックの見事な描写となっている。[10] 井上によれば、正義にコミットするとは、超越的な正義をモノローグとして論証することではなく、正義とはなにかという問いを抱きながら複数人の間で続けるダイアローグなのである。これは近年ジェレミー・ウォルドロンがロックを解釈しつつ目指している立場ともある程度共通している。ウォルドロンも自然法とは、ひとりの思考のなかで証明されるべきものではなく、複数人の対話の中でその認識が達成されるものだと指摘している。[11] 要するに、自然法の確固たる内容が知りえないとしても、それによって自由主義の基礎にある正義も、自由主義そのものも、あきらめる必要はないということである。

だがこうした希望が再び薄らいでくるのは、なぜ正義をなすべきかという問い正義にコミットする理由を考えはじめたときである。ロックの体系の中で、なぜ正義の執行をなすべきかという問い、の占める余地はほとんどない。ロックにとって、神の声としての自然法に従うことは、自身の魂の永遠の救済がかかっている事柄だったからである。そして「現世の快苦のどれも、この世の後の不滅な霊魂の終わりのない幸福あるいは極度の不幸とまったく比べものにならない」がゆえに(ii. xxi. 60)、救済は、正義へと駆り立てる最も強い動機を形成する。自然法ではない正義論が提供できそうにないのは、しかし、まさにこの切実な動機である。今日、正義をなすべき強力な理由のひとつは、自己の一貫性に求められるだろう。つまり、特定の前提を受け入れており、合理的に特定の結論にたどり着いたならば、それをなすべきであるという意味での一貫性である。たしかにこれは重要な動機づけになりうる。さもなくば自己弁明という行為は世界から消え去っているはずである。しかしながら、これは正義をなす動機として、永遠の救済と比べれば、どうも弱々しく映るのもまた否定できない。エゴイストは常に、「本当のことを言おう。選択しなきゃいけないというのなら、僕は一貫性を放棄する」と言うことだろう。[12] だがロックが自身の政治理論に必要不可欠だとみなしていたものは、まさにそうしたエゴイストを説得しうる、来世における自己利益の存在だったのである。

もしこれが正しいとすれば、状況は自然法の「内容」が知りえない場合とさほど変わりはないものとなるだろう。ロックにとって、自然法を知らずに従えない子供も、知っていて従わない獣も、どちらもいまだ「人間」ではないという点で共通していた。だがそうだとすれば、思考のなかで神を取り去り、すべてが崩壊したところから政治を構想せねばならない今日において、やはり先に述べた二つの現代的問題が生じてくるように思われる。すなわち、一方で、契約による政治理解は、下からの不断の叛乱と、上からの不断の抑圧の間で、人々を宙づりにすることになるであろう。この場合に生じるのは、アナーキーの危険にさらされた世界である。他方で、ロック的原理を理解しつつも、それにコミットする必要はないと考える人々がすべてになるかもしれない。この場合に生じるのは、平和と抑圧の区別がつかない世界である。さて、これを聞いたフィルマーは問うだろう。ならば、果たして政治を契約の観点から考えたことにいかなる価値があったのだろうか。そんな「フィクション」を持ち出す意義がどこにあるのだろうか(AN: 133)。これはロック本人の問いではない。[13] しかしフィルマーは、神がいる世界でもいない世界でも、同じ問いを発する思想家である。ゆえに今日においてもなお、「虚構」としての契約説的政治理解に価値があると考えるならば、フィルマーに対する応答は、ロックではなく、われわれの仕事として残っている。

注

はじめに

(1) Allen (1928) p. 27. 同じく、Laslett (1948a) pp. 523–524も参照。

(2) Laslett (1949) p. 30.

(3) (著者不明)「ロック『統治二論』における国家創設の目的としての〝プロパティー〟——社会契約論における自然権と社会形成の関係」『茨城の教育』茨城県高等学校教職員組合編、一〇七八号(二〇一三年度)、二〇一四年二月一〇日(http://ihsfu.net/kikanshi/kikanshi-top.htm)。実はすでに一八世紀においてすら、フィルマーはロックを通じて理解されていた(Seward (1794) p. 255)。その後のフィルマー評価は、たとえば、Blakey (1855) p. 155; Sabine (1958) p. 513; Vaughan (1960) p. 130; Stephen (1889) p. 441; グーチ(一九五二)一二〇頁などを見るとよくわかる。とくに印象的なレスリー・スティーブンの評をやや長いが引用しておきたい。「『政府論』は哀れなサー・R・フィルマーに対する反駁書である。彼はその第一部において彼の論敵の、国王はその権力をアダムが彼の直接的後裔に対して有した個人的権威の直接的継承にもとづいて行使するという愚劣なまでに独創的な教説を、やや倦んざりするほど長々しく処断するのである。強力な精神が薄弱な根拠の議論をずたずたに引裂く範例としては、ロックの論証もある程度は興味の的になるかもしれない。しかしわれわれは有能な人間がとうの昔に完全に死滅した屁理屈の塊りをむしろ一刀両断に叩き切ってしまう代りに、そのもっとも小さな網目までを御丁寧に拾い上げていこうとする態度に倦んざりする」(スティーヴン(一九八五)八頁)。なお引用文中の『政府論』は『統治二論』のことである。

序論

(1) 伊藤・渡部(二〇一六)七〇五—七〇六頁。

(2) 伊藤・渡部(二〇一六)七三一頁。

(3) ラスキ(一九五八)一八—一九頁(pp. 38-39)。またGettell (1924) p. 185; Vaughan (1960) p. 130も参照。

(4) フィルマーの先行研究の簡単なサーヴェイとして、Cuttica (2011b) pp. 195-208がある。

(5) ただし、『服従指針』と呼ばれる『アリストテレス論考』の末尾に付して出版されたパンフレットについては事情が異なるため、これについては後に述べる。

(6) Laslett (1949) p. 11.

(7) Daly (1979) p. 13; Daly (1983) p. 753; Schochet (1975) pp. 118-119; Sommerville (1991b) p. xx. それをもっとも力強く主張したのは、かなり早い時期に日本語でフィルマー研究を発表した隅田哲司である。隅田(一九六〇)一八五頁。

(8) Cuttica (2014) p. 35.

(9) Cuttica (2012) p. 172.

(10) Skinner (2002a) p. 82.

(11) 浜林(一九八一)一二二—一二七頁。

(12) 第一章・第二章においては、著作ごとの違いを重視して、そのつどフィルマーが何をしていたのかに焦点を絞ったが、第三章においては、彼が「言ったこと」に注目し、そうした違いを捨象して彼の契約説批判を再構成している。そのため、その際の「フィルマー」はどうしても抽象化されたものにならざるをえない(しかしそれでも「フィルマー」という名前でくくらざるをえない)。この観点から見ると、第I部の作業は、この抽象化がなぜ可能なのか、著作ごとの違いを捨象し、特定の議論を「フィルマー」の構想と呼んでよいのはなぜかを示す予備作業ということになる。

(13) Figgis (1896) pp. 150-151, 264-266; Allen (1928) pp. 27, 45; Laslett (1956a) p. xiv. ラズレットのフィルマー研究と「政治哲学」の関連に関して、Skodo (2014).

(14) Pocock (1987) p. 237. Pocock (2009) p. 6; ポーコック(一九九一)七一—七三頁; Schochet (1975) pp. 6-7, 121, 244; Daly (1979) pp. 163-166.

(15) Cuttica (2011a) p. 579.

(16) これがクッティカの著書の書評において、ショーシェットが述べている不満である。クッティカは「優れた政治史家あるいは思想史家であるとしても、これまでのフィルマー研究を特徴づけてきた広範なヴィジョンを利用しようとする理論家ではないということである」(Schochet (2015) pp. 323-324)。

(17) 通説としては、一六八〇年頃にフィルマーの諸著作が出版されたあと、彼は大いに読まれ大いに参考にされたということになっているが、デイリーはこの通説が完全に誤っているとする。デイリーによれば、フィルマー主義の本質はその極端な絶対主義に存するのであって、この観点からすると、彼の「後継者」は皆無に等しく、実際ほとんど誰もフィルマーをまともに読んでいない。これに対して、クッティカの評価は通説に近い。フィルマー主義の本質を「愛国的王」のイメージ形成に求めるクッティカによれば、そうしたイメージは後期ステュアート時代の多くの政治的著作に看取されうるものであって、ここにフィルマーの影響を読み取るのは適切な解釈である(Daly (1979) p. 124; Cuttica (2012) pp. 206-207 (n71))。

(18) 同論説は、宮本(一九八三)二九八—三〇八頁に再録されている。

(19) 中山(二〇〇〇)。

(20) 近年の受容史は、一般的に、こうした「能動的」側面にかつてより大きな注意を払うようになっている(Burke (2013) p. 28)。

第Ⅰ章

(1) Laslett (1949) p. 1.

(2) Hasted (1798) p. 375.

(3) Phillimore (1886) pp. 1, 5.

(4) Reginald M. Filmer (1977) pp. 8-9.

(5) Severance, ed. (1907) p. 17; Phillimore (1886) p. 62; Bruce John Filmer (1984) pp. 118-121. ただデヴォンシャーのフィルマー家からの移民なのか、ケントの一家からなのかは、分からないままである。

(6) Severance ed. (1907) p. 17.

(7) KAO U120/F3.

(8) Laslett (1949) p. 1. クッティカは、ラズレットと違って、この職にあったのはエドワードであると書いている。家系図はラズレットを支持している(KAO U120/F3)。

(9) Cuttica (2012) p. 21.

(10) KAO U120/C1.

(11) R. C. D. Baldwin, 'Argall, Sir Samuel (*bap.* 1580, *d.* 1626)' in ODNB.

(12) John Leonard Filmer (1975) pp. 10-11.

(13) Laslett (1948a) p. 531.

(14) Laslett (1949) p. 1; Cuttica (2012) p. 22; Glenn Burgess, 'Filmer, Sir Robert (1588?-1653)' in ODNB.

(15) Fisher (1630) preface.

(16) フィルマーは一六一三年に法廷弁護士の資格を認められている('Filmer' in ODNB)。

(17) 小山(一九九二)三五〇頁。

(18) Laslett (1948a) pp. 525, 527. フィルマーは The Bowling Alley の The Porters Lodge に住んでいた。現在ではこの道の

名は使われていないが、この通りの名が確認できる一八世紀の地図と比較する限り、ウェストミンスター寺院のすぐ裏側の、現在の Tufton Street の北半分がそれにあたる。

(19) Laslett (1948a) pp. 526–527.

(20) Aubrey (1898) p. 145.

(21) KAO U120/F5.

(22) 'Filmer' in ODNB.

(23) 以下のジェームズ一世の和平工作についての記述は、Patterson (1997) pp. 293–328 に依拠している。結婚政策について、一般的には、スペイン王はこれに真剣ではなくはじめから見込みのないものであったとされるが、パターソンは交わされた書簡から、実際に成功の見込みがあったと判断しているように思われる。ここでの記述はパターソンにしたがった。

(24) Wormald (1983) p. 199.

(25) CSP, vol. 10, p. 50: 岩井（二〇一五）三四頁。

(26) これについては、酒井（一九九七）一七七―二七〇頁が詳しい。

(27) Philo-Britannicos (1628) p. 28.

(28) Peltonen (1995) p. 249.

(29) 岩井（二〇一五）三六―三八頁。

(30) Lake (1982) p. 813.

(31) Scott (2000) pp. 118–134.

(32) Abbot (1605) sig. B^r. 初版は一五九九年だが、この言葉はこの増補改訂版が初出。

(33) Heylyn (1625) p. 319.

(34) Scott (2000) p. 120.

(35) Cust (2005) p. 172: Sharpe (1989) pp. 130–131.

(36) ブラウン（二〇一五）三二頁。

(37) Cust (2005) p. 110.

(38) Tyacke (1973) p. 130.

(39) ST, vol. 3, p. 738.

(40) 引用は Andrew Foster (1989) p. 207.

(41) 田上（二〇一三）九九―一一七頁。

(42) Cogswell (1990) pp. 203, 211, 213.

(43) Thompson (1998) p. 678.

(44) 引用は Thompson (1998) p. 666.

(45) 引用は Thompson (1998) p. 668.

(46) *Reasons for Refusing a License to Sir Robert Filmer's Patriarcha of G. R. Weckherlin, London 8 February 1632*, BL, Mss. Add. 72439, fol. 8 (Thompson (1998) p. 668).

(47) Heylyn (1659) p. 208.（ただしミスプリントによって、原著では p. 387 となっている。）

(48) ジョン・ウォラスは、『パトリアーカ』の成立年をすくなくとも一六四八年以後と予想したのに対して、リチャード・タックは、一六二〇年代後半、もしかしたらはじめは一六〇六年頃の忠誠宣誓論争の文脈で書き始められたのかもしれないと示唆していた（Wallace (1980) pp. 155–165：Tuck (1986) pp. 183–186）。

(49) Peck (1993) p. 110.

(50) Cust (2002) p. 244.

(51) Milton (1996) pp. 134–135; Cust (2002) p. 243 (n28): Cuttica (2012) pp. 147–148.

(52) Milton (1996) p. 135.

(53) 紙幅の都合上、議論をかなり単純化せざるをえなかった。より詳細な議論は、とりあえず、古田（二〇一六）二九―五八頁。この部分は、「研究ノート」として別に発表する予定である。全体として私は、サマヴィルよりもバージェスに同意する点が多い。

(54) このフレミングの文章に関する大きな問題のひとつが、カッコで補って訳した not を入れるべきか否かである。様々な見解があるが、私はここで、その他のフレミングの文献も調査したうえで not を補う方が適切であるとするバージェスに従う

（Burgess（1996）p. 82）。
(55) ST, vol. 2, p. 389.
(56) 土井（二〇〇六）八二頁。
(57) Smith（1906）p. 61.
(58) Elton（2003）p. 268; Burgess（1996）pp. 85-86.
(59) ST, vol. 2, p. 414.
(60) Davis（1986）p. 131.
(61) Pocock（1987）p. 51.
(62) スキナー（二〇〇九）五六八頁。
(63) スキナー（二〇〇九）五七〇頁。
(64) Bodin（1962）p. 98.
(65) Bodin（1962）p. 159.
(66) ST, vol. 3, pp. 195-196.
(67) カウエルの経歴やカウエル事件の経緯に関しては、Chrimes（1949）pp. 461-475; 土井（二〇〇六）三九六―四一五頁を参照。なおクライムズの論文には、補遺として、そうした項目からの抜粋集がつけられている。参照しやすく便利だと思われるので、抜粋がある場合には、クライムズの論文のページも併記する。
(68) Cowell（1607）.
(69) Sommerville（1999）p. 114.
(70) PP 1610, vol. 1, p. 24.
(71) Cowell（1607）sig., $N2^{v}$.
(72) Cowell（1607）sig., $2U1^{r}$.
(73) Chrimes（1949）p. 470.
(74) Cowell（1607）sig., $3D4^{r}$; Chrimes（1949）p. 485.
(75) Cowell（1607）sig., $3A3^{v}$; Chrimes（1949）pp. 486-487.
(76) Cowell（1607）sig., $3R1^{r}$, $3D4^{r}$; Chrimes（1949）pp. 483, 485.
(77) Cowell（1607）sig., $3A3^{v}$; Chrimes（1949）p. 486.
(78) Chrimes（1949）p. 464.
(79) King James VI and I（1994）p. 180.
(80) 私は以下、このジェームズの用法の civil や civilized を「文明／文明的」と訳す。この訳語について一言述べておきたい。日本政治思想史を専門とする渡辺浩は、明治初期の知的指導者たちにとって、「Civilization は野蛮・蛮行の克服であり、人々が洗練され、向上して、より優れたものになっていくこと一般」を意味したと指摘している（渡辺（二〇一〇）四〇九―四一〇頁）。野蛮の克服としての Civilization であれば、本書で取り上げた civil と指し示す現象は同じであるため、この訳語を選択した。
(81) King James VI and I（1994）p. 183.
(82) King James VI and I（1994）p. 183.
(83) King James VI and I（1994）p. 182
(84) King James VI and I（1994）pp. 181-182; Burgess（1996）pp. 104-105.
(85) Christianson（1991）p. 76.
(86) Sommerville（1991c）p. 65.
(87) Burgess（1992）p. 173.
(88) Maynwaring（1999）p. 59.
(89) Maynwaring（1999）pp. 67-68.
(90) ST, vol. 3, p. 337.
(91) ST, vol. 3, p. 337.
(92) ST, vol. 3, p. 338.
(93) ST, vol. 3, p. 348.
(94) ST, vol. 3, p. 347.
(95) Heylyn（1999）p. 83; Burgess（1996）p. 104.
(96) Mendle（1995）p. 37.
(97) Herle（1643）pp. 2, 3.
(98) Fiennes（1641）p. 51.
(99) 古田（二〇一六）三六―四一頁。
(100) 「絶対主義」の基準をかなり厳しく設定するバージェスで

すらそうである（Burgess（1996）p. 218）。

（101）Cuttica（2012）pp. 154, 159–160（n84）.

（102）このトマス・スコットは、『民の声』のスコットとも、ペンブルック伯のサークルのスコットとも別人である。

（103）Cuttica（2012）pp. 61–63.

（104）Bargrave（1627）p. 18.

（105）BL Lansdowne MS 213, 167b.

（106）Cuttica（2012）pp. 65–77, 246.

（107）Cuttica（2012）pp. 66–67.

（108）この二人の政治観については、小田（二〇一七）八九—九七頁、小田（二〇一二）五三—五四頁、を参照。

（109）Sommerville（1982）pp. 39–40; Sommerville（1999）p. 34.

（110）Almond（1999）. 王としてのアダムについては、特にpp. 102–109を参照。

（111）Hayne（1614）p. 14. またDekker（1620）p. 33.

（112）Pordage（1661）pp. 56, 58.

（113）[Overall]（1844）pp. 2–3.

（114）Maynwaring（1999）p. 61.

（115）Maxwell（1644）p. 84.

（116）Sommerville（1991b）p. xx.

（117）Perkins（1609）pp. 2, 134.

（118）J. Knox（1846）p. 137.

（119）Herle（1643）pp. 16–17.

（120）Höpfl（2004）p. 200.

（121）スアレス（一九八五）一五六頁。

（122）ここではフィルマーを中心に置かざるをえないので、話を単純化しているが、彼らの中にあっても、王と父の権力の区別について大幅に異なる見解があった。詳しくは、Höpfl（2004）p. 200を参照。

（123）Kellison（1621）p. 44.

（124）スキナー（二〇〇九）四三四頁。

（125）Suárez（1944）p. 374.

（126）Tierney（1997）pp. 309–310.

（127）Becker（2014）pp. 144–145. ただしボダンの家族内で最も重要なのは、父—子関係ではなく、夫—妻の関係であり、この点でフィルマーと異なる（pp. 150–151）。

（128）佐々木毅（一九八一）一九四頁。

（129）フーコー（二〇〇七）四〇四頁。

（130）成瀬（一九八八）五四—五五頁。これはボダンについて指摘されていることであるが、フィルマーにもそのまま当てはまる。

（131）ラスレット（一九八六）二九一—二九八頁。

（132）Ball（1629）pp. 194–195; Ball（1630）pp. 33–34.

（133）Bristow（1627）pp. 20–21.

（134）Filmer（1987）p. 169.

（135）Hinton（1967）p. 294.

（136）Hinton（1967）p. 299.

（137）De Beer（1969）p. 40. またRosenthal（2008）p. 178も同様の主張をする。

（138）加藤（二〇〇七）三九八頁; 伊藤（一九八九）二六一頁、など。

（139）小林麻衣子（二〇一四）一五三頁。

（140）Greenleaf（1966）p. 158.

（141）Greenleaf（1966）p. 160. この伝説の発生と終焉については、指（一九九九）八二—一〇〇頁も参照。

（142）Greenleaf（1966）pp. 159–160.

（143）Harry（1604）.

（144）Greenleaf（1966）p. 163.

（145）Greenleaf（1966）p. 167.

（146）ブースマ（二〇一〇）二一七頁。

（147）野嶌（一九九一）七二頁。同じく、野嶌（一九九八）七三頁。また隅田（一九六〇）二〇五頁も参照。

（148）ティモシー・スタントンは、「フィルマーは、適切に言えば、「ただ君主制を除いては、いかなる種類の統治」も存在しないと断定する」と書いている(Stanton (2011b) p. 111)。だがこれはかなり恣意的な引用であり、同意できない。フィルマーはここで、ギリシャのポリスの新奇性に触れ、「事実、世界は長い間、ただ君主制を除いては、いかなる種類の統治も知らなかった」と述べているだけだからである(PA: 24)。

(149) Bodin (1962) p. 95.

(150) Bodin (1962) p. 113. ボダンの主権「制限」論に関しては、次のものが簡潔にまとまっている。Burns (1959) pp. 174-177; 佐々木毅(一九七三)一一八—一二二頁。

(151) Church (1941) p. 262.

(152) Church (1941) pp. 248-249.

(153) Church (1941) pp. 308-309; pp. 316-317.

(154) Sidney (1683) p. 2. また Sidney (1996) p. 98.

(155) Tyrrell (1718) pp. 94-95.

(156) Daly (1979) p. 42.

(157) Sidney (1683) pp. 1, 2.

(158) Scott (1991) p. 343; Worden (1985) p. 13.

(159) Bohun (1684) p. 16. ブーン本人の思想と行動については、Goldie (1977) pp. 569-586 を参照。このパンフレットはフィルマー家にもおそらく献呈された(KAO U120/Z16/4)。

(160) Sidney (1683) p. 2.

(161) Bohun (1684) p. 5.

(162) Sidney (1996) p. 347.

(163) Bohun (1684) pp. 5-6.

(164) Bohun (1684) p. 16.

(165) Bohun (1684) p. 5.

(166) デイリーは、ブーンが『パトリアーカ』以外知らなかったと示唆しているが、ここで述べたように、知っていたうえでの排除とみなした方がはるかによく理解できる(Daly (1979) p. 131)。

第二章

(1) Sharpe (1989) p. 119.

(2) Hyde (2009) pp. 15-16.

(3) Hyde (2009) p. 18.

(4) Sharpe (1989) pp. 117-121. 同じく、Morrill (2000) p. 34.

(5) Reeve (1989) p. 170.

(6) T. Harris (2014) p. 313.

(7) マカーフィティ(二〇一五)一〇四—一〇五頁。

(8) Scott (2000) pp. 136-138.

(9) Prynne (1641) p. 5.

(10) 今井(一九九〇)一九二頁。

(11) 今井(一九九〇)一九三—一九四頁。

(12) 小泉(二〇一五)一四頁より引用。

(13) Burgess (2009) pp. 187-203.

(14) Quarles (1644) p. 2; Daly (1966) p. 33.

(15) Weston and Greenberg (1981) pp. 35-86; Fukuda (1997) p. 26.

(16) ポーコック(二〇〇八)三〇七—三〇八頁。

(17) Weston and Greenberg (1981) p. 68; Fukuda (1997) p. 28; Burgess (2009) p. 208; 犬塚(二〇一五)一五七—一五八頁。

(18) ポーコック(二〇〇八)三一〇頁。

(19) 'XIX Propositions . . .' (1999) p. 167.

(20) この著作と十九条回答の対応関係については、川村(一九六七)一—二二頁が分かりやすく説明している。

(21) Baxter (1696) Lib. 1. Part. 1. p. 30.

(22) Anon (1643b). 著者はヘンリー・パーカーに帰されることもあるが、パーカー研究の第一人者であるマイケル・メンデルは否定している(Mendle (1995) p. 195)。

(23) Herle (1642) p. 2. ハール、ヘンリー・パーカー、ヘンリー・ファーン、およびフィリップ・ハントンの非難合戦を丁寧にまとめたものとして、安藤(一九九三)一六三—二〇七頁が大変参考になる。

(24) Herle (1642) p. 6.
(25) Herle (1642) pp. 7–9.
(26) Herle (1643) pp. 34–35.
(27) Herle (1642) p. 13.
(28) Parker (1642) p. 34.
(29) Parker (1643) p. 30.
(30) Joceline (1644) p. 111.
(31) Digges (1644) p. 66. ディッグスについては、安藤(一九九三)六六―九八頁。
(32) Digges (1644) pp. 67–68.
(33) Digges (1644) p. 68. また Williams (1644) p. 133.
(34) Daly (1971) p. 26.
(35) Ferne (1999) p. 183.
(36) Spelman (1642) pp. 1–2.
(37) Spelman (1642) p. 20.
(38) 犬塚(二〇一五)一五九、一六四―一六五頁；Williams (1644) p. 43; Spelman (1642) p. 20.
(39) 犬塚(二〇一五)一六四―一六五頁。
(40) たとえば、Bridge (1643) pp. 8–9.
(41) Wallace (1968) pp. 22–25; Sanderson (1989) p. 48.
(42) Bramhall (1844b) p. 319. ここで取り上げられなかった、意志の自由論における反ホッブズ主義者としてのブラモールについては、川添(二〇一〇)一五―四〇頁を参照。ただ、「ブラモールは、自然権を基に議会の権利を主張するパーカーなどに向かって王権を擁護しようとした側である。そのために家父長制に依拠したのであって、契約説はむしろ退けるべき対象であった」(三九頁)という説明には、やや疑問が残る。彼は契約説が存在しないと主張したわけではなく、パーカーに対して、イングランドは同意ではなく征服が基礎にあると指摘しただけである。この文脈において彼が家父長的な論法を用いることはない。
(43) Bramhall (1844a) p. 359. 同じく Ferne (1643a) pp. 31, 68 も参照。
(44) Daly (1971) p. 29; Sanderson (1989) p. 61.
(45) Bramhall (1844a) pp. 359–360; Digges (1644a) p. 118.
(46) Daly (1971) p. 31.
(47) Spelman (1643) p. 1.
(48) Spelman (1643) pp. 5–6; Bramhall (1844a) pp. 299, 380, 392.
(49) 「ポリュビオス的」「フォーテスキュー的」という表現については、Fukuda (1997) p. 5 を参照。
(50) Digges (1644) pp. 138–139.
(51) Williams (1644) p. 133.
(52) Bramhall (1844a) pp. 330–331.
(53) Spelman (1642) p. 22.
(54) Ferne (1643b) p. 12.
(55) Digges (1644) p. 32.
(56) Digges (1644) p. 122.
(57) Digges (1644) p. 41.
(58) Spelman (1642) p. 17; Digges (1644) p. 10.
(59) Bramhall (1844a) p. 351.
(60) Gardner (2000) p. xii.
(61) Digges (1644) pp. 73–74.
(62) 田中浩(二〇一二)二八七頁。
(63) T. Harris (2014) p. 40.
(64) Burgess (1996) pp. 21–23, 43, 162. この権力観は、後にバンジャマン・コンスタンが絶対主義的な権力観に対して支持したものと類似しているように思われる(堤林(二〇〇九)八五頁)。
(65) 犬塚(二〇一二a)二〇四頁。ブラモールについて、Daly (1971) p. 36.

(66) 彼はすでに「権利の請願」のころから王に非協力的な議員たちを見下しており、かつ自身の著作が王を擁護する意味を有していると分かっていて書いていた(藤本(二〇一五)三〇〇—三〇九頁)。
(67) ホッブズ(二〇一四)一九一、一九四頁。
(68) エドワード・フィルマーは、フランスのエール・ド・クールのいくつかの曲に英語訳の歌詞を付して王妃に捧げる形で編集出版しており、ジョンソンの詩はここに付されている(Edward Filmer ed. (1629) sig., Br.)。
(69) Laslett (1948a) p. 527より引用。
(70) Milton (2007) pp. 45-47.
(71) Laslett (1948b) pp. 155-160.
(72) Salt (1987) p. 36.
(73) Cuttica (2012) p. 43 (n66).
(74) Filmer (1653) p. 136.
(75) Twysden (1849) p. 88.
(76) Fincham (1984) p. 236.
(77) 短期議会・長期議会の選挙戦の様子は、Everitt (1973) pp. 56-83を参照。
(78) Gardiner (1891) p. 182; Laslett (1948b) p. 152 (n7).
(79) 伊藤・渡部(二〇一六)七五二頁。
(80) U120/F5.
(81) T. Wotton (1727) p. 507.
(82) Wotton (1741) p. 581. なお、事典類でときに目にする、所領を一〇回ほど荒らされたという記述や、チャールズ一世によってナイトの称号を与えられたという誤った記述は、この著作に依拠しているためではないかと思われる。後者の誤りは、エドワードが執筆したと思われる手紙に由来する。
(83) Robert Filmer (1646). 以下ではHales [Filmer] (1765)を用いる。
(84) Hales [Filmer] (1765) p. 38.
(85) Heylyn (1654) p. 360. 同じく、同書の目次、Liber. 3, Chapter. 1の項を参照。
(86) Laslett (1948a) p. 538.
(87) Hales [Filmer] (1765) p. 32.
(88) Hales [Filmer] (1765) p. 36.
(89) 以下、ケントの動きについては、Everitt (1973) pp. 231-270.
(90) KAO U120/C5-2.
(91) KAO U120/C5-3.
(92) Sommerville (1991b) p. xi.
(93) Pocock (1987) p. 188.
(94) Sommerville (1991b) p. xii.
(95) Twysden (1849) p. 18.
(96) Twysden (1849) p. 86.
(97) ボダンの反混合政体論については、川出(二〇一四)一一三—一一六頁を参照。
(98) Bodin (1962) p. 194.
(99) Judson (1988) p. 397.
(100) Hunton (2000) p. 18.
(101) Judson (1988) p. 407.
(102) Hunton (2000) p. 24.
(103) Hunton (2000) pp. 37, 39.
(104) Hunton (2000) pp. 48, 66-68, 101.
(105) Hunton (2000) p. 95.
(106) Hunton (2000) pp. 60, 62.
(107) Hunton (2000) p. 94.
(108) Hunton (2000) p. 30; pp. 43-44.
(109) Hunton (2000) p. 105.
(110) Hunton (2000) p. 74.
(111) これはもちろん誇張を含んでいる。同時代の多くの王党派は、この問いに答える必要はないと考えていた。彼らにとって重要なのは、起こり得る対立ではなく、そこにあるべき調和であった(Daly (1971) pp. 33, 38)。要するに、もしXになったらどうなるのかという問いは、ある立場にとっては重要でも、別の立場によってはまったく無意味になるということである(世界が明日亡びたらどうなるのかという問いは、政治学的にどのような意味をもつだろうか。これに対しては、そうならないように方策を考えると答えるより他ないだろう。だが神学的には答えられる問いなのかもしれない)。

(112) Daly (1979) p. 52. デイリーの評価は、アレンのそれを受け継いだものである(Allen (1938) p. 496)。それ以降もこの二人の解釈は広く受け入れられているように思われる。たとえば、Smith (1994) p. 247; 野嶌(一九九八)七五頁など。

(113) Daly (1978) p. 244.

(114) Bramhall (1844a) p. 399.

(115) パーカー(一九七八)六一―六二頁。

(116) Robert Filmer (1648) p. 120.

(117) トロイマン(一九七六)八三頁。以下で述べるパーマーの他に、たとえば、Anon (1643a) p. 11; Herle (1642/3) p. 14; Rutherford (1644) pp. 385-386.

(118) Palmer (1643) p. 34.

(119) Palmer (1643) pp. 26, 51.

(120) Daly (1979) p. 129.

(121) Sommerville (1991b) p. xii.

(122) Kelsey (2002) p. 754.

(123) Cust (2005) p. 461.

(124) Cust (2005) p. 463.

(125) 澁谷(一九九六)一三四頁。

(126) Kenyon, ed. (1986) pp. 292-293.

(127) 大澤(二〇一一)九三頁。

(128) Morrill (2000) p. 59.

(129) 大澤(二〇一一)九一―九二頁。

(130) 大澤(二〇一三)三八四頁。

(131) Worden (1974) pp. 219, 226; Burgess (1986) p. 515.

(132) Walker (1649) p. 189.

(133) Wallace (1968) pp. 39, 64.

(134) たとえば Nedham (1969) p. 38; Osborne (1652) p. 9.

(135) Ascham (1649) p. 109.

(136) Skinner (2002c) pp. 297-298.

(137) 竹澤(二〇〇八)四九三―四九五頁。

(138) Nedham (1969) p. 13. また Drew (1651) pp. 4-6 も参照。

(139) Rous (1999) p. 399.

(140) Dury (1650) p. 18.

(141) Warren (1653) p. 5; Skinner (2002c) p. 276. 最後に、以下も参照。ホッブズ(二〇〇九b)三七九頁(p. 486)。

(142) Burgess (1986) pp. 526-527.

(143) Gee (1658) pp. 159-160. ギーの批判については、Schochet (1975) pp. 171-175 に比較的詳しく紹介されている。

(144) Barducci (2015) p. 87.

(145) Ascham (1649) p. 106.

(146) Ascham (1649) pp. 107-108.

(147) Maistre (1994) chap. 11.

(148) Maistre (1994) p. 105. これらの概念については、川上(二〇一三)。

(149) これが完全に誤っていたわけではない。チャールズ二世本人も、実際には、イングランドの自分の支持者たちがその生命や財産を守るために、共和政府に臣従することを認めていた(Vallance (2001) p. 64)。

(150) Schochet (1975) p. 119.

(151) Skinner (2002c) pp. 301-302, 306.

(152) ホッブズ(二〇〇九a)三八八頁(p. 491)。

(153) Wallace (1968) pp. 39, 64.

(154) Daly (1979) p. 14; Sommerville (1991b) p. xx.

(155) Schochet (1975) p. 119.
(156) Schochet (1975) p. 158.
(157) スキナー（一九九〇）六六―六七頁。
(158) モリル（二〇一五）一四一頁。
(159) Robinson (1649) pp. 11, 12. Cook (1651) p. 4, sig., b1v.
(160) 清滝（二〇〇五）一三七頁。
(161) 大澤（二〇一五）三三八―三三九頁。
(162) 木村（二〇一〇）一九三頁。
(163) Howell (1651) p. 4. 訳文は木村（二〇一〇）二〇九頁より。
(164) CSP, vol. 2, p. 505; 越智（一九六六）一七頁。
(165) CSP, vol. 10, p. 50.
(166) フェルタムのパンフレットは、Felltham (1652) p. 33. 正式な出版年自体はフェルタムの作品の方が後なのだが、同書はそれ以前に手書き原稿のまま流通しており、一六四八年には海賊版が発売されているので、パンフレットの著者はそれを読んで書いたものと思われる。
(167) Anon (1650b) pp. 4, 5.
(168) 引用は上から、Bayly (1649) p. 101; p. 107; p. 109; p. 111.
(169) Tuck (1993) p. 270.
(170) Cuttica (2014) p. 43.
(171) Bowle (1969) pp. 57–61; Parkin (2007) pp. 107–112.
(172) ホッブズ本人の「人格」理論と「代表」理論については、Skinner (2002c) chap. 6 を参照。
(173) CSP, vol. 29, p. 112; Cuttica (2014) p. 46.
(174) CSP, vol. 28, p. 277.
(175) 今井（一九八四）二三四―二四六頁。
(176) Heylyn (1659) p. 207.
(177) Heylyn (1659) p. 208.（ただしミスプリントによって、原著では p. 387 となっている。）
(178) Schochet (1975) p. 116.

第三章

(1) アザール（一九七三）三頁。
(2) 原田鋼（一九五一）七〇―七一頁。
(3) 『丸山集（四）』一七七頁。ただし次章で述べるように、丸山はロックの「神学的」な部分にも気づいているし、それが政治理論に何を意味するかにも気づいている。
(4) スティーヴン（一九八五）八頁。
(5) Dunn (1969) p. 11; Tully (1980) pp. 116–117; Waldron (2002) p. 15; Stanton (2011a) pp. 6–30.
(6) ポーコック（一九九一）九〇頁（p. 48）。
(7) 加藤（一九八七）一七〇頁、加藤（二〇〇七）三九五頁。他にも、I. K. Parker (2004) p. 5; I. Harris (1998) p. 211.
(8) 森義宣（一九五二）二一頁。
(9) Zagorin (1954) p. 198; Tully (1993) p. 285.
(10) Schochet (1975) p. 122.
(11) Laslett (1988) p. 69; 野嶌（二〇〇三a）三頁; Davenport (2006) p. 234.
(12) D. Wootton (1993) p. 15.
(13) 下川（二〇〇〇）一一四頁; 田中正司（一九七九）一二四頁; Dunn (1967) p. 169.
(14) 「同意論」について書かれてきた作品や難点などのまとめとして、小城（二〇一七）第五章を参照。
(15) Ashcraft (1987) p. 160; 愛敬（二〇〇三）一四四頁; 中神（二〇〇三）一三八頁。
(16) Tully (1993) p. 45; Schochet (1975) p. 254.
(17) Laslett (1988) p. 59. 以下、一点目から三点目まで、それぞれ、Laslett (1988) pp. 47, 32; pp. 75–76; pp. 86, 83, 87–88.
(18) Hinton (1974) p. 475.
(19) Olivecrona (1976) p. 85.

(20) Olivecrona (1976) p. 90.
(21) スキナーの方法についての、日本語での便利な解説として、関口(一九九五)六五三—七二三頁；堤林(一九九九)四一—一〇二頁。
(22) スキナー(一九九〇)三三三頁。
(23) Steinberger (2009) p. 141.
(24) Skinner (2002a) p. vii.
(25) 私はここで「フィルマー」を単純化し、『アナーキー』の視点から『パトリアーカ』を解釈している。ただ本章では、第I部と違って、フィルマーが契約説について「何を言ったか」に焦点を絞っているため、こうした単純化も許されるのではないかと期待している。
(26) これはフィルマーの観点からのまとめであって、フェアな要約と言えるかどうか対立がある。スキナーはアンフェアであると考える一方、サマヴィルはフィルマーの解釈は基本的に正しく、スアレスらを抵抗権論者とみなしている(Sommerville (1982) pp. 531, 535；スキナー(二〇〇九)四六三頁)。
(27) Sommerville (1982) pp. 525-526.
(28) スアレス(一九八五)一四四—一四五頁。
(29) Burns (1983) p. 373.
(30) Suárez (1944) p. 378.
(31) ビトリア(二〇〇〇)一三三頁。
(32) Bellarmine (2012) p. 22.
(33) Sommerville (1982) p. 529.
(34) スアレス(一九八五)一四五頁。
(35) Skinner (2002b) pp. 389-390.
(36) カントーロヴィチ(二〇〇三)三四頁より。
(37) ティアニー(一九八六)三八—四二頁。
(38) Althusius (1995) p. 7.
(39) Hooker (1888) p. 246.
(40) Refertur ad universos quod publice fit per maiorem partem (*Digesta* 50. 17. 160). 田中周友訳(一九七一)五三六—五三七頁。ここでの翻訳は、Tierney (1968) p. 42 の英訳によった。
(41) スキナー(二〇〇九)四四四頁。
(42) ビトリア(二〇〇〇)一四一頁。
(43) Black (1992) p. 166.
(44) ブレット(二〇一二)四二七頁。
(45) ミルトン(二〇〇三)一八七頁。また少し後の時期であるが、Lawson (1992) p. 236.
(46) Skinner (2002b) p. 394. ただしビトリアやスアレスなど後期トマス主義者は、この推論に反対していた(スキナー(二〇〇九)四六三頁)。
(47) ティアニー(一九八六)八九頁；スタイン(二〇〇三)七八—七九頁。
(48) ブルトゥス(一九九八)六八頁。
(49) パーカー(一九七八)四七頁。
(50) L'Estrange (1673) p. 59.
(51) Bellarmine (2012) p. 22.
(52) Simmons (1979) p. 60.
(53) Allen (1928) pp. 33-34.
(54) 川合(二〇一〇)七〇頁。
(55) Sommerville (1999) p. 75.
(56) ベーズ(一九九三)一一八—一一九頁。
(57) ブルトゥス(一九九八)一九五頁。
(58) Daly (1979) p. 89.
(59) Marshall (1994) p. 209.
(60) というのも、これに対しては、「それでも同じ海には違いあるまい」と言い返すことができてしまうからである。実際にティレルは後に、人民を「川」にたとえて、変化はするがそれでもアイデンティティは変わらないものとしての伝統的人民観を再提示している(Rudolph (2002) p. 57)。

(61) Zuckert (2005) p. 422.
(62) ロック(一九七〇)一三頁。
(63) ロック(一九七〇)一四六頁。
(64) ロック(一九六八)三八五頁。
(65) Stanton (2011a) p. 20.
(66) ロック(一九七〇)一九三頁。
(67) ロック(一九七〇)二〇六頁。
(68) Numao (2013b) pp. 72-73.
(69) もちろん単なる第一原因としての「神」ではなく、賞罰を来世で与える神でなければならない(Forde (2006) p. 239)。
(70) Dunn (1969) pp. 188, 192-193; I. Harris (1998) p. 268. これは「倫理一般(Of Ethic in General)」と題された草稿のことである(ロック(二〇〇七b)二四四―二五三頁)。
(71) De Beer ed. (1979) p. 524; Marshall (1994) p. 387.
(72) Marshall (1994) pp. 384-388.
(73) Marshall (1994) pp. 444-446.
(74) ダン(一九八七)xx頁。
(75) 引用は、フィリップソン(二〇一六)五七頁、より。
(76) ダンは、ロックの試みがそもそも成功しそうにない理由を説明する文章の注において、ヒュームを参考文献に挙げている(Dunn (1969) p. 25 (n4))。
(77) 小城(二〇一七)六頁。
(78) Dunn (1969) pp. 98-99.
(79) Tate (2012) p. 223; Faulkner (2005) p. 453.
(80) ダン(一九八三)六五頁。
(81) I. Harris (1998) p. 173.
(82) 「第一篇」の簡潔な要約については、武井(二〇一六)第六章を参照。
(83) Polin (1969) p. 17; Grant (1984) pp. 193-194.
(84) 下川(二〇〇〇)八〇―八四頁。
(85) Numao (2013a) p. 260.
(86) Yolton and Yolton (1989) p. 25.
(87) Simmons (1993) p. 45.
(88) Dunn (1969) pp. 165-167.
(89) シュトラウス(二〇一三)二九五頁; Cox (1960) pp. xix-xx, 77-78; Coby (1987) p. 3.
(90) Laslett 版 *Two Treatises* の第九章始めに付された注を参照(p. 320)。
(91) ホッブズ(二〇〇九a)一七三頁(p. 89)。
(92) Schochet (1975) p. 262; Kilcullen (1983) p. 332; 野嶌(二〇〇三b)一三七―一三八頁。
(93) Schochet (1975) p. 127; 愛敬(二〇〇三)一六〇頁。
(94) プラムナッツ(一九八八)二〇頁。
(95) Anon (1650a) p. 50.
(96) たとえば(II-75)と(II-122)を参照。
(97) Dunn (1967) p. 168.
(98) Ashcraft (1987) p. 160.
(99) 愛敬(二〇〇三)一四四頁。
(100) 加藤(一九八七)一七七頁。
(101) Stanton (2011a) p. 21.
(102) ロック(一九六二)一六〇頁。
(103) Dunn (1969) p. 79.
(104) Grant (1987) p. 56.
(105) Grant (1987) pp. 155, 168.
(106) Harrison and Laslett eds. (1971) plate 6.
(107) Grant (1987) p. 91; 下川(二〇〇〇)二六五―二六六頁。
(108) スキナー(二〇〇九)六一八―六一九頁。
(109) 加藤(二〇〇七)一七九―一八〇頁。
(110) 中神(二〇〇三)三〇四頁もこの点を指摘している。
(111) Tully (1993) p. 45.
(112) Tully (1993) pp. 55-56.
(113) フランクリン(一九八〇)一六四頁。

(114) Bodin (1962) p. 539.
(115) Laslett (1967) p. 467.
(116) 井上達夫(一九八六)一五頁。
(117) Dunn (1996) p. 60.
(118) 関谷(二〇〇五)一六二頁。
(119) 中島(一九九七)三一―三二頁。
(120) 森政稔(二〇一四)六五―六六頁。

第四章

(1) 以下の記述は、ラッセル(一九七一)一七四―一七六頁、および三浦(一九八六)七―一二頁に依拠している。
(2) ラッセル(一九七一)一七五―一七六頁。訳文は三浦のものを借りた(三浦(一九八六)一二頁)。
(3) Figgis (1896) p. 1.
(4) ラッセル(一九七〇)六一二頁。
(5) ラッセル(一九七〇)六一二頁。
(6) 『丸山集(四)』一八六頁。
(7) 『丸山集(四)』一八五頁。
(8) Daly (1979) p. 165.
(9) 岸本(一九〇〇)五六―五七頁。
(10) 井上円了(一八九三)一六〇頁。
(11) 織田(一八九五)三五頁。
(12) Bluntschli (1875) p. 73.
(13) ブルンチュリ(一八七二)。
(14) たとえば、津田(一九〇五)二三一頁。
(15) 近年、山田園子はロックを題材としてこの課題に取り組んでいる。山田(二〇一二)、山田(二〇一六a)、山田(二〇一六b)。また、袁(一九九七)も参照。
(16) Freeden and Vincent (2013) p. 9.
(17) 江戸末期における、天皇の急激な地位上昇を思想史の面から分かりやすく説明したものとして、渡辺(二〇一〇)第一九章を参照。
(18) 渡辺(二〇一〇)三八二頁。
(19) Maitland (1911) pp. 298–299.
(20) G. W. Knox (1906) p. 254. また、夏目(一九四八)二六頁も参照。
(21) 石田(一九五四)一三頁。
(22) 石田(一九五四)七頁。
(23) 松本(一九九六)三六頁。
(24) 穂積(一九四三)二二五頁。
(25) 穂積(一九四三)二二六頁。
(26) 穂積(一九四三)二二七頁
(27) クーランジュ(一九六一)一六五頁。
(28) 穂積(一九四三)九六七頁。
(29) クーランジュ(一九六一)三六六―三六七頁。
(30) 穂積(一八九七)一四頁。苅部直によれば、穂積が「血統」を論じるとき、それは「文字どおりの、実の親子の関係を通じての「血」のつながりを指しているわけでは、必ずしもない」のであって、「その本質は、「家族」の統合を表現する「観念」にすぎない」。すなわち、一見すると文字どおりの血族集団を指しているように感じられる「家族」も、実は穂積は精神的紐帯を指すものと理解していたということである(苅部(二〇一一)一一一頁)。だが苅部が挙げる証拠は、穂積という一人の人間が、矛盾する二つのことを言ったという証明であって、その言ったことのどちらを優先して理解すべきかはまた別問題であるように思われる。
(31) 穂積(一八九七)一頁。
(32) 穂積(一八九七)一二頁。
(33) 穂積(一八九七)三―四頁。
(34) 穂積(一九一一)七九頁。
(35) 穂積(一九一二)六二頁。
(36) 高橋和之(二〇一四)一五―一八頁。

(37) 坂井(二〇一三)一二七―一二八頁。坂井はこれをジャン・ボダンのそれと類比的に捉えているが、実際はちょうど逆であるように思われる。穂積八束にとって、君主は de jure で無制限であるが、de facto で臣民の安寧を脅かすような行動をとらない。他方ボダンにとって君主は de jure で制限があるが(神法、自然法、国制)、de facto でその制限を超えて行動する危険がある。

(38) 松本(一九九六)一一二―一一三頁。

(39) 三井(一九九〇)一一二―一一五頁。

(40) 問芝(二〇一四)四四頁(注三三一)。

(41) 鎌田(一九〇七)三―五頁。

(42) 戸水寛人の伝記はいまのところ存在しないが、その代わりに、彼に関連する文献は、非常に網羅的に以下のインターネットサイトにまとめられている。吉原達也編「戸水寛人博士(一八六一―一九三五)著作目録(平成二九年一二月六日(水)補正第二一稿作成)」。

(43) 戸水(一九一五)一六三頁。

(44) 鈴木(一九〇三)一〇一頁。

(45) 原田豊次郎(一九〇四)一二九頁。「七博士」のひとりとしての戸水は、春名(二〇一五)五四―五五頁をはじめ、様々な箇所で取り上げられている。

(46) 犬養(一九三二)三四―三五頁。

(47) 鈴木(一九〇三)一〇一頁。

(48) 戸水(一九〇〇a)三四二頁。

(49) 戸水(一九〇〇a)三四四頁。

(50) 佐々木惣一(一九九八)二四〇―二四一頁。

(51) 佐々木惣一(一九九八)二四一頁。

(52) 戸水(一九一二)三頁。

(53) 穂積(一八九七)七六頁。

(54) 穂積(一八九七)二四頁。

(55) 戸水(一九〇〇a)三四四―三四五頁。

(56) 戸水(一九〇〇a)三四三頁。

(57) 斬馬(一九八八)八九頁。

(58) 戸水(一九〇五)二二〇―二二一頁。

(59) 戸水(一九四二)一三六頁。

(60) 戸水(一九四二)一三八―一三九頁。

(61) 戸水(一九二三)二一三頁。

(62) 戸水(一九〇〇b)二二頁。

(63) 高橋粲三(一九〇〇)三四頁。

(64) 高橋粲三(一九〇〇)三二頁。

(65) 高橋粲三(一九〇〇)四〇頁。

(66) 高橋粲三(一九〇〇)三六頁。

(67) 高橋粲三(一九〇〇)三五頁。

(68) 佐々木惣一(一九九八)二四一頁。

(69) 戸水(一九〇〇b)二四頁。

(70) 戸水(一九〇〇b)二二、二六頁。

(71) ここで述べられなかったものを含めて、この「フィルマー論争」についてのアウトラインは、宮本(一九八三)二八九―三〇八頁を参照。

(72) 長尾(一九九六)八二頁。この後、学会では美濃部の学説が主流になる一方、上杉説は陸軍で広く受け入れられることになった(浅野(一九九四)七七頁)。「国体科学」の船口万寿は、この論争が、大正時代ほぼ唯一の重要な「国体論争」であったとみなしている(船口(一九三〇)二八九―二九〇頁)。

(73) 美濃部(一九三四)五八八頁。

(74) 美濃部(一九二一)一五四頁。

(75) 長谷川(一九九三)一二三―一二四頁。

(76) 美濃部(一九八九b)二九六頁。

(77) 美濃部(一九八九b)二九七頁。

(78) 美濃部(一九八九a)二一三―二一四頁。

(79) 美濃部(一九八九a)二一一頁。

(80) 美濃部(一九八九c)三七五頁。

(81) 美濃部(一九八九c)三七一―三七二頁。
(82) 長尾(一九九六)六五頁。
(83) 上杉(一九一七)八頁。
(84) 長尾(一九九六)六七頁；西村(二〇一四)二四七―二四九頁。
(85) 上杉(一九一七)七頁。
(86) 上杉(一九一六a)一二頁。
(87) 上杉(一九二八)九〇頁。
(88) 上杉(一九二八)八九頁。
(89) 上杉(一九二五)五一三頁。したがって、上杉は「穂積八束の家族国家観と天皇主権説を二つの思想的支柱とする国体論の正統的継承者」であるという評価には完全には同意できない(住友(二〇〇一)一八頁)。
(90) 上杉(一九一六a)一三頁。
(91) 前川(二〇一五)三三五頁。
(92) 上杉(一九一六b)六一二頁。
(93) 上杉(一九一六a)一一―一二頁。
(94) 上杉(一九二五)五四九頁。
(95) 上杉(一九二五)五五七頁。
(96) 上杉(一九八九b)二六一頁。
(97) 上杉(一九八九b)二五九頁。
(98) 上杉(一九八九a)三五頁。
(99) 上杉(一九二五)五八二頁。
(100) 吉田(一九九三)四一―四二頁。
(101) 戸水(一九〇〇a)三四四頁。前川(二〇一五)六二、三三二頁。
(102) 美濃部(一九八九a)二一六頁。
(103) 美濃部(一九八九a)二一六―二一七頁。
(104) 美濃部(一九八九b)三〇四―三〇五頁。
(105) 美濃部(一九八九b)三二〇頁。
(106) 美濃部(一九八九b)三〇五―三〇六、三二〇頁。
(107) 中山(二〇〇〇)二四一頁。
(108) 美濃部(一九二一)一五八―一五九頁。
(109) 美濃部(一九〇五)一九頁。
(110) 美濃部(一九八九c)四八一―四八二頁。
(111) 美濃部(二〇〇七)五九頁。
(112) 上杉(一九八九b)二五七頁。
(113) 上杉(一九八九c)三四七頁。
(114) 上杉(一九八九b)二五九頁。
(115) 藤川(二〇〇八)五一―五二頁。
(116) 上杉(一九八九b)二五七頁。
(117) 井田(一九八九)一一一―一一三頁。
(118) 宮澤(一九七〇)七二頁。
(119) 宮澤(一九七〇)一一八、一五八頁。
(120) Miller (1965) p. 236.
(121) 戦後の美濃部については、林尚之(二〇一二)一八三―二一九頁を参照。
(122) 美濃部(二〇〇七)二〇一頁。
(123) 美濃部(二〇〇七)二三六頁。
(124) 家永(一九六四)三一八、三三九頁。
(125) Miller (1965) p. 254.
(126) 穂積の「フィルマー主義」を嫌っていた佐々木惣一もこれに近い見解を有していた(松尾(二〇一四)第五章)。
(127) 落合(一九五八)四九―五三頁。これは英語圏でもそうであった(Bell (2016) chap. 3)。
(128) 宮澤(一九二五)五三頁。
(129) 不破(一九三一)九九頁。
(130) 中山(二〇〇〇)二四一頁。
(131) 美濃部(一九四八)一一五頁；落合(一九五八)五九頁。
(132) 戸水(一九〇〇a)三四四―三四五頁。
(133) たとえば、以下の論文・著書でラッセルのフィルマー批判が言及されている。森義宣(一九五二)二〇頁；森順次(一九五八)四〇四頁；福田(一九八五)三五六頁。

(134) 清宮とその背景をなす京城大学法学については、石川(二〇〇六)二一一－二一二頁(注二)。
(135) 清宮(一九四八)四五一頁。
(136) 清宮(一九四八)四五三頁。
(137) 落合勇も、落合(一九五六)、および落合(一九五七)、の二論文で契約説の歴史と日本の受容史を紹介し、清宮と同趣旨のことを述べている。この二つの論文は、落合(一九五八)に再録されている。
(138) 松下(二〇一四)七頁。
(139) 松下(二〇一四)一二頁。
(140) 松下(二〇一四)四二頁。
(141) 堀(一九四八)五二三頁。
(142) 堀(一九四八)五三二頁。
(143) 堀(一九五二)二〇九頁。
(144) 堀(一九四八)五一四頁；森義宣(一九五二)二一一頁。
(145) 『丸山集(三)』三二頁；『丸山集(五)』一九四－二〇〇頁。
(146) 関谷(二〇〇三)九七－九九頁。
(147) 『丸山集(四)』二二〇－二二一頁。
(148) 『丸山集(四)』二一七－二一八頁。
(149) 関谷(二〇〇三)八〇－八一頁。
(150) 『丸山集(二)』一九一－一九三頁。
(151) 笹倉(二〇〇三)二一七－二一九頁。
(152) 丸山(一九九八)二六六－二六七頁；遠山(二〇一〇)一四頁。
(153) 『丸山集(二)』一八二頁。
(154) 『丸山集(一六)』五四頁。
(155) 小林正弥(二〇〇三)二三九－二四〇頁。
(156) 『丸山集(七)』一九四頁。
(157) 遠山(二〇一〇)九五頁。
(158) 苅部(二〇〇六)二〇〇頁。
(159) 苅部(二〇〇六)一八六－一八九頁。
(160) 遠山(二〇一〇)二二〇頁。

おわりに

(1) 森政稔(二〇一四)二〇一－二〇二頁。
(2) 『丸山集(九)』一八四頁。
(3) ダンは、現代人が未だロックから学べるものとして、唯一ロックの契約説的政治理解、その中でも特に「信託(trust)」概念による政治理解を挙げる(Dunn (1990) p. 20)。以下で述べるのは、これをもう少し広い文脈に置き直したものと言えよう。
(4) Geuss (2001) p. 154.
(5) ロック(一九六八)三九一頁。
(6) Numao (2013b) pp. 91, 92.
(7) 笹倉(二〇〇三)二一七－二一九頁。
(8) ダン(二〇〇二)二二頁。
(9) 「相対主義と独断的絶対主義とは確実性というあまりに高い要求水準を人間の知に課する点で、本来同じ穴のムジナなのである。この水準に達し得たと信じる楽天家が独断的絶対主義者に、達し得ないと断念したペシミストが相対主義者になる。相対主義者は絶望した絶対主義者であると言われるとき、その意味するところはこの点にある」(井上達夫(一九八六)一五－一六頁)。
(10) ロック(二〇〇七b)二九七頁(p. 328)。
(11) ウォルドロン(二〇〇三)八三－八六、一〇九－一一二頁。
(12) Nozick (1981) p. 408. 訳文は、ウィリアムズ(一九九三)四〇頁を借りた。
(13) 山岡(一九九五)二八七頁。

あとがき

本書は二〇一六年度に慶應義塾大学法学研究科に提出した著者の博士論文「ロバート・フィルマーの思想世界――一五八八―一九四五」を大幅に修正したものである。出版にあたって慶應義塾大学政治思想研究奨励賞による助成を受けた。記してお礼を申し上げる。

本書の内容の一部はこれまでに発表した次の論文をもとにしている。

第一章・第二章：「なぜ『パトリアーカ』は出版されなかったのか――ロバート・フィルマーの思想的「変遷」と「一貫性」」『政治思想研究』、政治思想学会、第一三号、二〇一三年。

第三章：「「事実があたえられているのに、なぜ虚構を探し求めるのか」――フィルマーの契約説批判とロックによる再構築」『イギリス哲学研究』、日本イギリス哲学会、第三七号、二〇一四年。

第四章：'From Kent to Japan: The Reception History of Robert Filmer as a Straw Man', *Journal of Political Ideologies*, Taylor and Francis, vol. 20, no. 3, 2015.

また原型はほとんど残っていないが、「国家なき主権論――ロバート・フィルマーにおける神と父」『法学政治学論究』、慶應義塾大学大学院法学研究科、第九二号、二〇一二年、からも適宜材料を利用している。これらの論文の転載を許してくれた、政治思想学会、日本イギリス哲学会、慶應義塾大学大学院法学研究科、Taylor and

Francis (www. tandfonline. com)、に感謝します。

本書の公刊に至るまでに、多くの方のご支援を賜った。以下に記して感謝のしるしとしたい。まず大学院でのスーパーバイザーであり博士論文の主査を務めてくださった堤林剣先生である。フランスから帰国された翌年、私は堤林先生の授業を受け、その内容に惹かれ政治思想史に関心を抱くようになった。そして惹かれるままに大学院進学の相談に伺った私を快く受け入れてくださった。先生の指導を受けた者はそろってバーリン主義者になる。「品位のあるとは、品位のあるということです」という彼の言葉の意味を心から理解するからである。私を含めどの学生に対しても、一方では教員として常に的確な言葉で、しかも寛容かつ丁寧に指導するとともに、他方では対等な研究者として敬意をもって接する姿に、いつも感銘を受けた。周りの人は私が感銘を受けていたと気づいていないだろうが、本当の話である。

堤林先生の寛大さによって大学院へゆく決意を固めたわけだが、しかし進学にあたっては、研究対象を決め、かつ大学院に合格せねばならなかった(五年目まで残っていた英語とスペイン語の単位を取ることを除けば)。ゼミにも入らず勉強もしてこなかったため、研究対象を決めるより前にまず試験に通ろうと、とりあえず福田歓一『政治学史』を何度も読んだ。理解できた個所のなかで、唯一真剣に疑問を抱いたのが、本書の主人公ロバート・フィルマーの記述であった。これほどまでに頭の悪い主張をする人間がこの世に本当にいるのか。何を信じればこんなバカなことが言えるのか、そして、同書でもラッセルの言葉が引用されていたが、フィルマーと日本の何がどう似ているのか。疑問は大体こういったものだったと思う。ともかく先生に研究対象を早めに決めるよう仰せつかっている。他に疑問も浮かばない。こうして、もしだめだったら変えればいいか、と軽い気持ちで、フィルマーを研究しますと報告するに至った。先生はそれも受け入れてくださった。フィルマーなど選んで大学院で浮いてしまわないか不安だったが、入ってみると同じゼミの先輩はメーストル研究者とケンブリッジ・プラトン主義研究者であったため、要らぬ心配であった。ずいぶん時間がかかってしまったが、あの時ふと思いついた疑問に、ようやく自分なりの答えが出せたのが本書ということになるだろう。出発点は思いつきであったが、本文で伝えようとしてきた通り、今ではこれが重要な疑問であると感じている。本書を読んでくださった方に、同じくそう感じていただけたなら、著者としてこれ以上の喜びはない。

さてフィルマーを研究しますと言った面接試験で一番しぶい顔をしておられたのが、副査を引き受けてくださった萩原能久先生である。萩原先生にも大学院ゼミや合同ゼミで大変お世話になった。ある先輩が萩原先生を評して「政治思想史の意義そのものを自明としない視点から鋭い問いを投げかけ続けて」いると書いておられる。今も変わらずその通りで、その立場からなされる先生からの厳しい批判は、私もほかの院生たちも乗り越えねばならない試練であった。だがあらゆる試練と同じく、修了した後、あの厳しく熱意のある指導を懐かしく、そしてありがたく思っているのは、おそらく私だけではあるまい。

もう一人の博士論文の副査を務めていただいた山岡龍一先生にもお礼を申し上げねばならない。非常勤講師として大学・大学院の授業を担当しておられたところからご縁が始まったと記憶しているが、それ以後もずっとご指導を賜っている。専門分野のロックだけではなく、政治理論全般に非常に造詣の深い山岡先生が博士論文審査員に加わってくださったのは、望外の喜びであった。あらゆるお願いを「もちろん、もちろん」の一言で引き受けてくださる度量の大きさと、あらゆる分野の報告に見事なコメントを返す頭の回転の早さには、いつも感服している。

田上雅徳先生は「キリスト教と政治」の専門家として、決定的に宗教音痴の私に、多少なりとも音感を身につけさせようと骨折ってくださった。申し訳ないことに見事に骨折り損となってしまったが、「論文が書けなくて自殺しそうだから相談に乗る」とご家族に方便を用いてまで、私のために時間を割いて食事とともに適切な助言を与えてくださった御恩にはいつか報いねばと思っている。自殺はしなかっただろうが、たしかに、論文は書けなかったに違いない。

田上先生の師であられる鷲見誠一先生からも、様々な場で、キリスト教と政治について腰を据えて勉強する機会を頂戴した。すでに名誉教授になられていた鷲見先生の授業を受けるチャンスがなかったことが残念でならないが、政治思想の研究会「クオ・ヴァディス」や、その他学外のキリスト教の勉強会などに誘っていただき、その折々に先生の謦咳に接することができたのは幸甚であった。

そのクオ・ヴァディスや大学院の合同ゼミなどでは、蔭山宏先生、片山杜秀先生、大久保健晴先生、川添未央子先生、藤田潤一郎先生に大いにお世話になった。専門を異にする先生方の研究内容やその方法、またそれぞれの関心からなされる問題提起などに接する機会を得られたのは、非常な幸運であった。直接研究会などで同席する機会はさほど多くなかったにもかかわらず、私の研究に興味を持ってくださり、論文にも丁寧なコメントをくださった法政大学の犬塚元先生、九州大学の木村俊道先生、そしてフィルマー研究者としての先達にあたるCesare Cuttica先生にもここでお礼を申し上げたい。

大学院で恵まれていたと思うことのひとつは、優れた先生方だけではなく、優れた諸先輩にも出会えたことである。大澤津、速水淑子、川上洋平、沼尾恵、原田健二朗、高橋義彦、白鳥潤一郎の各氏からは直接間接に多くのアドバイスを頂戴した。中でも沼尾さんは、ロック研究者として、さらには日本語と英語のネイティブとして、英語の論文や報告原稿の修正をいつも快く引き受けてくださった。ここに挙げた方々の業績を知る人は、私が実際には何ひとつ十分に学べていないことに気づかれただろう。しかしそれは私の能力の問題であり、意志の問題ではない。学内の先輩たちだけではなく、年少の友人たちにもお礼を述べねばならない。とくに梅澤佑介、長野晃、三田悠仁、宗岡宏之、相川裕亮、林嵩文の各氏には、論文のチェックや報告の練習、そして私的な息抜きなど、様々な面でお世話になった。彼らの業績を知る人は、私からは何も学ぶ必要のないほど優れた研究者であることも知っているだろう。こちらもまた能力の問題である。

こうした大学院での出会いが可能になったのは、もちろん両親・祖母・妹という家族の助けがあったからである。私は自身の進路を決めるうえで、父と母に相談したことは一度もない。だがその事後的に知らされた進路決定を、文句を一つ言う程度で、いつも支持し、金銭的・精神的な援助を与えてくれた。間違いなくイングランド議会よりはるかに慈悲深い存在である。しかしこれはチャールズ一世の運命を思い出すまでもなく実に危険なギャンブルでもある。私に可能なのは、この賭けに勝ったと思ってもらえるよう、そして今後とも首が飛ばないよう、これから努力することだけである。

出版に際しては、岩波書店の大橋久美さんに大変お世話になった。大橋さんは、出版の仕組みが全く分かっていない私のために、多くの手助けをしてくださった。本書のタイトルだけでなく、各章の章題を提案してくださったのも大橋さんである。厚くお礼を申し上げたい。

また桂雅人、田村健をはじめとする大学時代の数少ない友人にも、ここで感謝の言葉を述べておきたい。研究と全く離れたところで楽しく過ごせる時間は、とても貴重なものだった。

最後に、公私ともに支えてくれている寺井彩菜に、深く感謝します。

古田拓也

二〇一八年(平成三〇年)七月一三日

古田拓也

1985 年，岐阜県出身．専門は政治思想史．慶應義塾大学大学院法学研究科政治学専攻博士課程修了．博士(法学)．17 世紀イングランドの政治思想史および 20 世紀政治思想史方法論を中心に研究を進めている．現在は慶應義塾大学・関東学院大学・二松学舎大学非常勤講師．

主要論文に“From Kent to Japan: The Reception History of Robert Filmer as a Straw Man”(*Journal of Political Ideologies*, Taylor and Francis, vol. 20, no. 3, 2015)，「「事実があたえられているのに，なぜ虚構を探し求めるのか」——フィルマーの契約説批判とロックによる再構築」(『イギリス哲学研究』，日本イギリス哲学会，第 37 号，2014 年)，共訳書に，リチャード・タック『戦争と平和の権利——政治思想と国際秩序：グロティウスからカントまで』(風行社，2015 年)がある．

ロバート・フィルマーの政治思想
—ロックが否定した王権神授説

2018 年 8 月 28 日　第 1 刷発行

著　者　古田拓也《ふるたたくや》

発行者　岡本　厚

発行所　株式会社　岩波書店
〒101-8002 東京都千代田区一ツ橋 2-5-5
電話案内 03-5210-4000
http://www.iwanami.co.jp/

印刷・法令印刷　カバー・半七印刷　製本・牧製本

ISBN 978-4-00-002604-8　　Printed in Japan

人名索引

タ行・ナ行

ハ行

マ 行

ヤ 行・ラ 行

事項索引

タ行・ナ行

参考文献

Anon (1643a) *The Subject of Supremacie. The Right of Caesar. Resolution of Conscience.*

Anon (1643b) *A Political Catechism: Serving to Instruct Those that Have Made the Protestation concerning the Power and Priviledges of Parliament.*

Anon (1650a) *The Exercitation Answered.*

Anon (1650b) *A Briefe Description of the Two Revolted Nations, Holland and England.*

Anon (1798) 'Filmer, Robert' in *New and General Biographical Dictionary: A New Edition*, vol. 6.

Abbot, George (1605) *A Briefe Description of the Whole Worlde.*

Allen, J. W. (1928) 'Sir Robert Filmer', in *The Social and Political Ideas of Some English Thinkers of the Augustan Age, AD 1650–1750*, F. J. C. Hearnshaw (ed.), G. G. Harrap, pp. 27–46.

Allen, J. W. (1938) *English Political Thought, 1603–1660*, Methuen.

Almond, Philip C. (1999) *Adam and Eve in Seventeenth-Century Thought*, CUP.

Althusius, Johannes (1995) *Politica*, Frederick Carney (ed. and trans.), Liberty Fund.

Ascham, Antony (1649) *Of the Confusion and Revolution of Governments.*

Ashcraft, Richard (1987) *Locke's Two Treatises of Government*, Allen & Unwin.

Aubrey, John (1898) *Brief Lives*, vol. 1, Andrew Clark (ed.), Clarendon Press.

Ball, John (1629) *A Short Treatise: Contayning All the Principall Grounds of Christian Religion.*

Ball, John (1630) *A Short Catechisme Contayning the Princples [sic] of Religion.*

Barducci, Marco (2015) *Order and Conflict: Anthony Ascham and English Political Thought, 1648–50*, Manchester University Press.

Bargrave, Isaac (1627) *A Sermon Preached before King Charles, March 27. 1627.*

Baxter, Richard (1696) *Reliquiæ Baxterianæ, or, Mr. Richard Baxters Narrative of the Most Memorable Passages of his Life and Times.*

Bayly, Thomas (1649) *The Royal Charter Granted unto Kings, by God Himself and Collected out of his Holy Word.*

Becker, Anna (2014) 'Jean Bodin on Oeconomics and Politics', *History of European Ideas*, 40 (2), pp. 135–154.

Bell, Duncan (2016) *Reordering the World: Essays on Liberalism and Empire*, Princeton University Press.

Bellarmine, Robert (2012) *On Temporal and Spiritual Authority*, Stefania Tutino (ed. and trans.), Liberty Fund.

Black, Anthony (1992) *Political Thought in Europe 1250–1450*, CUP.

Blakey, Robert (1855) *History of Political Literature from the Earliest Times*, R. Bentley.

Bluntschli, Johann Kaspar (1875) *Lehre vom Modernen Stat*, Cotta.

Bodin, Jean (1962) *The Six Bookes of a Commonweale*, Richard Knolles (trans.), Kenneth Douglas McRae (ed. and introd.), HUP.

Bohun, Edmund (1684) *A Defence of Sir Robert Filmer: Against the Mistakes and misrepresentations of Algernon Sidney*.

Bowle, John (1969) *Hobbes and his Critics: A Study in Seventeenth Century Constitutionalism, New Impression with Corrections*, F. Cass.

Bramhall, John (1844a) 'The Serpent-Salve: A Remedy for the Biting of an Asp', in *The Works of the Most Reverend Father in God, John Bramhall*, vol. 3, J. H. Parker, pp. 288–496.

Bramhall, John (1844b) 'The Catching the Leviathan or the Great Whale', in *The Works of the Most Reverend Father in God, John Bramhall*, vol. 4, J. H. Parker, pp. 507–597.

Bridge, William (1643) *The VVounded Conscience Cured, the Weak One Strengthned,* [*sic*] *and the Doubting Satisfied By Way of Answer to Doctor Fearne*.

Bristow, John (1627) *An Exposition of the Creede, the Lords Prayer, the Tenne Commandements*.

Brown, Rawdon et al., eds. (1864–1947) *Calendar of State Papers and Manuscripts Relating to English Affairs: Existing in the Archives and Collections of Venice, and in other Libraries of Northern Italy*, 40 vols., Longman.

Burgess, Glenn (1986) 'Usurpation, Obligation and Obedience in the Thought of the Engagement Controversy', *HJ*, 29 (3), pp. 515–536.

Burgess, Glenn (1992) *The Politics of the Ancient Constitution: An Introduction to English Political Thought, 1603–1642*, Macmillan.

Burgess, Glenn (1996) *Absolute Monarchy and the Stuart Constitution*, Yale University Press.

Burgess, Glenn (2009) *British Political Thought, 1500–1660: The Politics of the Post-Reformation*, Palgrave Macmillan.

Burke, Peter (2013) 'The History and Theory of Reception', in *The Reception of Bodin*, Lloyd Howell (ed.), Brill, pp. 21–37.

Burns, J. H. (1959) 'Sovereignty and Constitutional Law in Bodin', *Political Studies*, 7 (2), pp. 174–177.

Burns, J. H. (1983) 'Jus Gladii and Jurisdictio: Jacques Almain and John Locke', *HJ*, 26 (2), pp. 369–374.

Chrimes, S. B. (1949) 'The Constitutional Ideas of Dr. John Cowell', *The English Historical Review*, 64 (253), pp. 461–487.

Christianson, Paul (1991) 'Royal and Parliamentary Voices on the Ancient Constitution, c. 1604–1621' in *The Mental World of the Jacobean Court*, Linda Levy Peck (ed.), CUP, pp. 71–95.

Church, William F. (1941) *Constitutional Thought in Sixteenth Century France*, HUP.

Coby, Patrick (1987) 'The Law of Nature in Locke's Second Treatise: Is Locke a Hobbesian?', *RP*, 49 (1), pp. 3–28.

Coke, Edward (1777) *The Reports of Sir Edward Coke*, 7 vols., George Wilson (ed.).

Cogswell, Thomas (1990) 'The Politics of Propaganda: Charles I and the People in the 1620s', *JBS*, 29 (3), pp. 187–215.

Cook, John (1651) *Monarchy, No Creature of Gods Making, &c. Wherein Is Proved by*

Scripture and Reason.
Cowell, John (1607) *The Interpreter, or, Booke Containing the Signification of Words*, Cambridge.
Cox, Richard (1960) *Locke on War and Peace*, Clarendon Press.
Cust, Richard (2002) 'Charles I and Popularity', in *Politics, Religion and Popularity in Early Stuart Britain: Essays in Honour of Conrad Russell*, Thomas Cogswell et al. (eds.), CUP, pp. 235-258.
Cust, Richard (2005) *Charles I: A Political Life*, Longman.
Cuttica, Cesare (2011a) 'Anti-Jesuit Patriotic Absolutism: Robert Filmer and French Ideas (c. 1580-1630)', *Renaissance Studies*, 25 (4), pp. 559-579.
Cuttica, Cesare (2011b) 'Sir Robert Filmer (1588-1653) and the Condescension of Posterity: Historiographical Interpretations', *Intellectual History Review*, 21 (2), pp. 195-208.
Cuttica, Cesare (2012) *Sir Robert Filmer (1588-1653) and the Patriotic Monarch: Patriarchalism in Seventeenth-Century Political Thought*, Manchester University Press.
Cuttica, Cesare (2014) 'Anti-Republican Cries under Cromwell: The Vehement Attacks of Robert Filmer against Republican Practice and Republican Theory in the Early 1650s', in *Perspectives on English Revolutionary Republicanism*, Gaby Mahlberg and Dirk Wiemann (eds.), Ashgate Publishing, pp. 35-51.
Daly, James (1966) 'Could Charles I be Trusted? The Royalist Case, 1642-1646', *JBS*, 6 (1), pp. 23-44.
Daly, James (1971) 'John Bramhall and the Theoretical Problems of Royalist Moderation', *JBS*, 11(1), pp. 26-44.
Daly, James (1978) 'The Idea of Absolute Monarchy in Seventeenth-Century England', *HJ*, 21 (2), pp. 227-250.
Daly, James (1979) *Sir Robert Filmer and English Political Thought*, University of Toronto Press.
Daly, James (1983) 'Some Problems in the Authorship of Sir Robert Filmer's Works', *The English Historical Review*, 98 (389), pp. 737-762.
Davenport, R. Dean (2006) 'Patriarchy and Politics', PhD dissertation to Baylor University.
Davis, John (1986) 'Le Primer Report des Cases et Matters en Ley Resolues et Adiudges en les Courts del Roy en Ireland' in *Divine Right and Democracy: An Anthology of Political Writing in Stuart England*, David Wootton (ed.), Penguin Books, pp. 131-143.
De Beer, E. S. (1969) 'Locke and English Liberalism: The Second Treatise of Government in its Contemporary Setting', in *John Locke: Problems and Perspectives*, John Yolton (ed.), CUP, pp. 34-44.
De Beer, E. S. ed. (1979) *The Correspondence of John Locke*, vol. 4, Clarendon Press.
Dekker, Thomas (1620) *Dekker his Dreame in which, Beeing Rapt with a Poeticall Enthusiasme.*
Digges, Dudley (1644) *The Vnlavvfulnesse of Subjects Taking up Armes against their*

Soveraigne, Oxford.

Drew, John (1651) *The Northern Subscribers Plea.*

Dunn, John (1967) 'Consent in the Political Theory of John Locke', *HJ*, 10 (2), pp. 153-182.

Dunn, John (1969) *The Political Thought of John Locke*, CUP.

Dunn, John (1990) *Interpreting Political Responsibility*, CUP.

Dunn, John (1996) *The History of Political Theory and Other Essays*, CUP.

Dury, John (1650) *Objections against the Taking of the Engagement Answered.*

Elton, G. R. (1982) *The Tudor Constitution: Documents and Commentary*, second edition, CUP.

Elton, G. R. (2003) *Studies in Tudor and Stuart Politics and Government*, vol. 1, CUP.

Everitt, Alan (1973) *The Community of Kent and the Great Rebellion 1640-60*, second impression, Leicester University Press.

Faulkner, Robert (2005) 'Preface to Liberalism: Locke's "First Treatise" and the Bible', *RP*, 67 (3), pp. 451-472.

Felltham, Owen (1652) *A Brief Character of the Low-Countries under the States being Three Weeks Observation of the Vices and Vertues of the Inhabitants.*

Ferne, Henry (1643a) *Conscience Satisfied. That There is No Warrant for the Armes now Taken up by Subjects*, Oxford.

Ferne, Henry (1643b) *A Reply unto Severall Treatises Pleading for the Armes now Taken up*, Oxford.

Ferne, Henry (1999) 'The Resolving of Conscience', in *The Struggle for Sovereignty: Seventeenth-Century English Political Tracts*, vol. 1, Joyce Lee Malcolm (ed.), Liberty Fund, pp. 182-221.

Fiennes, Nathanael (1641) 'A Second Speech of the Honorable Nathanael Fiennes', in *Speeches and Passages of this Great and Happy Parliament: from the Third of Nov. 1640*, pp. 49-64.

Figgis, J. Neville (1896) *The Theory of the Divine Right of Kings*, CUP.

Filmer, Bruce John (1984) *Filmer Family Notes*, vol. 1.

Filmer, Edward ed. (1629) *French Court-Aires, vvith their Ditties Englished.*

Filmer, John Leonard (1975) *Filmer: Seven Centuries of a Kent Family*, Research Publishing Co.

Filmer, Reginald M. (1977) *Deep-Rooted in Kent: An Account of the Filmer Family*, Research Publishing Co.

Filmer, Robert (1646/47) *Of the Blasphemie against the Holy-Ghost.*

Filmer, Robert (1648) 'The Freeholders Grand Inquest', in *Patriarcha and other Writings Sir Robert Filmer*, Johann Sommerville (ed.), CUP.

Filmer, Robert (1653) *Quaestio Quodlibetica, or, A Discourse whether It may bee Lawfull to Take Use for Money*, Roger Twysden (ed.).

Filmer, Robert (1949) *Patriarcha and other Political Works of Sir Robert Filmer*, Peter Laslett (ed.), Basil Blackwell.

Filmer, Robert (1987) 'In Praise of the Virtuous Wife', in *The Patriarch's Wife*, M. Eazell

(ed.), University of North Carolina Press, pp. 169-190.

Filmer, Robert (1991) *Patriarcha and other Writings Sir Robert Filmer*, Johann Sommerville (ed.), CUP.

Fincham, Kenneth (1984) 'The Judges' Decision on Ship Money in February 1637', *Bulletin of the Institute of Historical Research*, 57 (136), pp. 230-237.

Fisher, Ambrose (1630) *A Defence of the Liturgie of the Church of England, or, Booke of Common Prayer*.

Forde, Steven (2006) 'What Does Locke Expect Us to Know?', *RP*, 68 (2), pp. 232-258.

Foster, Andrew (1989) 'Church Policies of the 1630s', in *Conflict in Early Stuart England: Studies in Religion and Politics 1603-1642*, Richard Cust and Ann Hughes (eds.), Longman, pp. 193-223.

Foster, Elizabeth Read ed. (1966) *Proceedings in Parliament 1610*, 2 vols., Yale University Press.

Freeden, Michael and Andrew Vincent (2013) 'Introduction: The Study of Comparative Political Thought', in *Comparative Political Thought: Theorizing Practices*, Michael Freeden and Andrew Vincent (eds.), Routledge, pp. 1-23.

Fukuda, Arihiro (1997) *Sovereignty and the Sword: Harrington, Hobbes, and Mixed Government in the English Civil Wars*, Clarendon Press.

Gardner, Ian (2000) 'Introduction' in Philip Hunton, *A Treatise of Monarchy*, Ian Gardner (ed.), Thoemmes Press.

Gardiner, Samuel R. (1891) *History of England from the Accession of James I to the Outbreak of the Civil War, 1603-1642*, new edition, 10 vols., Longman.

Gee, Edward (1658) *The Divine Right and Original of the Civill Magistrate from God*.

Gettell, Raymond G. (1924) *History of Political Thought*, Appleton Century Crofts.

Geuss, Raymond (2001) *History and Illusion in Politics*, CUP.

Goldie, Mark (1977) 'Edmund Bohun and *Jus Gentium* in the Revolution Debate', *HJ*, 2 (3), pp. 569-586.

Grant, Ruth W. (1987) *John Locke's Liberalism*, University of Chicago Press.

Greenleaf, W. H. (1966) 'Filmer's Patriarchal History', *HJ*, 9 (2), pp. 157-171.

Hales, John [Robert Filmer] (1765) 'A Tract concerning the Sin against the Holy Ghost' in *The Works of the Ever Memorable John Hales of Eaton*, vol. 1, Glasgow, pp. 31-50.

Harris, Ian (1998) *The Mind of John Locke*, revised edition, CUP.

Harris, Tim (2014) *Rebellion: Britain's First Stuart Kings, 1567-1642*, OUP.

Harrison, John and Peter Laslett eds. (1971) *The Library of John Locke*, second edition, Clarendon Press.

Harry, George Owen (1604) *The Genealogy of the High and Mighty Monarch, Iames, by the Grace of God, King of Great Brittayne*.

Hasted, Edward (1798) *The History and Topographical Survey of the County of Kent*, vol. 5, Canterbury.

Hayne, Thomas (1614) *A Briefe Discourse of the Scriptures Declaring the Seuerall Stories*.

Herle, Charles (1642) *A Fuller Answer to a Treatise Written by Doctor Ferne, Entituled*

The Resolving of Conscience upon this Question.
Herle, Charles (1642/3) *An Answer to Mis-Led Doctor Fearne.*
Herle, Charles (1643) *An Answer to Doctor Fernes Reply, Entitled Conscience Satisfied.*
Heylyn, Peter (1625) *Mikrokosmos: A Little Description of the Great World.*
Heylyn, Peter (1654) *Theologia Veterum.*
Heylyn, Peter (1659) *Certamen Epistolare, or, The Letter-Combate.*
Heylyn, Peter (1999) 'A Briefe and Moderate Answer', in *The Struggle for Sovereignty: Seventeenth-Century English Political Tracts*, vol. 1, Joyce Lee Malcolm (ed.), Liberty Fund, pp. 73-89.
Hinton, R. W. K. (1967) 'Husband, Fathers and Conquerors', *Political Studies*, 15 (3), pp. 291-300.
Hinton, R. W. K. (1974) 'A Note on the Dating of Locke's Second Treatise', *Political Studies*, 22 (4), pp. 471-478.
Hooker, Richard (1888) *The Works of Richard Hooker*, vol. 1 (3 vols.), John Keble (ed.), Georg Olms Verlag.
Höpfl, Harro (2004) *Jesuit Political Thought: The Society of Jesus and the State, c. 1540-1630*, CUP.
Howell, James (1651) *A Survay of the Signorie of Venice.*
Howell, T. Bayly et al. (1809-1829) *A Complete Collection of State Trials and Proceedings for High Treason and Other Crimes and Misdemeanors*, 21 vols., T. C. Hansard.
Hunton, Philip (2000) *A Treatise of Monarchy*, Ian Gardner (ed.), Thoemmes Press.
Hyde, Edward (2009) *The History of the Rebellion: A New Selection*, Paul Seaward (ed.), OUP.
Joceline, Nathaniel (1644) *Parliament Physick for a Sin-Sick Nation.*
Judson, Margaret A. (1988) *The Crisis of the Constitution: An Essay in Constitutional and Political Thought in England, 1603-1645*, foreword by J. H. Hexter, Rutgers University Press.
Kellison, Matthew (1621) *The Right and Iurisdiction of the Prelate*, second edition, Douai.
Kelsey, Sean (2002) 'The Death of Charles I', *HJ*, 45 (4), pp. 727-754.
Kenyon, J. P. ed. (1986) *The Stuart Constitution, 1603-1688*. CUP.
Kilcullen, John (1983) 'Locke on Political Obligation', *RP*, 45 (3), pp. 323-344.
King James VI and I (1994) *Political Writings*, Johann P. Sommerville (ed.), CUP.
Knox, George William (1906) *The Spirit of the Orient*, T. Y. Crowell & Co.
Knox, John (1846) *The Works of John Knox*, David Laing ed., 6 vols., Bannatyne Club.
L'Estrange, Roger (1673) *Toleration Discuss'd in Two Dialogues: The Second Edition Much Enlarged.*
Lake, P. G. (1982) 'Constitutional Consensus and Puritan Opposition in the 1620s: Thomas Scott and the Spanish Match', *HJ*, 25 (4), pp. 805-825.
Laslett, Peter (1948a) 'Sir Robert Filmer: The Man Versus the Whig Myth', *The William and Mary Quarterly*, 5, pp. 523-546.
Laslett, Peter (1948b) 'The Gentry of Kent in 1640', *Cambridge Historical Journal*, 9,

pp. 148–164.
Laslett, Peter (1949) 'Introduction' in Robert Filmer, *Patriarcha and Other Political Works*, Peter Laslett (ed.), Blackwell, pp. 1–49.
Laslett, Peter (1956a) 'Introduction', in *Philosophy, Politics and Society*, first series, Peter Laslett (ed.), Basil Blackwell, pp. vii–xv.
Laslett, Peter (1956b) 'The Face to Face Society', in *Philosophy, Politics and Society*, first series, Peter Laslett (ed.), Basil Blackwell, pp. 157–184.
Laslett, Peter (1967) 'Social Contract', in *The Encyclopedia of Philosophy*, vol. 7, Paul Edwards (ed.), Macmillan, pp. 465–467.
Laslett, Peter (1988) 'Introduction' in John Locke, *Two Treatises of Government*, student edition, Peter Laslett (ed.), CUP, pp. 3–136.
Lawson, George (1992) *Politica Sacra et Civilis*, Conal Condren (ed.), CUP.
Maistre, Joseph de (1994) *Considerations on France*, Richard A. Lebrun (ed. and trans.), CUP.
Maitland, Frederic (1911) 'The Body Politic', in *The Collected Papers of Frederic William Maitland*, vol. 3, H. L. A. Fisher (ed.), CUP, pp. 285–303.
Marshall, John (1994) *John Locke: Resistance, Religion and Responsibility*, CUP.
Maxwell, John (1644) *Sacro-Sancta Regum Majestas, or, The Sacred and Royall Prerogative of Christian Kings*, Oxford.
Maynwaring, Roger (1999) 'Religion and Allegiance', in *The Struggle for Sovereignty: Seventeenth-Century English Political Tracts*, vol. 1, Joyce Lee Malcolm (ed.), Liberty Fund, pp. 53–71.
Mendle, Michael (1995) *Henry Parker and the English Civil War: The Political Thought of the Public's "Privado"*, CUP.
Miller, Frank O. (1965) *Minobe Tatsukichi: Interpreter of Constitutionalism in Japan*, University of California Press.
Milton, Anthony (1996) 'Thomas Wentworth and the Political Thought of the Personal Rule', in *The Political World of Thomas Wentworth, Earl of Strafford, 1621–1641*, J. F. Merritt (ed.), CUP, pp. 133–156.
Milton, Anthony (2007) *Laudian and Royalist Polemic in Seventeenth-Century England: The Career and Writings of Peter Heylyn*, Manchester University Press.
Morrill, John (2000) *Stuart Britain*, OUP.
Nedham, Marchamont (1969) *The Case of the Commonwealth of England, Stated*, Philip A. Knachel (ed.), University Press of Virginia.
Nozick, Robert (1981) *Philosophical Explanations*, HUP.
Numao, J. K. (2013a) 'Locke on Atheism', *History of Political Thought*, 34 (2), pp. 252–272.
Numao, J. K. (2013b) 'Right of Resistance Non-Anarchic: A Consideration of the Character of Locke's Defence', *Locke Studies*, 13, pp. 63–96.
Olivecrona, Karl (1976) 'A Note on Locke and Filmer', *Locke Newsletter*, 7, pp. 83–93.
Osborne, Francis (1652) *A Persvvasive to a Mutuall Compliance under the Present Government: Together with a Plea for a Free State Compared with Monarchy*, Ox-

ford.

[Overall, John] (1844) *The Convocation Book of 1606: commonly called Bishop Overall's Convocation Book*, J. H. Parker

Palmer, Herbert (1643) *Scripture and Reason Pleaded for Defensive Armes, or The Whole Controversie about Subjects Taking up Armes.*

Parker, Henry (1642) *Observations upon Some of His Majesties Late Answers and Expresses.*

Parker, Henry (1643) *The Contra-Replicant, his Complaint to His Maiestie.*

Parker, Ian Kim (2004) *The Biblical Politics of John Locke*, Wilfrid Laurier University Press.

Parkin, Jon (2007) *Taming the Leviathan: The Reception of the Political and Religious Ideas of Thomas Hobbes in England 1640–1700*, CUP.

Patterson, W. B. (1997) *King James VI and I and the Reunion of Christendom*, CUP.

Peck, Linda Levy (1993) 'Kingship, Counsel and Law in Early Stuart Britain', in *The Varieties of British Political Thought 1500–1800*, J. G. A. Pocock et al. (eds.), CUP, pp. 80–115.

Peltonen, Markku (1995) *Classical Humanism and Republicanism in English Political Thought, 1570–1640*, CUP.

Perkins, William (1609) *Christian Oeconomie: Or, a Short Survey of the Right Manner of Erecting and Ordering a Familie.*

Phillimore, William Phillimore Watts (1886) *Memorials of the Family of Fynmore: With Notes on the Origin of Fynmore, Finnimore, Phillimore, Fillmore, Filmer, Etc.* [private publication].

Philo-Britannicos (1628) 'Translator's epistle to Parliament' in Paolo Sarpi, *A Discourse vpon the Reasons of the Resolution taken in the Valteline*, pp. 1–29.

Pocock, J. G. A. (1987) *The Ancient Constitution and the Feudal Law: A Reissue with Retrospect*, CUP.

Pocock, J. G. A. (2009) *Political Thought and History: Essays on Theory and Method*, CUP.

Polin, Raymond (1969) 'John Locke's Conception of Freedom', in *John Locke: Problems and Perspectives: A Collection of New Essays*, John W. Yolton (ed.), CUP, pp. 1–18.

Pordage, Samuel (1661) *Mundorum Explicatio, or, The Explanation of an Hieroglyphical Figure.*

Prynne, William (1641) *Rome for Canterbury, or, A True Relation of the Birth and Life of William Laud Arch-bishop of Canterbury.*

Quarles, Francis (1644) *The Loyall Convert*, Oxford.

Reeve, L. J. (1989) *Charles I and the Road to Personal Rule*, CUP.

Robinson, Henry (1649) *A Short Discourse between Monarchical and Aristocratical Government.*

Rosenthal, Alexander S. (2008) *Crown under Law: Richard Hooker, John Locke, and the Ascent of Modern Constitutionalism*, Lexington Books.

Rous, Francis (1999) 'The Lawfulness of Obeying the Present Government', in *The Strug-*

gle for Sovereignty: Seventeenth-Century English Political Tracts, vol. 1, Joyce Lee Malcolm (ed.), Liberty Fund, pp. 393-404.

Rudolph, Julia (2002) *Revolution by Degrees: James Tyrrell and Whig Political Thought in the Late Seventeenth Century*, Palgrave Macmillan.

Rutherford, Samuel (1644) *Lex, Rex, The Law and the Prince*.

Sabine, George H. (1958) *A History of Political Theory*, revised edition, Henry Holt.

Salt, S. P. (1987) 'The Origins of Sir Edward Dering's Attack on the Ecclesiastical Hierarchy, c. 1625-1640', *HJ*, 30 (1), pp. 21-52.

Sanderson, John (1989) *'But the People's Creatures': The Philosophical Basis of the English Civil War*, Manchester University Press.

Schochet, Gordon (1975) *Patriarchalism in Political Thought*, Basic Books.

Schochet, Gordon (2015) 'Review: Cesare Cuttica. *Sir Robert Filmer (1588-1653) and the Patriotic Monarch: Patriarchalism in Seventeenth-Century Political Thought*', *American Historical Review*, 120 (1), pp. 323-324.

Scott, Jonathan (1991) *Algernon Sidney and the Restoration Crisis 1677-1683*, CUP.

Scott, Jonathan (2000) *England's Troubles: Seventeenth-Century English Political Instability in European Context*, CUP.

Severance, Frank H. ed. (1907) *Millard Fillmore Papers*, vol. 10, The Buffalo Historical Society,

Seward, William (1794) 'Drossiana, No. LXI, or Anecdotes of Illustrious and Extraordinary Persons, perhaps not Generally Known', *The European Magazine*, 26 (October).

Sharpe, Kevin (1989) *Politics and Ideas in Early Stuart England: Essays and Studies*, Pinter.

Sidney, Algernon (1683) *The Very Copy of a Paper Delivered to the Sheriffs upon the Scaffold on Tower-Hill*.

Sidney, Algernon (1996) *Discourses concerning Government*, Thomas G. West (ed.), Liberty Fund.

Simmons, John (1979) *Moral Principles and Political Obligations*, Princeton University Press.

Simmons, John (1993) *On the Edge of Anarchy: Locke Consent, and the Limits of Society*, Princeton University Press.

Skinner, Quentin (2002a) *Visions of Politics: Regarding Method*, vol. 1, CUP.

Skinner, Quentin (2002b) *Visions of Politics: Renaissance Virtues*, vol. 2, CUP.

Skinner, Quentin (2002c) *Visions of Politics: Hobbes and Civil Science*, vol. 3, CUP.

Skodo, Admir (2014) 'Idealism, the Sociology of Knowledge and Revisionist History of Political Thought: Peter Laslett's Reappraisal of Whig Historiography', *History of Political Thought*, 35 (3), pp. 538-564.

Smith, David L. (1994) *Constitutional Royalism and the Search for Settlement, c. 1640-1649*, CUP.

Smith, Thomas (1906) *De Republica Anglorum: A Discourse on the Commonwealth of England*, Leonard Alston (ed.), CUP.

Sommerville, Johann (1982) 'From Suarez to Filmer: A Reappraisal', *HJ*, 25 (3), pp. 525-

540.

Sommerville, Johann (1991a) 'Absolutism and Royalism' in *The Cambridge History of Political Thought 1450–1700*, J. H. Burns and Mark Goldie (eds.), CUP, pp. 347–373.

Sommerville, Johann (1991b) 'Introduction' in Robert Filmer, *Patriarcha and Other Writings*, Johann Sommerville (ed.), CUP, pp. ix–xxiv.

Sommerville, Johann (1991c) 'James I and the Divine Right of Kings: English Politics and Continental Theory', in *The Mental World of the Jacobean Court*, Linda Levy Peck (ed.), CUP, pp. 55–70.

Sommerville, Johann (1999) *Royalists and Patriots: Politics and Ideology in England 1603–1640*, second edition, Longman.

Spelman, John (1642) *Certain Considerations upon the Duties both of Prince and People*, Oxford.

Spelman, John (1643) *The Case of our Affaires in Law, Religion, and Other Circumstances examined and presented to the Conscience*, Oxford.

Stanton, Timothy (2011a) 'Authority and Freedom in the Interpretation of Locke's Political Theory', *Political Theory*, 39 (6), pp. 6–30.

Stanton, Timothy (2011b) 'Hobbes's Redefinition of the Commonwealth', in *Causation and Modern Philosophy*, T. Stoneham and K. Allen (eds.), Routledge, pp. 104–122.

Stanton, Timothy (2012) 'On (Mis)interpreting Locke: A Reply to Tate', *Political Theory*, 40 (2), pp. 229–236.

Steinberger, Peter J. (2009) 'Analysis and History of Political Thought', *The American Political Science Review*, 103 (1), pp. 135–146.

Stephen, Leslie (1889) 'Filmer, Sir Robert', in *Dictionary of National Biography*, Leslie Stephen (ed.), Macmillan, pp. 440–441.

Suárez, Francisco (1944) *Selections from Three Works of Francisco Suárez*, Gwladys L. Williams et al. (eds. and trans.), Clarendon Press.

Tate, John William (2012) 'Locke, God, and Civil Society: Response to Stanton', *Political Theory*, 40 (2), pp. 222–228.

Thompson, Anthony B. (1998) 'Licensing the Press: The Career of G. R. Weckherlin during the Personal Rule of Charles I', *HJ*, 41 (3), pp. 653–678.

Tierney, Brian (1968) *Foundations of the Conciliar Theory: the Contribution of the Medieval Canonists from Gratian to the Great Schism*, CUP.

Tierney, Brian (1997) *The Idea of Natural Rights*, Scholars Press.

Tuck, Richard (1986) 'A New Date for Filmer's *Patriarcha*', *HJ*, 29 (1), pp. 183–186.

Tuck, Richard (1993) *Philosophy and Government 1572–1651*, CUP.

Tully, James (1980) *A Discourse on Property: John Locke and his Adversaries*, CUP.

Tully, James (1993) *An Approach to Political Philosophy: Locke in Contexts*, CUP.

Twysden, Roger (1849) *Certaine Considerations upon the Government of England*, John Mitchell Kemble (ed.), Camden Society.

Tyacke, Nicholas (1973) 'Puritanism, Arminianism, and Counter-Revolution', in *The Origins of the English Civil War*, Conrad Russell (ed.), Macmillan Education, pp. 119–143.

Tyrrell, James (1718) *Bibliotheca Politica, or, An Enquiry into the Antient Constitution of the English Government*.

Vallance, Edward (2001) 'Oaths, Casuistry, and Equivocation: Anglican Responses to the Engagement Controversy', *HJ*, 44 (1), pp. 59–77.

Vaughan, C. E. (1960) *Studies in the History of Political Philosophy before and after Rousseau*, A. G. Little (ed.), Russell & Russell.

Waldron, Jeremy (2002) *Locke, God, and Equality: Christian Foundations of John Locke's Political Thought*, CUP.

Walker, Clement (1649) *Anarchia Anglicana: or, the History of Independency*.

Wallace, John M. (1968) *Destiny his Choice: The Loyalism of Andrew Marvell*, CUP.

Wallace, John M. (1980) 'The date of Sir Robert Filmer's *Patriarcha*', *HJ*, 23 (1), pp. 155–165.

Warren, Albertus (1653) *Eight Reasons Categorical*.

Weston, C. C. and J. R. Greenberg (1981) *Subjects and Sovereigns: The Grand Controversy over Legal Sovereignty in Stuart England*, CUP.

Williams, Gryffith (1644) *Jura Majestatis, the Rights of Kings both in Church and State*.

Wootton, David (1993) 'Introduction' in John Locke, *Political Writings*, David Wootton (ed.), Penguin Books, pp. 7–122.

Worden, Blair (1974) *The Rump Parliament, 1648–1653*, CUP.

Worden, Blair (1985) 'The Commonwealth Kidney of Algernon Sidney', *JBS*, 24 (1), pp. 1–40.

Wormald, Jenny (1983) 'James VI and I: Two Kings or One?', *History*, 68 (223), pp. 187–209.

Wotton, Thomas (1727) *The English Baronets. Being a Genealogical and Historical Account of their Families*, vol. 2 (2 vols.).

Wotton, Thomas (1741) *The English Baronetage: Containing a Genealogical and Historical Account of All the English Baronets*, vol. 3 (3 vols.).

(1999) 'XIX Propositions made by both Houses of Parliament . . . with His Majesties Answer thereunto', in *The Struggle for Sovereignty: Seventeenth-Century English Political Tracts*, vol. 1, Joyce Lee Malcolm (ed.), Liberty Fund, pp. 145–178.

Yolton, J. W. and J. S. Yolton (1989) 'Introduction' to John Locke, *Some Thoughts concerning Education*, J. W. Yolton and J. S. Yolton (eds.), Clarendon Press, pp. 1–75.

Zagorin, Perez (1954) *A History of Political Thought in the English Revolution*, Routledge and Kegan Paul.

Zuckert, Michael P. (2005) 'Locke—Religion—Equality', *RP*, 67 (3), pp. 419–431.

愛敬浩二(2003)『近代立憲主義思想の原像――ジョン・ロック政治思想と現代憲法学』法律文化社.

浅野和生(1994)『大正デモクラシーと陸軍』慶応通信.

アザール，ポール(1973)『ヨーロッパ精神の危機　1680–1715』野沢協訳，法政大学出版局.

安藤高行(1993)『一七世紀イギリス憲法思想史――ホッブズの周辺』法律文化社.

家永三郎(1964)『美濃部達吉の思想史的研究』岩波書店.

参考文献

石川健治(2006)「コスモス——京城学派公法学の光芒」『「帝国」日本の学知(1)』，酒井哲哉編，岩波書店，pp. 171-230.

石田雄(1954)『明治政治思想史研究』未来社.

井田輝敏(1989)『上杉慎吉——天皇制国家の弁証』三嶺書房.

伊藤宏之(1989)『イギリス重商主義の政治学——ジョン・ロック研究』蒼樹出版.

伊藤宏之・渡部秀和(2016)「訳者解説」『フィルマー著作集』pp. 703-755.

犬養毅(1932)『吾輩の主義と主張』新聞解放社.

犬塚元(2012)「クラレンドンのホッブズ『リヴァイアサン』批判——ステュアート王党派の「君主主義」政治思想とその系譜分類をめぐって(1)」『法学』(東北大学)76(3)，pp. 187-218.

犬塚元(2015)「「文明化された君主政」論の王党派的起源——フィリップ・ウォリック，エドワード・ハイドと，ヒューム」『徳・商業・文明社会』，坂本達哉・長尾伸一編，京都大学学術出版会，pp. 147-172.

井上円了(1893)『日本倫理学案』哲学館.

井上達夫(1986)『共生の作法——会話としての正義』創文社.

今井宏(1984)『イギリス革命の政治過程』未来社.

今井宏(1990)「ピューリタン革命」『世界歴史大系 イギリス史(2)』，今井宏編，山川出版社，pp. 191-237.

岩井淳(2015)『ピューリタン革命の世界史——国際関係のなかの千年王国論』ミネルヴァ書房.

ウィリアムズ，バナード(1993)『生き方について哲学は何が言えるか』森際康友・下川潔訳，産業図書.

上杉慎吉(1916a)『国体憲法及憲政』有斐閣.

上杉慎吉(1916b)『議会政党及政府』有斐閣.

上杉慎吉(1917)「小引」，穂積八束『憲政大意』，上杉慎吉編，憲政大意発行所，pp. 1-19.

上杉慎吉(1925)『国体論』有斐閣.

上杉慎吉(1928)『新稿憲法述義(全)』増補版，有斐閣.

上杉慎吉(1989a)「国体に関する異説」『最近憲法論——上杉慎吉対美濃部達吉』，星島二郎編，みすず書房，pp. 13-39.

上杉慎吉(1989b)「国体と憲法の運用」『最近憲法論——上杉慎吉対美濃部達吉』，星島二郎編，みすず書房，pp. 244-294.

上杉慎吉(1989c)「国体及政体」『最近憲法論——上杉慎吉対美濃部達吉』，星島二郎編，みすず書房，pp. 335-369.

ウォルドロン，J. (2003)『立法の復権——議会主義の政治哲学』長谷部恭男・愛敬浩二・谷口功一訳，岩波書店.

袁光輝(1997)「日本の近代化とジョン・ロック研究——戦後を中心として」成蹊大学博士論文.

大澤麦(2011)「共和制イングランドの成立とレヴェラーズの『人民協約』——英国共和主義思想における社会契約論」『法学会雑誌』52(1)，pp. 75-112.

大澤麦(2013)「共和制イングランドの政治原理——「国王殺し」と契約論」『法学会雑誌』54(1)，pp. 357-394.

大澤麦(2015)「オリヴァ・クロムウェルの護国卿体制と成文憲法」『法学会雑誌』56，pp. 329-359.

小田英(2012)「17世紀初頭の忠誠宣誓論争における聖職者の免除——ベラルミーノとジェー

ムズ１世」『早稲田政治公法研究』100，pp. 51-65.
小田英（2017）『宗教改革と大航海時代におけるキリスト教共同体――フランシスコ・スアレスの政治思想』文生書院.
織田一（1895）『国家学汎論』東京専門学校.
越智武臣（1966）『近代英国の起源』ミネルヴァ書房.
落合勇（1956）「契約説の文化的遺産と日本国憲法」『研究集録――人文・社会科学』（大阪大学）4，pp. 21-53.
落合勇（1957）「ロックと日本国憲法」『吉田一枝教授還暦記念――法学及び政治学の諸問題』ミネルヴァ書房，pp. 61-76.
落合勇（1958）『憲法の思想的底流』法律文化社.
加藤節（1987）『ジョン・ロックの思想世界』岩波書店.
加藤節（2007）「訳者解説」『統治二論』岩波書店，pp. 391-407.
鎌田栄吉（1907）「家族制度は国体に非ず」『慶應義塾学報』115，pp. 1-6.
苅部直（2006）『丸山眞男――リベラリストの肖像』岩波書店.
苅部直（2011）『歴史という皮膚』岩波書店.
川合清隆（2010）「ルソー――人民主権と討議デモクラシー」『自由論の討議空間――フランス・リベラリズムの系譜』，三浦信孝編，勁草書房，pp. 61-92.
川上洋平（2013）『ジョゼフ・ド・メーストルの思想世界――革命・戦争・主権に対するメタポリティークの実践の軌跡』創文社.
川添美央子（2010）『ホッブズ　人為と自然――自由意志論争から政治思想へ』創文社.
川出良枝（2014）「ボダン――主権論と政体論」『岩波講座 政治哲学（1）』，川出良枝責任編集，岩波書店，pp. 97-122.
川村大膳（1967）「議会派 19 カ条提案に対するチャールズ一世の「解答」について――17 世紀混合政府論の起源と系譜」『人文論究』17（4），pp. 1-22.
カントーロヴィチ，エルンスト（2003）『王の二つの身体』（下），小林公訳，筑摩書房.
岸本能武太（1900）『倫理宗教時論』警醒社.
木村俊道（2010）『文明の作法――初期近代イングランドにおける政治と社交』ミネルヴァ書房.
清滝仁志（2005）「一七世紀内乱期における共和主義と抵抗権――ジョン・ミルトンの場合」『駒澤法学』4（2），pp. 133-179.
清末尊大（1990）『ジャン・ボダンと危機の時代のフランス』木鐸社.
清宮四郎（1948）「日本国憲法とロックの政治思想」『国家学会雑誌』62（9），pp. 1-15.
グーチ，G. P.（1952）『イギリス政治思想Ｉ――ベーコンからハリファックス』堀豊彦・升味準之輔訳，岩波書店（*Political Thought in England from Bacon to Halifax*，Williams & Norgate，1914）.
クーランジュ，フュステル・ド（1961）『古代都市』田辺貞之助訳，白水社.
小泉徹（2015）『クロムウェル――「神の摂理」を生きる』山川出版社.
小城拓理（2017）『ロック倫理学の再生』晃洋書房.
小林麻衣子（2014）『近世スコットランドの王権――ジェイムズ六世と「君主の鑑」』ミネルヴァ書房.
小林正弥（2003）「丸山眞男の思想的発展――その全体像の批判的再構成」『丸山眞男論――主体的作為，ファシズム，市民社会』，小林正弥編，東京大学出版会，pp. 191-259.
小山貞夫（1992）『絶対王政期イングランド法制史抄説』創文社.

参考文献

酒井重喜(1997)『混合王政と租税国家――近代イギリス財政史研究』弘文堂.
坂井大輔(2013)「穂積八束の「公法学」(2・完)」『一橋法学』12(2), pp. 93-165.
佐々木惣一(1998)『憲政時論集Ⅰ』, 大石眞編, 信山社出版.
佐々木毅(1973)『主権・抵抗権・寛容――ジャン・ボダンの国家哲学』岩波書店.
佐々木毅(1981)『近代政治思想の誕生』岩波書店.
笹倉秀夫(2003)『丸山眞男の思想世界』みすず書房.
指昭博(1999)「ブルータス伝説」『「イギリス」であること――アイデンティティ探求の歴史』, 指昭博編, 刀水書房, pp. 82-100.
斬馬剣禅(1988)『東西両京の大学――東京帝大と京都帝大』講談社.
澁谷浩(1996)『オリヴァー・クロムウェル――神の道具として生きる』聖学院大学出版会.
下川潔(2000)『ジョン・ロックの自由主義政治哲学』名古屋大学出版会.
シュトラウス, レオ(2013)『自然権と歴史』塚崎智・石崎嘉彦訳, 筑摩書房.
スアレス, フランシスコ(1985)「人民主権と国家権力――『信仰の擁護』Defensio Fidei 第3編第1章〜第9章」, ホセ・ヨンパルト, 桑原武夫編訳,『人民主権思想の原点とその展開――スアレスの契約論を中心として』, ホセ・ヨンパルト, 桑原武夫著, 成文堂, pp. 133-187.
スキナー, クェンティン(1990)『思想史とはなにか――意味とコンテクスト』半澤孝麿・加藤節編訳, 岩波書店.
スキナー, クエンティン(2009)『近代政治思想の基礎――ルネッサンス, 宗教改革の時代』門間都喜郎訳, 春風社.
鈴木光次郎(1903)『現代百家名流奇談』実業之日本社.
スタイン, ピーター(2003)『ローマ法とヨーロッパ』屋敷二郎監訳, ミネルヴァ書房.
スティーヴン, レスリー(1985)『十八世紀イギリス思想史(下)』中野好之訳, 筑摩書房(*History of English Thought in the Eighteenth Century*, 2 vols., Smith, Elder, 1876).
隅田哲司(1960)「イギリス革命期における一政治思想――R. フィルマーの国王父権論」『広島大学文学部紀要』17, pp. 182-207.
住友陽文(2001)「代議制危機の時代の「民本主義」概念――上杉慎吉の政治思想をめぐって」『人文学論集』19, pp. 17-43.
関口正司(1995)「コンテクストを閉じるということ――クェンティン・スキナーと政治思想史」『法政研究』61(3-4), pp. 653-723.
関谷昇(2003)「丸山眞男における「作為」論の展開――再解釈と再定式化に向けて」『丸山眞男論――主体的作為, ファシズム, 市民社会』, 小林正弥編, 東京大学出版会, pp. 75-117.
関谷昇(2005)「日本における近代社会契約説研究の展開とその意義」『千葉大学法学論集』20(2), pp. 149-200.
高橋和之(2014)「西欧立憲主義はどう理解されたか――穂積八束の場合」『日中における西欧立憲主義の継受と変容』, 高橋和之編, 岩波書店.
高橋粲三(1900)「穂積八束君と「ロバート, フヰルマー」を読む」『国家学会雑誌』14(160), pp. 31-40.
武井敬亮(2016)『国家・教会・個人――ジョン・ロックの世俗社会認識論』京都大学学術出版会.
竹澤祐丈(2008)「マーチャモント・ニーダムの共和政論の決疑論的性格――判断する「民衆」

の発見」『経済論叢』182(5・6)，pp. 483-513.
タック，リチャード(2015)『戦争と平和の権利――政治思想と国際秩序 グロティウスからカントまで』萩原能久監訳，風行社.
田中周友訳(1971)「ローマ法に於ける法原則の研究――学説彙纂第50巻第17章邦訳」『甲南法学』11(4)，巻末pp. 145-186.
田中浩(2012)『田中浩集(1)』未来社.
田中正司(1979)『市民社会理論の原型』御茶の水書房.
田上雅徳(2013)「逢坂元吉郎，未完の政治神学」『途上』28，pp. 99-117.
ダン，ジョン(1983)『政治思想の未来』，半澤孝麿訳，みすず書房.
ダン，ジョン(1987)『ジョン・ロック――信仰・哲学・政治』加藤節訳，岩波書店.
ダン，ジョン(2002)「日本のたどる政治的麻痺への道――置き去りにされた民主的希望」安武真隆訳，『思想』第938号，pp. 4-26.
津田欽一郎(1905)『政治学史』博文館.
堤林剣(1999)「ケンブリッジ・パラダイムの批判的継承の可能性に関する一考察(1)」『法学研究』72(11)，pp. 41-102.
堤林剣(2009)『コンスタンの思想世界――アンビヴァレンスのなかの自由・政治・完成可能性』創文社.
ティアニー，ブライアン(1986)『立憲思想――始源と展開 1150-1650』鷲見誠一訳，慶応通信.
土井美徳(2006)『イギリス立憲政治の源流――前期ステュアート時代の統治と「古来の国制」論』木鐸社.
問芝志保(2014)「祖先祭祀の「文明化」――穂積陳重を事例として」『宗教研究』88(1)，pp. 25-47.
遠山敦(2010)『丸山眞男――理念への信』講談社.
戸水寛人(1900a)「穂積八束君と「ロバート，フキルマー」」『法学協会雑誌』18(5)，pp. 339-345.
戸水寛人(1900b)「高橋君に応え幷せて穂積君の答弁を催す」『国家学会雑誌』14(161)，pp. 21-26.
戸水寛人(1905)「武士道と今後の教育」『現代大家武士道叢論』，秋山梧庵編，博文館，pp. 219-223.
戸水寛人(1911)「余が十年間の人と異る勉強の仕方」『少年界』10(6)，pp. 11-12.
戸水寛人(1912)「国民的誇負の観念」『愛国主義』2，1912年，p. 3.
戸水寛人(1915)「大学の第一期生」『名士の学生時代』，読売新聞社編，岩陽堂書店，pp. 162-168頁.
戸水寛人(1923)「普選案反対演説」『第46回帝国議会貴衆両院大演説集』，渡辺鬼子松編，帝国聯合青年会，pp. 211-230.
戸水寛人(1942)『法学博士戸水寛人遺稿』，秦誓編，私家版.
トロイマン，R. (1976)『モナルコマキ』小林孝輔・佐々木高雄訳，学陽書房.
中神由美子(2003)『実践としての政治，アートとしての政治――ジョン・ロック政治思想の再構成』創文社.
中山道子(2000)『近代個人主義と憲法学――公私二元論の限界』東京大学出版会.
長尾龍一(1996)『日本憲法思想史』講談社.
中島義道(1997)『哲学者のいない国』洋泉社.

参考文献

夏目漱石(1948)『三四郎』新潮社.
成瀬治(1988)『絶対主義国家と身分制社会』山川出版社.
西村裕一(2014)「憲法――美濃部達吉と上杉慎吉」『近代日本政治思想史――荻生徂徠から網野善彦まで』, 河野有理編, ナカニシヤ出版, pp. 229-257.
野嶌一郎(1991)「フィルマー主権論における家父長権論の意義」『史学研究』193, pp. 53-74.
野嶌一郎(1998)「サー・ロバート・フィルマーの制限・混合王政論批判」『姫路獨協大学外国語学部紀要』11, pp. 72-87.
野嶌一郎(2003a)「サー・ロバート・フィルマーの契約説批判(1)」『姫路法学』37, pp. 1-22.
野嶌一郎(2003b)「サー・ロバート・フィルマーの契約説批判(2)」『姫路法学』38, pp. 121-148.
パーカー, ヘンリー(1978)「国王陛下の最近の回答と発言の若干に関する考察」(抄訳)『自由民への訴え――ピューリタン革命文書選』渋谷浩編訳, 早稲田大学出版部, pp. 45-76 (*Observations upon Some of His Majesties Late Answers and Expresses*, 1642).
長谷川正安(1993)『日本憲法学の系譜』勁草書房.
浜林正夫(1981)『イギリス名誉革命史(上巻)』未来社.
林尚之(2012)『主権不在の帝国――憲法と法外なるものをめぐる歴史学』有志舎.
原田豊次郎(1904)「新著批評　戸水寛人氏の回顧録を読む」『明義』5(6), pp. 129-130.
原田鋼(1951)「政治的自由理念の近代的展開」『日本政治學會年報政治學』vol. 2, pp. 67-79.
春名展生(2015)『人口・資源・領土　近代日本の外交思想と国際政治学』千倉書房.
ビトリア, フランシスコ・デ(2000)「国家権力についての特別講義」工藤佳枝訳, 『中世思想原典集成 20　近世のスコラ学』, 田口啓子編, 平凡社, pp. 117-159.
フィリップソン, ニコラス(2016)『デイヴィッド・ヒューム――哲学から歴史へ』永井大輔訳, 白水社.
フィルマー, ロバート(2016)『フィルマー著作集』伊藤宏之・渡部秀和訳, 京都大学学術出版会.
福田歓一(1985)『政治学史』東京大学出版会.
フーコー, ミシェル(2007)『安全・領土・人口――コレージュ・ド・フランス講義 1977-1978 年度』高桑和巳訳, 筑摩書房.
ブースマ, ウィリアム(2010)『ギヨーム・ポステル――異貌のルネサンス人の生涯と思想』長谷川光明訳, 法政大学出版局.
藤川直樹(2008)「明治国法学史研究の一視座としての国体及び政体論序説――上杉・美濃部両博士の所説を中心に(1)」『澪標』5(9), pp. 44-62.
藤本興(2015)「党争と情念――トマス・ホッブズにおける「幾何学への恋」以前の時代」『慶應義塾大学大学院法学研究科論文集』55, pp. 269-337.
船口万寿(1930)『国体思想変遷史』国体科学社.
ブラウン, キース(2015)「ブリテンの君主国とその統治, 一六〇三～一六三七」『オックスフォード ブリテン諸島の歴史(7)』, ジェニー・ウァーモールド編, 西川杉子監訳, 慶應義塾大学出版会, pp. 17-65.
プラムナッツ, J. P. (1988)『政治理論とことば』森本哲夫・萬田悦生訳, 昭和堂.
フランクリン, ジュリアン(1980)『ジョン・ロックと主権理論――イギリス革命政治思想における混合王政と抵抗権』今中比呂志・渡辺有二訳, 御茶の水書房.
古田拓也(2016)「ロバート・フィルマーの思想世界　一五八八－一九四五」慶應義塾大学博士

論文.
ブルトゥス，ステファヌス・ユニウス(1998)『僭主に対するウィンディキアエ――神，公共的国家，人民全体それぞれの権利の回復を僭主に抗して請求する』城戸由紀子訳，東信堂.
ブルンチュリ，イ・カ(1872)『國法汎論 巻之一〜巻之四』加藤弘之訳，文部省.
ブレット，アナベル(2012)「政治哲学」佐々木亘訳，『中世の哲学』，A・S・マクグレイド編，川添信介監訳，京都大学学術出版会，pp. 405-438.
不破祐俊(1931)「社会契約論――ホツブス，ロツク，ルソオ」『商業と経済』11(2)，pp. 31-102.
ベーズ，テオドール(1993)「為政者の臣下に対する権利(1574年)」(抄訳)，丸山忠孝訳，『宗教改革著作集　第十巻』教文館，pp. 105-147.
ポーコック，ジョン(1991)『徳・商業・歴史』(抄訳)，田中秀夫訳，みすず書房(*Virtue, Commerce, and History: Essays on Political Thought and History, chiefly in the Eighteenth Century*, CUP, 1985).
ポーコック，J. G. A. (2008)『マキァヴェリアン・モーメント――フィレンツェの政治思想と大西洋圏の共和主義の伝統』田中秀夫・奥田敬・森岡邦泰訳，名古屋大学出版会.
穂積八束(1897)『国民教育 愛国心』八尾発行.
穂積八束(1911)『憲法提要』(上巻)，有斐閣本店.
穂積八束(1912)『皇族講話会に於ける帝国憲法講義』協同会.
穂積八束(1943)『穂積八束博士論文集』，穂積重威，有斐閣.
ホッブズ，トマス(2008)『市民論』本田裕志訳，京都大学学術出版会.
ホッブズ，トマス(2009a)『リヴァイアサンⅠ』(抄訳)，永井道雄・上田邦義訳，中央公論新社(*Leviathan*, revised student edition, Richard Tuck (ed.), CUP, 1996).
ホッブズ，トマス(2009b)『リヴァイアサンⅡ』(抄訳)，永井道雄・上田邦義訳，中央公論新社.
ホッブズ，トマス(2014)『ビヒモス』山田園子訳，岩波書店.
堀豊彦(1948)「君主神授権説の近世的意義」『国家学会雑誌』62(10)，pp. 1-22.
堀豊彦(1952)「解説」，グーチ『イギリス政治思想Ⅰ』pp. 203-209.
前川理子(2015)『近代日本の宗教論と国家――宗教学の思想と国民教育の交錯』東京大学出版会.
マカーフィティ，ジョン(2015)「三王国における教会と信仰，一六〇三〜一六四一年」『オックスフォード ブリテン諸島の歴史(7)』，ジェニー・ウァーモールド編，西川杉子監訳，慶應義塾大学出版会，pp. 67-110.
松尾尊兊(2014)『大正デモクラシー期の政治と社会』みすず書房.
松下圭一(2014)『ロック『市民政府論』を読む』岩波書店.
松本三之介(1996)『明治思想における伝統と近代』東京大学出版会.
丸山眞男(1995-1997)『丸山眞男集』全17巻，岩波書店.
丸山眞男(1998)『丸山眞男講義録(4)』東京大学出版会.
三浦俊彦(1986)「バートランド・ラッセルと中国・日本」『比較文学』29，pp. 7-21.
三井須美子(1990)「家族国家観における『国民道徳』の形成過程(1)」『都留文化大学紀要』32，pp. 1-17.
美濃部達吉(1905)『国法学』日本大学.
美濃部達吉(1921)『日本憲法』有斐閣.

参考文献

美濃部達吉(1934)『議会政治の検討』日本評論社.
美濃部達吉(1948)『日本国憲法原論』有斐閣.
美濃部達吉(1989a)「近時の政界に於ける憲法問題」『最近憲法論――上杉慎吉対美濃部達吉』, 星島二郎編, みすず書房, pp. 203-243.
美濃部達吉(1989b)「帝国の国体と帝国憲法」『最近憲法論――上杉慎吉対美濃部達吉』, 星島二郎編, みすず書房, pp. 295-320.
美濃部達吉(1989c)「国家及政体論」『最近憲法論――上杉慎吉対美濃部達吉』, 星島二郎編, みすず書房, pp. 370-486.
美濃部達吉(2007)『美濃部達吉著作集』高見勝利編, 慈学社出版.
宮澤俊義(1925)「抵抗権史上に於けるロック」『我等』7(2), pp. 34-54.
宮澤俊義(1970)『天皇機関説事件――史料は語る(上)』有斐閣.
宮本盛太郎(1983)『天皇機関説の周辺――三つの天皇機関説と昭和史の証言』増補版, 有斐閣.
ミルトン, ジョン(2003)『イングランド国民のための第一弁護論および第二弁護論』新井明・野呂有子訳, 聖学院大学出版会.
森順次(1958)「ジョン・ロックと立憲主義の理論」『彦根論叢』46/47, pp. 389-404.
森政稔(2014)『〈政治的なもの〉の遍歴と帰結――新自由主義以後の「政治理論」のために』青土社.
森義宣(1952)「イギリス絶対王政の権力構造論――ロバート・フィルマー卿の「政治論文集」によせて」『年報政治学』3, pp. 1-22.
モリル, ジョン(2015)「聖者と兵士の支配――ブリテン諸島における宗教戦争, 一六三八〜一六六〇年」『オックスフォード ブリテン諸島の歴史(7)』, ジェニー・ウァーモールド編, 西川杉子監訳, 慶應義塾大学出版会, pp. 111-154.
山岡龍一(1995)「ロック――自然法と自由主義の政治」『西洋政治思想史 I』, 藤原保信・飯島昇藏編, 新評論, pp. 272-289.
山田園子(2012)「戦前日本におけるジョン・ロック研究――高野長英から白杉庄一郎まで」『広島法学』36(1), pp. 31-54.
山田園子(2016a)「戦後日本におけるジョン・ロック研究　1946-1969年(上)」『広島法学』39(4), pp. 1-18.
山田園子(2016b)「戦後日本におけるジョン・ロック研究　1946-1969年(下)」『広島法学』40(1), pp. 1-24.
吉田博(1993)『近代日本の政治精神』, 芦書房.
ラスキ, ハロルド(1958)『イギリス政治思想II――ロックからベンサムまで』堀豊彦・飯坂良明訳, 岩波書店(*Political Thought in England: From Locke to Bentham*, Butterworth, 1920).
ラスレット, ピーター(1986)『われら失いし世界』川北稔ほか訳, 三嶺書房.
ラッセル, バートランド(1970)『西洋哲学史(3)』市井三郎訳, みすず書房.
ラッセル, バートランド(1971)『ラッセル自叙伝(2)』日高一輝訳, 理想社.
ロック, ジョン(1962)「自然法論」『世界大思想全集 社会・宗教・科学思想編 2』浜林正夫訳, 河出書房新社.
ロック, ジョン(1968)「寛容についての書簡」生松敬三訳, 『世界の名著 27　ロック, ヒューム』大槻春彦編, 中央公論社, pp. 347-402.
ロック, ジョン(1970)『キリスト教の合理性・奇跡論』服部知文訳, 岬書房.

ロック，ジョン（1972-1977）『人間知性論』全4巻，大槻春彦訳，岩波書店（*An Essay concerning Human Understanding*, Peter H. Nidditch (ed.), Clarendon Press, 1975）.
ロック，ジョン（2007a）『統治二論』加藤節訳，岩波書店（*Two Treatises of Government*, Peter Laslett (ed.), CUP, 1988）.
ロック，ジョン（2007b）『ロック政治論集』，マーク・ゴルディ編，山田園子・吉村伸夫訳，法政大学出版局（*Political Essays*, Mark Goldie (ed.), CUP, 1997）.
渡辺浩（2010）『日本政治思想史』東京大学出版会.